浙江省普通高校"十二五"优秀教材
高等院校经济管理类专业"互联网+"创新规划教材

CORPORATE CULTURE
THEORY AND PRACTICE

企业文化理论与实务

（第3版）

主　编　王水嫩

北京大学出版社
PEKING UNIVERSITY PRESS

内 容 简 介

本教材分理论篇和实务篇。理论篇系统阐述文化、企业文化与文化管理，企业文化理论的产生与发展，企业文化的核心要素，企业文化的载体结构，企业文化的演变及规律，企业文化的影响因素、企业文化的地位与功能；实务篇深入探讨企业文化建设，企业文化测量，企业文化的培育及企业文化"落地"的艺术。本教材体现三大特点："准"即对企业文化理论和概念表述准确；"新"即教材的体例、内容和案例新颖，吸收了国内外最新的观点和理论，嵌入中外企业文化管理的鲜活案例；"实"即理论联系实际，具有很强的操作性，很多案例以视频方式直观真实地呈现。

本教材可作为经济管理类专业教学之用，也可作为企业文化培训之用，并适合企业家、组织管理者和一切对组织文化感兴趣的人士阅读和参考。

图书在版编目（CIP）数据

企业文化理论与实务 / 王水嫩主编. —3版. —北京：北京大学出版社，2023.1
高等院校经济管理类专业"互联网+"创新规划教材
ISBN 978-7-301-33682-3

Ⅰ.①企… Ⅱ.①王… Ⅲ.①企业文化—高等学校—教材 Ⅳ.① F272-05

中国国家版本馆CIP数据核字（2023）第021687号

书　　　名	企业文化理论与实务（第3版） QIYE WENHUA LILUN YU SHIWU（DI-SAN BAN）
著作责任者	王水嫩　主编
策划编辑	李娉婷
责任编辑	邱　秋　李瑞芳
数字编辑	金常伟
标准书号	ISBN 978-7-301-33682-3
出版发行	北京大学出版社
地　　址	北京市海淀区成府路205号　100871
网　　址	http://www.pup.cn　新浪微博：@北京大学出版社
电子邮箱	编辑部 pup6@pup.cn　总编室 zpup@pup.cn
电　　话	邮购部 010-62752015　发行部 010-62750672　编辑部 010-62750667
印刷者	河北滦县鑫华书刊印刷厂
经销者	新华书店
	787毫米×1092毫米　16开本　13.25印张　309千字 2009年1月第1版 2015年1月第2版 2023年1月第3版　2024年6月第2次印刷
定　　价	45.00元

未经许可，不得以任何方式复制或抄袭本书之部分或全部内容。
版权所有，侵权必究
举报电话：010-62752024　电子邮箱：fd@pup.cn
图书如有印装质量问题，请与出版部联系，电话：010-62756370

第 3 版前言

本教材自首版出版以来至今已有 13 年。在这 13 年中，新技术发展日新月异，全球化不断深入，企业跨国经营迅猛发展，员工价值观更加多元，文化冲突在管理中日益突出，并困扰着企业的可持续发展，企业文化受到了管理实践界前所未有的关注。优秀的企业文化构成企业的核心竞争力，是基业长青的保证，已成为共识。

文化制胜时代，企业文化管理成为企业管理的一个重要职能。这 13 年中，我们顺应管理实践的强烈需求，基于企业文化理论的持续发展，不断积累不断改进，持续提升教材品质：2013 年，与教材配套的精品课程网站（http://course.zjnu.cn/cc/）建成；2015 年推出教材第 2 版；2017 年被评为浙江省普通高校"十二五"优秀教材。与同类教材相比，本教材在体例、内容和配套资源方面具有显著优势，得到了读者的广泛认可。读者的认可是对我们的极大鼓励，同时，对于能通过本教材的广泛应用与传播为企业文化教育和企业文化管理实践做出贡献，我们深感欣慰。

近年，随着"互联网＋教育"迅速推进，传统的课堂教学模式及学习方式正在悄然变化，仅以纸质教材为媒介的课堂教学载体已不能适应当前的教育需要，纸质教材与数字化资源一体化的新形态教材的出现成为必然。本次再版希望整合企业文化精品课程网站、视频案例等数字化资源，更好地满足线上线下混合教学的实际需求。"实践没有止境，理论创新也没有止境"，我们通过再版更好地反映了企业文化理论与实践的最新发展成果。

本版教材主要变化有三点。

其一，将视频案例等数字化资源融入教材中，更好地满足学生自主学习的需求，适应线上线下混合教学的发展趋势。企业文化是一门需要理解实践背景的课程，因此如何把教学和实践结合起来，是本课程的难点之一。为了解决这个问题，我们精选典型的企业文化案例，作为每章开篇的导入案例、正文的举例和篇末的综合案例，让读者结合真实的文化管理案例理解企业文化的本质和规律。本版的最大亮点是将每章导入案例改为视频案例，试图通过企业家面对面的现身说法和更富情境化的企业现场，为读者学习和思考企业文化提供更直观的素材和更丰富的资源。

其二，结合企业文化管理实践的新发展，编写鲜活的本土案例，更新每章的导入案例和综合案例。最近这些年，中国企业迅速崛起，涌现了一批优秀企业，在企业文化建设中勇于探索和实践，取得了非凡的成就，为中国企业文化建设与管理提供了经验。习近平总书记在党的二十大报告中指出：传承中华优秀传统文化。本版更多地使用了本土企业案例，以突出中国优秀传统文化精华和新时代文化特征，不断赋予企业文化理论以鲜明的中国特色。

其三，吸收企业文化理论的最新研究成果，比如战略性企业社会责任、愿景领导力、基于价值观的领导、组织学习、企业文化测量等研究成果，力图反映企业文化最新的知识体系。

修订后，与同类教材相比，本教材体现如下几个特点。

第一，紧跟前沿，内容新颖。本教材充分反映了企业文化理论前沿，吸收了企业文化理论的最新研究成果。结合企业文化管理实践的新发展趋势，编写鲜活的案例，更新教材的导入案例和综合案例。

第二，结构严谨，主线清晰。本教材分理论篇和实务篇。理论篇系统阐明文化、企业文化与文化管理，企业文化理论的产生与发展，企业文化的核心要素，企业文化的载体结构，企业文化的演变及规律，企业文化的影响因素，企业文化的地位与功能；实务篇深入探讨企业文化建设，企业文化测量，企业文化的培育及企业文化"落地"的艺术。

第三，界面友好，体例统一。每章开篇设置导入案例和教学目标，正文辅之阅读案例，章末有小结、习题、案例分析及讨论题。本教材兼顾了内容的科学性、严谨性和生动性，具备较强的可读性。

第四，资源丰富，形态创新。本教材整合了视频案例、配套课件和企业文化精品课程网站等数字化资源，更好地满足学生自主学习的需求，适应线上线下混合式教学的发展趋势。

本次修订主要由浙江师范大学经济与管理学院王水嫩教授负责，由肖金萍、周萍协助完成。企业管理专业的两位研究生李崇棋、王咪娜做了大量的资料收集、整理和文本的校对工作。由王水嫩教授做了最后的审读。

在过去的 13 年里，许多采用本教材的教师、学生通过电子邮件、精品课程网站提出了宝贵的反馈意见。对此，编者表示衷心的感谢！

尽管编者试图对本教材进行更为完善的修改，但受水平所限，教材中难免存在疏漏与不足，敬请广大读者批评指正。

编　者

2022 年 6 月

【资源索引】

目　　录

理　论　篇

第 1 章　文化、企业文化与文化管理　3
1.1　文化的定义、要素及特点　4
1.2　企业文化的定义及特征　9
1.3　文化管理的内涵及特征　12
本章小结　16
习题　16
案例分析　16

第 2 章　企业文化理论的产生与发展　22
2.1　企业文化理论的兴起　23
2.2　企业文化理论兴起的时代背景　24
2.3　企业文化研究的主要领域与发展脉络　25
2.4　企业文化研究趋势展望　29
2.5　企业文化理论在中国的传播与发展　31
本章小结　33
习题　33
案例分析　34

第 3 章　企业文化的核心要素　37
3.1　企业价值观　38
3.2　企业核心价值观　42
3.3　企业精神　47
3.4　企业社会责任　49
本章小结　55
习题　56
案例分析　56

第 4 章　企业文化的载体结构　57
4.1　企业文化结构的概述　58
4.2　企业文化的载体结构　62
本章小结　70

习题 · 70
　　案例分析 · 71

第 5 章　企业文化的演变及规律 · 73
　5.1　企业文化雏形的生成 · 74
　5.2　企业文化的传承与积累 · 78
　5.3　企业文化的演化 · 81
　5.4　企业文化的冲突与变革 · 83
　本章小结 · 88
　习题 · 88
　案例分析 · 89

第 6 章　企业文化的影响因素 · 93
　6.1　企业文化的内部影响因素 · 94
　6.2　企业文化的外部影响因素 · 99
　本章小结 · 107
　习题 · 107
　案例分析 · 108

第 7 章　企业文化的地位与功能 · 109
　7.1　企业文化的地位 · 110
　7.2　企业文化的功能 · 114
　本章小结 · 120
　习题 · 120
　案例分析 · 120

实　务　篇

第 8 章　企业文化建设 · 125
　8.1　企业文化建设的定义和目标 · 126
　8.2　企业文化建设的主体 · 127
　8.3　企业文化建设的时机 · 132
　8.4　企业文化建设的基本原则 · 134
　8.5　企业文化建设的一般步骤 · 135
　本章小结 · 136
　习题 · 136
　案例分析 · 137

第 9 章　企业文化测量 140
9.1　企业文化测量的意义 141
9.2　企业文化测量的方法与实施步骤 142
9.3　企业文化测量工具 144
本章小结 158
习题 159
案例分析 159

第 10 章　企业文化的培育 162
10.1　企业文化的挖掘与提炼 163
10.2　企业文化培育的流程 165
10.3　企业文化培育的原则 169
10.4　企业文化培育的基本路径 171
10.5　企业文化培育的一般方法 179
本章小结 182
习题 182
案例分析 183

第 11 章　企业文化"落地"的艺术 185
11.1　软管理的"硬化"艺术 186
11.2　"虚功实做"的艺术 188
11.3　价值观转化的艺术 191
11.4　领导者的示范艺术 192
11.5　情境强化的艺术 194
11.6　运用心理机制 197
本章小结 200
习题 200
案例分析 201

参考文献 203

理论篇

学习目标：

(1) 正确理解企业文化的内涵，避免走入企业文化的认知误区。
(2) 了解企业文化理论的产生原因及发展趋势，理解其在管理思想史上的意义。
(3) 掌握企业文化的核心要素及其内在关系，加深对企业文化的理解。
(4) 了解企业文化的载体结构，理解理念层与制度层、行为层、物质层的关系。
(5) 了解企业文化的生成、传承与积累的过程，理解其形成机制和演变规律。
(6) 全面理解企业文化的诸多影响因素，把握若干关键因素。
(7) 理解企业文化的地位和基本功能，培养文化自觉意识。

企业文化理论诞生至今已有40多年，在学术界的深入研究和企业界的广泛应用中，这一理论给企业注入了生命活力，带来了有形和无形的、经济和社会的多重效益。企业文化已成为促进企业经营和竞争优势的有效手段和精神动力。

本篇为理论篇，第1章对文化、企业文化与文化管理的基本范畴及相关概念进行明确的界定，以正本清源。第2章论述了企业文化理论的产生与发展。第3章分析了企业文化的核心要素，包括企业价值观、企业使命、企业愿景、企业信念、企业精神和企业社会责任。第4章分析了企业文化的载体结构，包括制度载体、行为载体、物质载体等。第5章对企业文化进行了动态分析，揭示了企业文化的演变过程及其内在规律。第6章系统分析了影响企业文化形成和变迁的内部和外部因素。第7章概述了企业文化的地位与功能。

本篇分别对企业文化的本质特征、核心要素、载体结构、演变规律、影响因素和地位功能进行了论述，由此建立了一个完整的企业文化理论体系。

第 1 章

文化、企业文化与文化管理

学习目标

1. 文化的定义、基本要素及特点；
2. 企业文化的定义及特征；
3. 文化管理的内涵及特征。

> **导入案例**
>
>
>
> 【导入案例——海底捞】
>
> 一个概念有多种定义,这是学术界的正常现象。这种现象,一方面来自对象的丰富性,另一方面来自不同学者观察问题的角度不同、强调重点的不同、涵盖面的宽窄不同、使用方法的不同,等等。企业文化曾有180多种定义,在学术界至今仍众说纷纭,莫衷一是。目前,在中国企业管理实践中仍对企业文化概念存在种种认知误区。因此,本章首先要对企业文化这一基本范畴及相关概念进行明确的界定。

1.1 文化的定义、要素及特点

企业文化概念的重心是"文化"。了解什么是"文化"并弄清其基本内涵,是理解企业文化的逻辑起点。

1.1.1 "文化"概念的历史考察

在汉语中,文化是由"文"和"化"组成的复合词。从其初始的意蕴看,"文"是指语言、文字、典章、制度等,"化"是指感化、改造、塑造的过程和结果。最早把"文"和"化"两个字结合起来的使用,出现于《周易》中:观乎天文,以察时变;观乎人文,以化成天下。这里的"人文""化成"即含有文化之义。"文化"作为一个词,最早出现在中国西汉时期刘向的《说苑》中:圣人之治天下也,先文德而后武力。凡武之兴,为不服也。文化不改,然后加诛。这里把"文化"与"武力"对立起来,文化被理解为"文治教化"。近代,梁漱溟把文化看作"人类的生活样法"。胡适则把文化和文明联系起来,认为文化是一种文明所形成的生活的方式。古代、近代对文化的理解只是强调了一个方面,都不是很全面,与现代意义上的文化的含义不同。

"文化"的现代含义可从现行的工具书上查找,我国比较权威的工具书对"文化"一词都有比较明确的表述。例如,《辞海》对"文化"的释义是:从广义来说,指人类社会历史实践过程中所创造的物质财富和精神财富的总和;从狭义来说,指社会的意识形态及与之相适应的制度和组织结构。《当代百科知识大词典》把"文化"解释为:一般而言,指在社会发展过程中人类创造物的总称,它包括物质技术文化、社会制度文化和观念精神文化。文化一旦形成之后便具有自身的发展规律,通过一代复一代的继承,文化会延续下去。

在西方国家,"文化"(Culture)一词来源于古拉丁文Cultura,其基本含义是"耕作""培育""教习""开化",是一种同"自然存在"相对应的存在。

国外学者对文化的定义也有多种多样的表述。

英国著名人类学家爱德华·伯内特·泰勒在1871年出版的《原始文化》中第一次把文化作为一个中心概念来使用,并系统表述为:文化是一个复杂的总体,包括知识、信仰、艺术、道德、法律、风俗,以及人类在社会里所获得的一切能力与习惯。

美国人类学家梅尔维尔·赫斯科维茨对文化的描述比较全面,他认为:文化是习得的,文化是由构成人类存在的生物学成分、环境学成分、心理学成分和历史学成分衍生而来的;文化有结构,可分为各个层面;文化是动态的,可以通过一定方式的努力而改变;

文化具有规律性，可借助科学方法加以分析；文化是个人适应整个环境的工具，是表达其创造性的手段。

美国学者罗伯特·摩森和菲利普·哈西斯等人在《文化协调》一书中认为：文化是一种生活方式，它产生于人类群体，并被有意识或无意识地传给下一代。确切地说，是在一种不断满足需求的过程中，观念、态度、习惯、习俗和传统在一个群体中被确立并在一定程度上的规范化。文化是明显的或隐含的处理问题的方式和机制，它使得一个民族在适应其环境及不断变化的条件时，有别于其他民族。

法国学者维克多·埃尔在《文化概念》一书中指出：卢梭的《社会契约论》一书中关于"文化"一词的定义是最准确的，即文化是风俗、习惯，特别是舆论。

荷兰文化管理学家霍夫斯泰德对文化的定义是：特定环境中的人的共同心理程序。这个定义强调文化不是个体特征，而是群体特征，是一个群体在价值观念、信仰、行为准则、风俗习惯等方面所表现出来的，区别于另一群体的显著特征。他们之所以会有共同的心理程序，是因为他们处于同样的环境中，面临同样的挑战，具有同样的实践经验。

《牛津现代辞典》对"文化"的解释是：人类能力的高度发展，借训练与经验而促成的身心的发展、锻炼、修养；或人类社会智力发展的证据、文明，如艺术、科学等。

《韦氏第三版新国际英语大词典》认为：文化的适用范围首先是指人类行为及其具体化于思想、言论、行动和制品方面的产物的总体模式，它的形成与存在依赖于人类通过使用工具、语言和抽象思维体系而进行学习和传授知识的能力；其次是指在某一种族、宗教或社会组织中，其传统的独特结构所含有的惯常信仰、社会礼仪和生活特性的总体；最后是指特有于一定的群体、职业或专业、性别、年龄阶层或社会等级的典型行为或标准化社会特征的综合。

英国《柯林斯英语词典》对"文化"的定义列出了两条：①指相传的思想、信念、价值、知识的总体，它构成社会活动的共同基础；②指具有共同传统的某一类人的活动与思想的总体，其传统在成员间传播并得到加强。

1.1.2 文化的定义

尽管文化的定义众说纷纭，但从以上不同定义中可以看出，文化既有广义与狭义之分，也有宏观与微观之别。

广义理解，人类历史上，凡是与人的思想、行为及人工制品相关联的都是文化，它囊括了人类社会有史以来的一切创造物，包括三个方面：一是器物性文化，即人造的物质，如长城、运河、工具、产品等；二是制度性文化，即人所制定的行为规范，如法律、政策、规章、规则等；三是观念性文化，即社会的意识形态，如哲学、文学、艺术、道德、宗教等。狭义理解，文化特指精神产品及行为方式。

文化按其涵盖范围的不同，可以有不同的层次。从宏观上看，文化可以是全人类的文化，或是民族的、宗教的、社会的文化；从微观上看，它可以指社会中的某一特定群体的文化，如地域文化、组织文化、家庭文化等。

尽管学术界对文化概念的界定存在分歧，但就文化的本质而言，学者的认识正在趋于一致。编者认为：文化是人类改造自然、社会和人类自身的成果，是一定自然和社会环境中的人在长期活动中所形成的、以价值观系统为核心的一系列习俗、规范和准则的总和。它体现了一个群体在价值取向、思维方式、理想追求、精神风貌等方面的显著特征。

【中德文化差异】

中国与德国文化的差异

思考问题：中国与德国的文化差异体现在很多方面，最本质的差异在哪里？

1.1.3 文化的基本要素

文化涵盖广泛，是由一些基本要素相互依赖、相互制约而形成的体系。构成文化的基本要素有以下5个。

1. 物质文化

物质文化是人类为了满足自身生存和发展需要，对自然界改造和加工形成的种种物质成果，它和自然物的区别在于经过了人的加工改造。从古人留下的万里长城到当今的长江三峡，从人造天体到交通工具，从服饰到饮食，这些都是人类将自然物经过加工、再加工创造出来的物质文化。

2. 象征符号

象征符号是表征文化的符号，也是人们借文化而彼此交往、彼此沟通的媒介，是任何一种文化不可或缺的重要因素。象征符号主要有语言、文字、面部表情、行为动作、各种标识和徽记等。这些象征符号是人们在社会实践和交往活动中概括和抽象出来的，其含义是人们彼此理解和认同的。从最简单的一声呼唤到挤眉弄眼，交往双方都是一看就能明白，而且是心领神会的。象征符号是沟通手段，它本身又是一种文化成果。不同民族、地区、群体的象征符号也是不同的。

3. 行为规范

行为规范就是指被社会所共同接受的道德标准和行为准则。在人类社会早期，人们就开始认识到约束个人行为并使其与他人行为、社会要求相协调对于个人、社会都是必要的。这种愿望努力推动着人们创造出各种制约手段，形成了风俗习惯、禁忌，之后又相继形成了道德规范、规章制度及法律法规。现在，社会的各个层次，政治、经济、文化的各个领域，各行各业，都有与其相配套的伦理要求和制度规范。所有社会成员，都受到这样或那样的规范制约。行为规范可以是一种默契，也可以是一种约定、一种严密的逻辑条令。

4. 认知文化

认知文化是人们认识世界与改造世界的工具和手段，它是通过学习获得的。这种工具和手段不同于人们用于书写的纸笔或用于获取和处理信息的计算机，而是知识形态的理论系统，是由哲学、道德、宗教、艺术、科学提供的世界观、方法论，以及各种具体的定理、原则或模型。认知文化既是人类在认识世界、改造世界过程中累积的实践经验和智慧成果，也是新一代开创新生活、进行文化再创造的前提和基础。

5. 价值文化

价值文化一般指文化价值。在文化体系中，没有什么比价值观更重要的了。价值观是从人与自然、人与社会、人与人之间的关系中概括出来的，是人们评价是非善恶的尺度，是选择行为方向和方式的依据。每个人都有自己的价值观，每个群体、每个社会也都有自己的价值观念和价值标准。价值观念和价值标准是文化体系的核心。文化体系的不同并不仅仅在于物质文化或象征符号的不同，更在于渗透于规范文化和认知文化中的价值文化的不同。

上述 5 个要素是相互制约、相互适应的。正是这种相互制约、相互适应关系，使各要素之间彼此衔接和协调，形成整体的结构、功能和特征，使一种文化与另一种文化之间有了彼此区别的界限。任何文化都是由这 5 个基本要素相互制约而形成的有机整体，民族的文化如此，地域、群体、组织的文化也是如此。

1.1.4 文化的特点

文化作为人类活动的产物，具有以下特点。

1. 文化的共享性

文化的共享性是指文化是一个群体的共同特征，群体中的每个人自然而然地都这么想、这么看、这么做。文化是被群体普遍认同和自觉遵守的一系列群体共识。这种群体共识是在长期的共同实践中形成的，是被实践反复证明有效的观念和行为准则。

2. 文化的整合性

文化的整合性是指文化是由一些基本要素相互依赖、相互制约而形成的结构体系。构成文化的诸要素或特质，不是随机拼凑，而是相互适应、和谐一致的。文化是一个有机体，是从人们的观念到行为习惯再到行为结果的连续体，它有能力把自己的各要素整合为一个整体，并具有一种自我生长、自我发育、自我完善、自成体系的能力。

3. 文化的适应性

文化的适应性是指文化对特定的自然环境和社会环境的适应。文化在本质上是开放的，是一种耗散结构，需要不断地与环境互动，才能保持有序并向更高的层次发展。正是因为文化具有适应性，它才能延续下去。

4. 文化的层次性

文化的层次性是指文化是一种架构，具有清晰的内在结构和层面，有自身的规律，其核心信息来自历史传统。文化按其覆盖面的不同，可以有不同的层次，包括从全人类的文化到不同国家的、民族的、地域的乃至组织的文化，这样就形成了不同层次的亚文化。所谓亚文化是指其核心（价值观念）和主流文化相一致，但属于某一区域或某个集体所特有的观念和生活方式，只有少数人认同的支流文化，也称副文化。亚文化对人的心理和行为的影响不容忽视。文化的主亚层次之分，可以沿社会的构成层次做进一步分解，最后分解到家庭和企业等社会基本单元。

5. 文化的规范性

文化的规范性是由于文化本身是决定和限制个人行为变异的一个主要因素。文化存在于个体之外，对个人施加无形的、强大的强制力量，从而使个体与某种文化保持一致。个人对文化的适应表现为对文化氛围的体验和感受。个人对其所认同的群体文化有强烈的归属感，这就促使他主动调整自己的行为，从而与群体文化及环境相适应。对于文化的规范性，人们通常并没有明显的感受，是因为人们处于同质的文化之中，与文化所要求的行为和心理模式是一致的。当人们试图反抗文化的强制性时，文化的力量就会明显地体现出来。文化的强制性表现为群体的心理对个人的排斥性、疏远性、冷漠性和否定性。

6. 文化的普同性

文化的普同性表现为社会实践活动中普同的文化形式，其特点是不同民族的意识和行为其内在具有共同的、统一的样式。文化的诸多领域，如哲学、道德、文学、艺术和教育等，不但包含各阶级、各民族的独特内容，还包含了全人类的、普同的原则。这些原则促进各国人民的相互借鉴及各民族文化的相互融合。目前，互联网等高新技术迅速普及，经济全球化进程加快，各民族生活方式的差异逐渐缩小，整个世界的文化更加趋向普同。

7. 文化的差异性

文化的差异性即文化个性，就是一个群体在价值观念、思维方式、信仰、行为准则、风俗习惯等方面所表现出来的区别于另一群体的显著特征，这是人们在不同的环境中学习和适应的结果。文化是共性和个性的统一体。一方面，由于在共同环境中生活，采用大体一致的活动方式，因而有大体一致的物质文化，以及趋同的风俗、习惯等，这就是文化的共性，即文化是某一群体的共同特征；另一方面，不同的环境也造就了不同群体在价值观、信仰和行为准则上的差异，这就构成了文化的差异性。

8. 文化的继承性

文化的继承性是指构成文化的观念、习惯、态度、习俗和传统是一个群体在社会实践中形成的经验，并在一定程度上得到规范化。它们是明显的或隐含的处理问题的方式和机制，在成员间传播并得到强化，因而具有继承性。在文化的历史发展进程中，每个新的阶段在否定前一个阶段的同时，必须吸收它的所有进步内容，以及此前所取得的全部优秀成果。文化是习得的，而不是直接通过遗传就天生具有的。

9. 文化的发展性

文化的发展性是指文化就其本质而言是不断发展变化的。19世纪的进化论人类学者认为，人类文化是由低级向高级、由简单向复杂不断进化的。从早期的茹毛饮血，到今天的时尚文明，从早期的刀耕火种，到今天的自动化、信息化和智能化，这些都是文化发展的结果。文化稳定是相对的，变化发展是绝对的。现存的社会秩序，包括组织、信仰、知识及工具会随着时代悄然改变，文化在不断地传播、交流和创新中变迁。

1.2 企业文化的定义及特征

1.2.1 企业文化的定义

"企业文化"作为专业术语，最早出自 20 世纪 80 年代初的西方管理学界，在英语中由于其出现的场合不同，所以有几种不同的称谓：Organizational Culture（组织文化）、Corporate Culture（公司文化）、Enterprise Culture（企业文化）、Firm Culture（公司文化）、Company Culture（公司文化）等。公司文化和企业文化只是称呼上不同，都指的是专门从事商品生产和服务的经济组织的文化。本教材将企业文化定义为所有的组织中存在的文化，即大范围的组织定义，包括政府、企业和其他机构。

如同文化的定义一样，到目前为止，企业文化尚无公认的定义。自企业文化诞生之日起，专家学者就致力于对企业文化概念的讨论和界定，提出了种种表述。

威廉·大内在《Z 理论：美国企业界怎样迎接日本的挑战》一书中认为，传统和气氛构成了一个公司的文化。同时，文化意味着一家公司的价值观，诸如进取、守成或是灵活——这些价值观构成了公司员工的活动、意见和行为规范。管理人员身体力行，把这些规范灌输给员工并代代相传。

托马斯·彼得斯和罗伯特·沃特曼在《成功之路：美国最佳管理企业的经验》一书中认为，企业将其基本信念、基本价值观灌输给它的员工，形成上下一致的企业文化，促使广大员工为自己的信仰而工作，这会产生强烈的使命感，激发最大的想象力和创造力。

而特伦斯·迪尔和阿伦·肯尼迪在《公司文化：公司生活的礼节和仪式》一书中，对企业文化阐述得更为具体，认为企业文化由 5 个要素组成：①企业环境，是对企业文化的形成和变迁具有关键影响的因素；②价值观，是企业文化的核心因素；③英雄人物，他们是企业价值观的人格化，为员工提供了学习楷模；④礼节和仪式，即企业的日常惯例和常规，向员工表明了他们所期望的行为模式；⑤文化网络，即企业内部的"非正式"的信息传播渠道，是企业价值观和英雄人物传奇的"运载媒介"。

IBM 的前董事长托马斯·约翰·沃森认为，一个公司的兴衰在于"我们称之为信念的那种因素，以及信念对其员工的感染力"。他指出为了生存下去和取得成功，任何一个组织都必须具备一套健全的信念。他从 IBM 的实际经验出发，认为企业文化是企业哲学。IBM 的企业哲学中最重要的观念，是对每个人的尊重。他说：这是一个简单的观念，然而在 IBM，这个观念却占去了大部分管理时间，也是我们尤其应该贯彻的观念。

美国企业文化专家劳伦斯·米勒认为，企业文化是一种观念，这种观念，能蕴藏无比的威力——能创造一个新社会和达到新的水准。观念可以成为催化剂，使人类的潜能发挥出来。

国际著名管理咨询专家埃德加·沙因写了一本为其企业文化研究"画上句号"的书：《组织文化与领导》。在书中，埃德加·沙因把企业文化描述为"一套基本假设"，即企业（这一群体）在解决外在适应性与内部整合性问题时，习得的一组共享假定。因为它们运作得很好，而被视为有效，因此传授给新成员，作为遇到这些问题时，如何去知觉、思考及感觉的正确方法。在随后出版的《企业文化生存指南》中，埃德加·沙因将文化由浅到深划分为三个层次，即表象、表达的价值和基本假设，埃德加·沙因的企业文化三层次如图 1.1 所示。

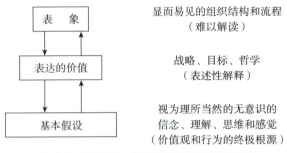

图 1.1　埃德加·沙因的企业文化三层次

我国许多学者对企业文化的定义和内涵也都有自己的理解。

张木生认为，企业文化是企业在长期的生产经营和管理活动中培育形成的，具有本企业特色并体现企业管理者主体意识的精神财富及其物质形态。它由企业环境、价值观、英雄人物、文化仪式和文化网络等要素组成。

张德和吴剑平认为，可以用简单的语言来表达企业文化这个概念，即指全体员工在长期的创业和发展过程中培育形成并共同遵守的最高目标、价值标准、基本信念及行为规范。它是企业理念形态文化、物质形态文化和制度形态文化的复合体。

胡正荣认为，企业文化作为一种亚文化，是从属于组织文化的一个子概念，它是企业在实现企业目标的过程中形成和建立起来的，由企业内部全体成员共同认可和遵守的价值观念、道德标准、企业哲学、行为规范、经营理念、管理方式、规章制度等的总和，以人的全面发展为最终目标，其核心是企业精神和企业价值观。

刘光明认为，企业文化是一种从事经济活动的组织中形成的组织文化。它所包含的价值观念、行为准则等意识形态和物质形态均为该组织成员所共同认可。它与文教、科研、军事等组织的文化性质是不同的。

曾仕强则认为，企业文化就是一个企业的氛围，无处不在、无时不有，无形但能被感觉到。

从以上国内外学者给企业文化所下的定义来看，他们的侧重点或着眼点不同，涵盖面也不尽一致。编者将企业文化界定为：企业文化是在企业长期的经营管理实践中形成的，被企业成员所普遍认同的价值观念和思维模式，以及自觉遵守和维系的行为准则的总和。企业文化作为企业内各种价值观念的总和或集合，包含丰富的内容，其中，价值观念是企业文化的核心。

1.2.2　企业文化的特征

企业文化是一个多元的体系，应从不同的角度来概括其本质特征。分析企业文化的基本特征，有助于人们更好地理解企业文化。

1. 客观性

企业的客观性，即企业文化是客观存在的，是不以人们的意志为转移的。在企业长期的经营管理活动中，企业成员对"怎样做是有效的"逐渐达成共识，形成行为习惯，并不断传承和强化，形成企业文化。每个企业从它诞生的第一天起就在创造着自己独特的文化，不同的文化也以不同的方式塑造着不同的企业，企业与文化共生，文化与企业共存。不管你是否意识到企业文化的存在，是否将企业文化纳入管理之中，企业文化都客观存在于企业之中。

2. 独特性

企业文化的独特性，即每个企业都有自己独特的、区别于其他企业的文化个性。由于企业所在的社会环境、地理环境和经济环境不同，企业所处行业的特殊性、自身经营管理特点、企业家的领导风格和员工的整体素质等内在条件也不相同，所以企业文化必然会呈现出不同的特色。

3. 规范性

企业文化与传统管理对人的调节方式不同，传统管理主要是外在的、硬性的控制，如管理人员的监督、机器等技术手段的控制、制度的约束等；而企业文化主要是软性的文化引导与内在的文化自律。文化是强调价值认同，强调人的自主意识和主动性，通过启发人的自觉意识来达到自控和自律。它是通过一种群体认同而实现的软性约束，违背企业文化的言行是要受到舆论谴责、群体排斥的。所以威廉·大内说：这种文化可以部分地代替命令和监督，从而既能提高劳动生产率，又能发展工作中的支持关系。

4. 稳定性

企业文化具有相对的稳定性。企业文化是在长期实践中经过不断的总结、强化而沉淀下来的。一旦形成，是作为全体成员的信念、传统、习惯和价值观念的结晶，成为成员深层心理结构中的基本部分而存在，因而能在较长时间内对成员的思想、感情和行为发生作用，具有相对的稳定性。如果企业环境没有发生根本性变化，企业文化就不会因企业产品、组织制度、经营策略和领导人的改变而改变，尤其是企业文化的基本内核，它的稳定性就更加突出。

5. 动态性

企业文化不仅具有稳定性，还具有动态性，是稳定性与动态性的统一。动态性特征表现在：企业文化的形成需要一个较长的过程，由不定型到初步定型再到系统化这一过程本身就具有变动性。企业文化形成后，企业内外环境的根本变化，必然会引起企业经营理念的变化，从而推动企业文化变迁。如今竞争环境复杂多变，竞争互动不断加快，企业文化的动态变迁将更加明显。

6. 实践性

企业文化具有强烈的实践性和实效性特点。企业的生产、经营和管理，是企业文化产生的客观现实基础。企业文化是对有效经验的提炼，离开了企业经营管理实践，企业文化就成了无源之水、无本之木。企业文化不是抽象地逻辑推理出来的，也不是宣传包装出来的，而是在反复的经营管理实践中被证明后才总结提炼出来的。它铭刻在企业员工心中，约束着他们的行为，指导着企业的运作。

7. 渗透性

企业文化具有渗透性。企业文化的核心是价值观念，它是无形的，因而它的存在、传播和作用需借助于各种具体形式和载体，如企业的各种活动、制度和物质环境等。真正被员工认同和实践的价值观念具有极强的渗透性，无处不在，渗透于企业的每个层面、每个角落。在理解企业文化时，不能将本质内容和形式载体混为一谈，正如学者许宏所描述的：它（企业文化）不是指知识修养，而是指人们对知识的态度；不是利润，而是对利润的心理；不是人际关系，而是人际关系所体现的为人处世的哲学；不是俱乐部，而是参加俱乐部的动机；不是社交活动，而是社交方式；不是运动会的奖牌，而是奖牌所折射出来的荣誉观；不是新闻，而是对新闻的评论；不是舒适优美的工作环境，而是对工作环境的感情；不是企业的管理活动，而是造成那种管理方式的原因。总之，企业文化是一种渗透在企业一切活动之中的东西。

1.3 文化管理的内涵及特征

1.3.1 文化管理的内涵

企业文化在管理实践中产生，源于管理，并和企业的管理功能密切联系在一起，构成企业管理的软要素，在企业管理中发挥着重要作用。但只有当企业文化作为一种自觉的管理手段或管理方式时，才出现"文化管理"。

什么是文化管理？国内外学者从不同的角度提出了自己的理解，但目前仍没有一致的看法。应焕红在《公司文化管理》一书中认为：文化管理就是把企业管理的软要素——文化作为企业管理的中心环节的一种现代企业管理方式。它从人的心理和行为特点入手，培养企业组织的共同价值观和员工的共同情感，形成具有企业自身特点的文化；从组织整体的存在和发展的角度，去研究和吸收各种管理方法，形成统一的管理风格；通过公司文化培育、管理文化模式的推进，激发员工的自觉行为和内在积极性。

1. 文化管理是企业管理的高级阶段

企业文化是一种与企业共生的客观存在，并潜移默化地影响着员工的行为。但当人们没有意识到它的存在，或者只意识到它的存在而没有将其纳入管理视野时，它只是自生自发的原生态的企业文化。只有当管理者有了文化自觉后，有意识地提倡和培植积极的企业文化，摒弃和抑制消极落后的管理理念，从而引导企业文化向健康的轨道发展，并使之渗透到管理当中时，才会逐渐产生一种新型的管理方式——文化管理。

从管理发展的历史看，企业管理方式经历了经验管理、科学管理和文化管理3个阶段，见表1-1。经验管理处于管理的初级阶段，注重管理者个人的经验、能力和水平，主要表现为"能人管理""拍脑袋决策"，强调人治。科学管理是管理的中级阶段，注重管理手段、管理技术，强调制度化、法治化管理。但科学管理把管理者的注意力吸引到对流程和管理技术的重视上，把管理变成了烦琐的、形式主义的管理。文化管理作为一种新的管理方式，是管理的高级阶段。它建立在"人本管理"的基础上，强调人是管理的出发点和归宿点，坚持以人为中心，尊重人、信任人、培育人、发展人，把人放在企业管理的主体地位上，主张以文化为根本手段进行管理，实现"以文化人"，即注重企业愿景、企业信念、企业精神对员工的积极性、主动性、创造性的激发，强调文化认同和群体意识的作用，使员工与企业结成命运共同体。

长期以来，传统管理所形成的形式主义倾向和物化主义倾向掩盖了管理的本质，使管理因丧失精神而变得呆滞、僵化、片面，成为企业生产经营发展的桎梏。文化管理则通过提炼、确立和贯彻企业的使命、愿景和价值观，形成独特的企业文化，以人为本，以文化人。有了文化——企业之魂，管理便获得了方向和目标，便能有效克服管理手段、方法、技术的自相矛盾和互相抵消，克服管理的片面性、杂乱性、无机性，把形式主义的、事务性的、烦琐零碎的管理变成活生生的灵魂管理。因而文化管理是攀登企业管理高峰的一场革命，是管理思想发展的新阶段。

表1-1 企业管理方式的3个阶段

管理阶段	管理方式	关系	特　点
初级阶段	经验管理	无序	人治：凭个人经验能力的经验管理
中级阶段	科学管理	对立	法治：注重管理手段、管理技术，强调制度化、法治化管理
高级阶段	文化管理	统一	文化：注重企业愿景、企业信念、企业精神等，员工与企业结成命运共同体，以文化人

2. 文化管理是人本管理的最高层次

（1）人本管理的要义。

人本管理将人视为企业之本，视为企业最重要的资源和目标。管理就是要调动人的积极性、主动性和创造性，其核心是理解人、尊重人、激发人的热情，实现企业与员工共同发展的目标。在企业是什么、企业靠什么、企业为什么等基本问题上，始终贯穿着以人为本的思想，即企业即人（Of the People）、企业靠人（By the People）、企业为人（For the People），因此，人本管理被称为"3P管理"。

① 企业即人。企业是一个组织，是由人组成的集合体，企业无"人"则"止"。企业目标必须通过员工的分工协作来实现。企业管理首先是对员工进行有效的组织和管理，进而通过员工实现对物质资源的配置和利用。"企业即人"的理念要求企业必须建立高度信任的理念，把人放在中心位置，时刻将激发人的潜能放在主导地位，对员工授权赋能。例如，日本索尼公司前董事长盛田昭夫曾说：如果说日本式经营真有什么秘诀，那么，"人"是一切秘诀最根本的出发点。被誉为"经营之神"的日本松下电器创始人松下幸之助也曾说：松下公司的口号是"企业即人"，并多次宣称"要造松下产品，先造松下人"。

② 企业靠人。人是决定企业发展的第一要素，在诸多企业资源中，人是唯一能动的资源。

③ 企业为人。人本管理成功的标志是企业与员工的共同成长和发展。传统意义上的企业是一个经济组织，企业的控制权和剩余索取权归股东所有，企业的经理阶层代理股东行使管理权力。企业管理的衡量标准直接表现为短期的企业利润率或长期的企业股票市值，这实际上反映的是企业资本所有者的利益。而人本管理中，员工成为管理活动的服务

对象，管理活动成功的标志不但要看资本所有者的利益是否实现，还要看企业员工的个人目标是否实现。

实行人本管理的企业都十分注重全面提高员工的工作质量和生活质量。他们给员工提供了"干中学"的机会，使他们不断进步。员工培训的着眼点不仅是掌握某种技能，同时强调员工的自我发展和完善。企业帮助员工开展职业生涯设计，以求得企业发展和员工个人发展的协调统一。许多企业还为员工建立了利润分享制和形式多样的股权激励，包括员工持股计划、股票期权等，使"以人为本"的管理思想转化为实实在在的长期激励。

（2）人本管理的层次。

人本管理是一种以人为中心的管理，包括情感管理、民主管理、自主管理、人才管理和文化管理5个不同的层次。

① 情感管理。情感管理是通过情感的双向交流和沟通来实现有效的管理。员工是有血、有肉、有情感的人，情感管理注重人的情感和内心世界，要求管理者做到"懂人心、尊人心、暖人心、得人心"，致力于影响人的情绪、心态、价值追求和精神面貌，其核心是激发员工的积极性，消除员工的消极情绪。例如，"走动式管理"就是要求管理人员走出办公室，深入现场，与各层次和各类型人员接触、交谈，加强感情沟通，融洽关系，了解情况，及时鼓励与表扬员工的成绩，同时发现问题，征求意见，与员工一起寻找对策。情感管理可以减少劳资矛盾、融洽劳资关系，提高员工对企业的归属感。

② 民主管理。民主管理就是要让员工参与决策，充分发挥他们的聪明才智。如果员工能主动积极地提出问题并解决问题，那么企业运行效率就能得到有效保证。管理者要有主动听取下属意见的思维习惯和行为习惯，集思广益，营造民主氛围。另外，如果管理者能够听取下属的意见，让他们参与决策，则能减少管理摩擦，提高员工士气。

例如，海尔集团的民主管理做得很有成效。海尔集团鼓励员工立足岗位发现问题，大胆创新探索，对勇于在实践中创新，为公司创造显著绩效的员工不仅给予丰厚的物质奖励，还给予极大的精神激励。

③ 自主管理。自主管理是现代企业的新型管理方式，是民主管理的进一步发展。这种管理方式要求员工根据企业的发展战略和部门目标，自主地制订计划、实施控制、实现目标，即"自己管理自己"。它可以把个人意志与企业意志统一起来，从而使每个人都心情舒畅地为企业做贡献。"信任型"管理和"弹性工作时间制"管理都是自主管理的新型管理方式。实施自主管理的条件是职业化程度高的成熟的员工。

④ 人才管理。在社会、经济、技术迅速变革的背景下，企业环境变化越来越快，越来越剧烈，企业要保持竞争力，必须比竞争对手更快、更有效地学习。工作学习化，学习工作化，是现代企业的必然要求。人才的重要特点是热爱学习，渴望成功，富有创造性。人才管理就是要求管理者重视组织学习和员工培训，给员工创造学习和发展的环境与机会，要善于发现人才、培养人才、合理使用人才，做到人尽其才。

⑤ 文化管理。文化管理强调通过企业文化培育、文化管理模式的推进，使员工拥有与企业目标相一致的个人职业目标，从而产生强烈的内在激励和精神动力，自发地努力，共同推动企业的发展。彼得·德鲁克强调：文化管理是提升生产力的关键。从情感管理到文化管理，管理依次向纵深方向推进，文化管理是人本管理的最高层次。

1.3.2 文化管理的特征

1. 文化管理以人本管理为基础

文化管理是在人本管理的基础上发展起来的新的管理方式。它强调人是整个企业中最宝贵的资源和财富,也是企业活动的中心和主旋律,企业必须充分重视人的价值,最大限度地尊重人、关心人、依靠人、理解人、凝聚人、培养人和造就人,充分调动人的积极性,发挥人的主观能动性,努力提高企业全体成员的社会责任感和使命感,使企业和员工不仅成为利益共同体,而且成为真正的命运共同体。

2. 文化管理强调以文化人

文化管理强调"以文化人""以文导企"。文化管理的核心就是认为任何企业都必须建立一套适应环境要求的适应性文化体系,以之贯穿、整理、提升和完善企业的管理制度和行为规范,使价值理念与企业制度相融合。同时,必须用这种个性文化塑造员工的思想和心灵,使他们被这种文化所指引,对这种文化认同,成为这种文化自觉的执行者和推动者,做到价值理念内化于心、外化于行,从而使企业从物的层面到人的层面,从静的状态到动的状态完全统一,以此来实现企业目标和个人目标的有机结合,实现企业与社会及企业内部物质、制度、精神的最佳组合和动态平衡。

3. 文化管理以软性管理为主

文化管理是把企业管理的软要素作为企业管理中心环节的一种现代企业管理模式。它强调从人的心理和行为特点入手,培养企业组织的共同价值观和企业员工的共同情感,形成企业自身的文化。然后,通过这种柔性的而非刚性的文化引导,建立起企业内部合作、友爱、奋进的文化心理环境,以及协调和谐的群体氛围,自动地调节企业成员的心态和行动,使企业的共同目标转化为成员的自觉行动,使群体产生最大的协同合力。大量管理实践证明,这种由软性管理所产生的协同力比企业的刚性管理制度有着更为强烈的控制力和持久力。

文化管理以软性管理为主,同时要求刚柔并济、软硬兼施。企业制度是强制性的、硬性的,但要依赖于企业共同价值观和企业精神才能被自觉遵守;企业精神、企业道德是非强制性的、软性的,但其形成的群体压力和心理环境对员工的推动力又是不可抗拒的,这种软环境的建立和维持,也离不开通过执行、奖惩制度来强化。软环境保证硬管理,硬环境强化软管理,体现了文化管理的辩证法。

4. 文化管理以群体凝聚力为目标

文化管理以群体凝聚力为目标。企业员工来自五湖四海,不同的风俗习惯、文化传统、工作态度、行为方式、目的愿望会导致员工之间的摩擦、排斥、对立、冲突乃至对抗,这往往不利于企业目标的顺利实现。而企业文化通过建立共同的价值观和寻找观念共同点,不断强化企业员工之间的合作、信任和团结,使之产生亲近感、信任感和归属感,实现文化的认同和融合,在达成共识的基础上,就会使企业具有一种巨大的向心力和凝聚力。

本 章 小 结

文化是人类改造自然、社会和人类自身的成果,其本质是:在一定自然环境和历史环境中的人在长期的活动中所形成的,以价值观系统为核心的一系列习俗、规范和准则的总和。它体现了一个群体在价值取向、思维方式、理想追求、精神风貌等方面区别于另一个群体的显著特征。任何文化都是由物质文化、象征符号、行为规范、认知文化、价值文化5个基本要素相互制约而形成的有机整体。文化具有共享性、整合性、适应性、层次性、规范性、普同性、差异性、继承性、发展性等特点。

企业文化是在社会文化的影响下,在企业长期的经营管理实践中形成的,是企业成员普遍认同的价值观念及自觉遵守和维系的思维模式和行为准则的总和。企业文化包含丰富的内容,包括企业价值观念、道德标准、企业哲学、行为规范、经营理念、管理方式、规章制度等,其中,价值观念是企业文化的核心。企业文化具有客观性、独特性、规范性、稳定性、动态性、实践性、渗透性等特征。

文化管理作为一种新的企业管理方式,是企业管理的高级阶段。它建立在人本管理的基础上,强调"以文化人""以文导企",以软性管理为主,以群体凝聚力为目标。

习 题

(1) 如何正确理解文化?
(2) 文化包括哪些基本要素,它有哪些特点?
(3) 如何理解企业文化概念,它有哪些特征?
(4) 企业文化与企业亚文化的关系如何?
(5) 什么是文化管理,它有哪些基本特征?
(6) 如何理解文化管理是企业管理的高级阶段?
(7) 文化管理与人本管理有何联系?
(8) 结合实践谈谈你对企业文化内涵的理解。
(9) 结合现实中的某一企业,描述其管理特点并判断其所处的管理阶段。

海底捞的管理智慧

本文作者对海底捞各个级别的管理人员进行了深入访谈,列席该公司的管理例会,安排研究助理进店亲身感受海底捞的管理和企业文化,并选取北京另外几家品牌的餐厅进行参照研究,以此发掘海底捞独特的管理智慧。

1. 用心创造差异化

创业初期,还是四川拖拉机厂电焊工的张勇在家乡简阳支起了4张桌子,利用业余时间卖起了麻辣烫。"我不会装修,不会炒料,店址选在了街的背面,刚开始连毛肚是什么都不知道,想要生存下去只能态度好些,别人要什么快一点,客人有什么不满意多赔笑脸。刚开张时,不知道窍门,经常出错,为了让客人满意,送的比卖得还多,"张勇回忆道,"尽管大家都说我的东西不好吃,却又都愿意过来。"半年下来,一角钱一串的麻辣烫让张勇赚了一万元。这家麻辣烫就是海底捞的前身。

"客人吃得开心,就会夸你味道好,但要是觉得你态度冷淡,就会说好难吃啊。"由此张勇意识到:做餐饮,服务是取胜的关键。麻辣烫变成正式的火锅店之后,因为与众不同的服务,张勇的生意很快红火起来。

1998年的一天,张勇的火锅店来了一位西安的客人,吃完后觉得味道很好,对张勇说:"到西安开一家吧,西安爱吃火锅的人多。"张勇就这样开了第二家店,海底捞从此走出四川。14年后,海底捞在全国6个省市开了30多家店,拥有了6000余名员工。

张勇从对麻辣烫和第一个火锅店的经营中悟出:火锅生意不同于其他餐馆生意,在这里每个客人已经是半个大厨,不仅自己配调料,还根据自己的口味煮各种食品。此外,由于四川火锅浓重的麻辣刺激,吃到最后绝大多数客人实际上已分不出不同火锅店的口味。因此,在地点、价格和环境相似的情况下,服务好坏是食客是否回头的最重要因素。

管理真是一门实践的艺术。没读过大学,没受过任何正式管理教育的张勇,在根本不知道竞争差异化为何物时,竟在偏僻的四川简阳制定出自己的服务差异化战略,而且把这个战略成功地灌输给了所有一线员工。

怎么才能让客人体会到差异?就是要超出客人的预期,让他们在海底捞享受到在其他火锅店里享受不到的服务。要做到这一点不能仅要靠标准化的服务,更要根据每位客人的喜好提供个性服务。从洗菜、点菜、传菜、做火锅底料、帮客人煮菜、清洁到结账,做过火锅店每个岗位的张勇深知,客人的需求五花八门,单用流程和制度培训出来的服务员最多能达到及格的水平。制度与流程对保证产品和服务质量的作用毋庸置疑,但同时也压抑了人性。让雇员严格遵守制度和流程,等于只雇了他的双手,而忽视了其创造力,这是最亏本的生意。

服务的目的是让客户满意,可是客人的要求不尽相同。例如:有人要标准的调料,有人喜欢自己配;有人需要两份调料,有人连半份都用不了;有人喜欢自己涮,有人喜欢服务员给他涮;有人不喜欢免费的酸梅汤,能不能让他免费喝一碗本该收费的豆浆?碰到牙口不好的老人,能不能送碗鸡蛋羹?让客人满意不可能完全靠标准化的流程和制度,只能靠一线服务员临场的判断。如果碰到流程和制度中没有规定的问题,就需要大脑去创造了。例如:客人想吃冰激凌,服务员要不要到外边给他买?

大脑在什么情况下才能创造?心理学证明,当人用心的时候,大脑的创造力最强。于是,让海底捞的服务员都像自己一样用心服务,就变成张勇的基本经营理念。

2. 把员工当成家人

可是,如何让服务员也像自己一样用心呢?毕竟,自己是老板,员工只是做一份工作而已。张勇的答案是:让员工把公司当成家,他们就会把心放在工作上。一个家庭不可能每个人都是家长,但不妨碍大家都为这个家尽可能做出最大的贡献,因为每个家庭成员的心都在家里。

那么,怎么样才能让员工把海底捞当家?张勇觉得这简单得不能再简单:把员工当成家人。

如果员工是你的家人,你会让他们住地下室吗?不会。很多北京餐馆的服务员就是住地下室。而海底捞的员工住的都是正规住宅,空调、暖气、电视一应俱全,还可以免费上网。公司还雇人给宿舍打扫卫生,换洗被单。公司给员工租房的标准是步行20分钟到工作地点。

如果你的家人从乡村初次来北京打工,你一定担心他们路不熟,会走丢;不懂规矩,会遭城里人的白眼。于是,海底捞的员工培训不仅有工作相关内容,还包括生活相关内容,如:怎么看北京地图,怎么用冲水马桶,怎么坐地铁,怎么过红绿灯……

我们在采访时,海底捞员工骄傲地说:"我们的工装是100元一套的好衣服,鞋子也是名牌——李宁!"做过服务员的张勇知道:服务员的工作表面看起来不累,可是工作量相当于每天走10千米的路,需要一双好鞋。

如果你的家人千里迢迢来打工,他们孩子的教育怎么办?不把这个也安排好,他们不可能一门心思扑在工作上。于是,海底捞在四川简阳建了寄宿学校,因为海底捞1/3的员工来自四川。

海底捞不仅照顾员工的子女,还想到了员工的父母。优秀员工的一部分奖金,每月由公司直接寄给他们在家乡的父母。谁不想孩子有出息？可是衣锦还乡的毕竟是少数，而公司每月寄来的钱让这些父母的脸上也能有光彩。中国人含蓄，中国的农民更含蓄，心里骄傲不好说，却说："这孩子有福气，找到一家好公司，老板把他当兄弟！"难怪员工都管张勇叫张大哥。

如果你的兄弟或姐妹结婚了，你能眼看着年轻的夫妻分居吗？如果妹夫没有工作，你能不替他着急吗？于是海底捞鼓励夫妻同时在海底捞工作，而且提供有公司补贴的夫妻房。

海底捞的招工程序也别具一格，在许多公司把亲属回避当做铁律时，提倡内部推荐。于是员工越来越多的老乡、同学、亲戚一起到海底捞工作。张勇为什么要这样做？因为他知道家人之间不仅有亲情，更重要的是信任。打仗亲兄弟，上阵父子兵。社会学告诉我们绝大部分人在熟人圈里的道德水平比在陌生人群中要高。因此，无师自通的海底捞又胜一筹。

把员工当成家人，就要像信任家人那样信任员工。如果家人代你去买菜，你还会派人跟着监督吗？当然不会。所以，海底捞200万元以下的开支均由副总负责，而他们同张勇都无亲无故。大区经理的审批权为100万元，30万元以下的开支，店长就可以签字。授权如此放心大胆，在民营企业实属少见。

如果说张勇对管理层的授权大胆让人吃惊，他对一线员工的信任更让同行匪夷所思。海底捞的一线员工都有免单权。不论什么原因，只要员工认为有必要就可以给客户免费送一些菜，甚至有权免掉一餐的费用。在其他餐厅，这种权力起码要经理才会有。

聪明的管理者能让员工的大脑为他工作。为此，除了让员工把心放在工作上外，还把解决问题的权力交给一线员工，这样才能最快地消除客户的不满意。

当员工不仅仅是机械地执行上级命令，海底捞员工都是管理者，海底捞是一个由6000名管理者组成的公司！难怪张勇说："创新在海底捞不是刻意推行的，我们只是努力提供员工安心工作的环境，结果创造力就不断涌出来了。"

3. 尊严、希望和公平

有人会问：难道张勇就不怕有人利用免单权换取个人利益？这种情况确实发生过，只不过极少，而往往那些员工做第二次的时候就被查处开除了。

两个因素决定海底捞一线员工不会滥用免单权。第一，管理层除了财务总监和工程总监外，全部从服务员做起。这条政策极端到包括厨师长的职位，理由是不论你的厨艺有多好，没有亲自服务过客人，就不会知道服务员需要什么样的后厨支持才能把客人服务好。管理过3000多员工的海底捞北京和上海大区总经理袁华强，就是从门童、服务员一路做起来的。至今他还骄傲地说，我是超一流服务员，可以一个人同时照顾4张台。他和手下的每一层的管理者都非常清楚什么时候必须用免单的方式才能让客人满意。因此，作弊的人怎能骗过他们？第二，激发人的自律。人都有邪恶和正义两重性，两者谁占上风经常是生存环境使然。孟子有言："君视臣如手足，则臣视君如腹心；君视臣如犬马，则臣视君如国人；君之视臣如土芥，则臣视君如寇仇。"海底捞把员工视为手足，员工自然把海底捞当作自己的心脏来呵护。那些被偷垮的餐馆，员工在那里有可能受到了土芥般的轻视。设身处地想想看，如果你既喜欢这个工作，又感激这个公司，特别是你还在意亲戚朋友、同学和老乡对你的看法，你愿意用几百元钱去交换它们吗？如果对员工连这样的信任都没有，你怎么能期望员工把心交给你？

当然，更重要的是海底捞的晋升制度让员工看到了真切的希望。任何新来的员工都有3条晋升途径可以选择。管理线：新员工—合格员工—一级员工—优秀员工—领班—大堂经理—店经理—区域经理—大区经理。技术线：新员工—合格员工—一级员工—优秀员工—先进员工—标兵员工—劳模员工—功勋员工。后勤线：新员工—合格员工—一级员工—先进员工—办公室人员或者出纳—会计、采购、技术部、开发部。

在海底捞，学历不再是必要条件，工龄也不再是必要条件。这种不拘一格选人才的晋升政策，不仅让这些处在社会底层的员工有了尊严，更是在这些没有上过大学的农民工心里打开一扇亮堂堂的窗户。让他们知道只要努力，人生就有希望。即使没有管理才能的员工，通过任劳任怨的工作也可以得到认可。

人天生追求公平。幸福与否主要来自和周围人的对比。如果追求公平的天性遭受挫折，员工一定不会感到幸福。人不幸福，对别人就不可能友善，更谈不上创造。海底捞知道，想让服务员对客户态度好，就必须让服务员感到幸福。让人感到幸福，不仅要提供好的物质待遇，还要让人感觉公平。

晋升制度是海底捞服务差异化战略的核心保障。海底捞的晋升政策除了能让管理层知道员工的冷暖外，也让员工感到公平。

4. 造人优先

人必须一天天长大，成功的企业也从来不是一步登天。从偏僻的四川简阳一路开到北京和上海，张勇发现海底捞很有竞争力，于是他的战略目标就变成了"把海底捞开到全国的每一个角落，做中国火锅第一品牌"。

按照一般连锁经营的商业逻辑，发现势头这么好的海底捞要成为中国第一火锅品牌似乎并不难，因为商业模式和服务流程都已日趋成熟，只要有充足的资金或者通过发展加盟店，就可以实现快速扩张。

可是，海底捞不仅没有向银行贷款，就连找上门的投资银行和私募基金的钱都不要。张勇说：用人家的钱就要按人家的计划开店，可是做生意跟做人一样，该吃饭就吃饭，该睡觉就睡觉，要的是一个境界！因此，海底捞的资金都是从火锅生意一分分赚来的。用投资银行家的话说，海底捞是纯粹的内生增长。

张勇认为，扩张这件事急不得，因为他有一块"心病"没解决。那就是：海底捞的所有做法别人都可以复制，只有海底捞的人是没法复制的，而这恰恰是海底捞的核心竞争力。可是上哪找这么多优秀的员工呀？不要以为都是农村出来的打工者，拿一样的工资就能干一样的活。同一个人在海底捞可以干12个小时还笑着说不累，但在别的餐馆干10个小时就会愁眉苦脸。

为什么？海底捞的员工是在用双手改变命运，而他们的同行仅仅是为了挣钱糊口。

人思想的成长和转变都需要环境和时间。做餐馆的人都知道，任何餐馆一旦做成连锁，流程和制度就至关重要。海底捞员工在入职前也要经过严格的培训，也有要员工死记硬背的详细服务流程和手册。但是，海底捞的企业文化环境不仅限于那些成文的制度与流程，还有相信双手能改变命运，能像管理者那样做决策的老员工的言传身教。尽管大多数员工都是通过熟人介绍来的，但被淘汰的也不少，因为海底捞不仅劳动强度大，更要紧的是海底捞要求员工用心服务客户，对服务的主动性和创造性要求高，这让新员工感到无所适从。因此，海底捞的员工不仅要经过统一的培训，还必须经过一对一师徒式的单兵教练。

海底捞服务的标准化要求每一个服务员都要让客人觉得他们在尽心尽力的服务，高高兴兴的工作。比如，有的服务员不善言语，但他可以一溜小跑给客人买冰激凌；有的服务员喜欢说话，他可以陪客人畅谈海阔天空。这种标准复制不来，因为它要求每个服务员都是管理者。海底捞提供很多便利服务，比如眼镜布、手机套、免费电话等，这几年被很多餐馆效仿，可是细心人一看就会发现是形似神离，因为它们的员工只是在用双手为客人服务。

海底捞把培养合格员工的工作称为造人。张勇将造人视为海底捞发展战略的基石。如何储备更多拥有海底捞管理者思维的一线员工，占据了他现在绝大部分精力。海底捞对店长的考核只有两个指标：一是客人的满意度，二是员工的工作积极性。同时，要求每个店按照实际需要的110%配备员工，为扩张提供人员保障。企业考核什么，员工就关注什么，于是大家每天都在努力"造人"。完全不知平衡计分法为何物的张勇，竟把平衡计分法的精髓——关注员工学习成长发挥得淋漓尽致。

看到这一定有人会问，难道海底捞不考核单店的利润吗？没错，不考核。张勇认为，利润是客户满意和员工满意的结果，客户和员工满意了，利润自然就来了。单店的利润更多同选址有关，不是店长能决定的。实际上，海底捞不仅不考核单店利润，在整个公司也不把利润列为考核指标，因为在张勇看来，考核利润同把海底捞开到中国每一个角落的战略目标是相冲突的。如果硬要考核利润，不仅劳民伤财，还会分散管理层的注意力，那么海底捞就不会有现在这样从容的发展步伐。

做过服务员的张勇知道，按目前的方式"造人"，速度达不到那些拿着钱要入股海底捞的投资银行家的要求。这就是为什么他拒绝了多家创业投资抛出的绣球。他知道，当人力资源还没准备好，拿大把资金快速开店的做法，只会风光一时，却会让品牌很快死掉。很多投资银行家的逻辑是，只要有了好的品牌，制度和流程，加上他们的资金就可以快速占领扩张市场。可惜，这些手握大把资金，满脑商业模型，一心想快速创造赚钱奇迹但没有任何实体经济操作经验的名牌商学院毕业生们恰恰不知道：人和生意的成长都需要时间，是一个个具体、不同的人影响了一桩桩具体生意的成败。人能创造流程和制度，也能改变流程和制度；人能聚财，也能散财；人才是生意的灵魂；流程、制度和资金都只不过是工具。

有人可能会说，如果对手比你的发展速度快，把市场占满了，你的机会不就没有了吗？这是教科书里的理论，现实中永远不会是这样。人类社会生生不息，人类的错误也不断重复。领跑者的错误永远会给后来者让出空间。

5. 创始人张勇

按理说，生意大了，张勇应该日理万机才对。可是这个把人生境界看的比生意更重要的董事长，现在每月只在公司开一次总经理办公会，其他时间都是"甩手掌柜"，经常一个人带着司机在四川的大山里转悠。高中毕业，第一次创业就成功，不到40岁就开始"游山玩水"的张勇怎么有这么多管理智慧，难道他是一位"高人"？

当然不是。张勇坦诚地告诉我们，在开第一间店时，他并没有想到这么多，全都是凭直觉做，这些管理方法是海底捞的团队十几年来一点一滴摸索和积累下来的。

的确，在我们对海底捞一年多的跟踪研究中发现，海底捞的管理者在决定每项管理政策时，更多靠的是对人性的直觉理解；靠的是对农民工群体的直觉理解；靠的是对餐馆服务员这种工作的直觉理解；靠的是对成千上万不同客户的直觉理解。这些简单直觉的背后，包含了他们对人生和世界的思考。

毫无疑问，创始人张勇在这里起到了决定性的作用。作为一个企业家，他在经营企业的风风雨雨中，特别是在累、烦或兴奋得睡不着觉时，不断地问自己：人为什么活？为什么人人都追求公平，可是世界到处是不公平？我为什么办企业？望着客户不满意的脸，给不给免单？看着一年辛苦到头赚来的利润，我应该拿多少，员工应该分多少？还应该投多少到充满风险的生意中去？公司亏钱了员工要回家过年，除了路费，还应不应该再给他们买年货的钱？

我们不清楚张勇的思考过程，也不知道他是不是想清楚了这些问题，但是从海底捞目前的管理中我们可以清楚地看到：张勇没有把赚钱放在首位，起码现在没有。因为他没有像一般企业那样把利润作为考核指标；没有像一般劳动密集型行业的老板那样尽量节省员工开支；没有像一般民营老板那样紧紧把握财权；没有一般企业那样快速扩张。相反，他的管理方法更多体现了"以人为本，追求公平"的理想主义，这在企业家群体中实属少见。

关于对企业目的的争论由来已久，两大阵营的领头人物都赫赫有名。一位是20世纪最伟大的思想家之一、诺贝尔经济学奖得主米尔顿·弗里德曼，他认为企业的目的就是赚取利润。另一位是管理学界曾获得美国"总统自由勋章"的彼得·德鲁克，他认为企业的目的是创造客户。我们认为，这两位大师的观点没有对错，只不过说明了两个并存的事实：

第一，企业家创办企业的目的是赚取利润，而且是最大利润。什么是最大利润？那就是今天的利润，因为今天的利润才是现值。

第二，有些企业家创办企业的目的是想创一番事业。要想事业继续就必须不断创造客户。要想创造客户就必须让客户今天尝到甜头，于是就是要减少今天的利润。

企业同人一样，都遵照正态分布规律，平庸的永远是大多数，优秀的永远是少数。正因为如此，尽管企业的整体平均寿命不超过10年，却总有凤毛麟角的百年老店屹立不倒，依然活力无限地创造着客户。

张勇的海底捞显然是想成为少数优秀的一族。想成为百年老店，根基自然要扎得更深一些，步伐自然要迈得更从容一些。

（资料来源：编者根据"商业评论精选"公众号文改编。）

讨论题

1. 海底捞为什么会成功?
2. 海底捞有怎样的企业文化?
3. 海底捞独特的企业文化是怎样形成的?

第 2 章

企业文化理论的产生与发展

学习目标

1. 企业文化理论的兴起与时代背景;
2. 企业文化研究的主要领域与发展方向;
3. 企业文化理论在中国的传播与发展趋势。

> **导入案例**

20世纪80年代，随着美国、日本企业管理模式比较研究的兴起，企业文化理论应运而生。企业文化理论是社会文化与组织管理思想在特殊的社会和经济变革条件下交融、碰撞的产物。它的兴起是现代企业管理科学逻辑发展的必然结果，同时，它也引发了一场企业管理思想革命。可以说，企业文化理论为西方管理思想的发展树立了一块里程碑。本章结合时代背景，首先回顾企业文化研究的兴起与发展脉络，其次探讨企业文化研究的未来展望，最后研究企业文化理论在中国的传播与应用。

【导入案例——谁是华为】

2.1 企业文化理论的兴起

20世纪七八十年代，日本经济异军突起，对美国经济构成了挑战。日本企业为什么会有这么高的竞争力和生产率？是什么因素导致日本经济的崛起？这些问题引起了美国企业界乃至管理学界的广泛关注。

曾任职于白宫的管理学大师理查德·帕斯卡尔认为：与美国企业强调管理方法、制度等硬性因素不同，日本企业更加注重管理的软性因素及与企业长期并存的员工集体信念，并且塑造出了有利于企业创新、把员工价值与心理因素整合在一起的企业文化。正是企业文化对日本企业取得良好的经营绩效起到了重要的作用并促进其长期发展。

"企业文化"概念横空出世，一石激起千层浪。在20世纪80年代初期的美国掀起了企业文化研究的热潮，并推出了号称"企业文化四重奏"的4部著作：威廉·大内的《Z理论：美国企业界怎样迎接日本的挑战》；特伦斯·迪尔和艾伦·肯尼迪合著的《公司文化：公司生活的礼节和仪式》；理查德·帕斯卡尔和安东尼·阿索斯合著的《日本企业管理艺术》；托马斯·彼得斯和小罗伯特·沃特曼合著的《寻求优势：美国最成功公司的经验》。

《Z理论：美国企业界怎样迎接日本的挑战》分析了企业管理与文化的关系，提出了"Z型文化""Z型组织"等概念，认为企业的控制机制是完全被文化所包容的。

《企业文化：企业生活的礼节和仪式》基于80多家美国企业的深入调研，提出了"杰出而又成功的企业大多拥有强有力的企业文化"的论断，从而大大提高了人们对企业文化的关注和重视程度。该书第一次系统阐述了企业文化体系，认为这一体系包括5个要素：企业环境、价值观、英雄、仪式、文化网络。其中，价值观是核心要素。

《日本企业管理艺术》提出了著名的麦肯锡"7S框架"，即战略（Strategy）、结构（Structure）、制度（Systems）、人员（Staff）、风格（Style）、技能（Skill）、共同价值观（Shared Values），通过比较美国、日本企业管理模式发现，美国企业更加重视战略、结构、制度这3个硬性因素，而日本企业不但重视硬性因素，而且更重视软性因素——人员、风格、技能、共同价值观。这些软性因素同样属于企业文化的范畴，而且是日本企业超越美国企业的关键所在。

《寻求优势：美国最成功公司的经验》致力于研究美国杰出企业的共同管理特征，总结了美国最成功企业管理的8个特征，即行动迅速、接近客户、锐意革新、重视员工、集中精力、扬长避短、简化结构、管理艺术。

编者认为，这4部著作尽管并未从学术高度系统地、严谨地研究企业文化理论，但却发动了一场史无前例的企业文化启蒙运动，大大推进了企业文化理念的传播。它们的主要功绩在于：使新兴的企业文化思想深入人心，并受到广泛重视，为之后的企业文化研究和应用奠定了基础。

2.2 企业文化理论兴起的时代背景

人们往往将企业文化理论兴起的原因归结为美国、日本企业管理模式的比较研究。准确地说，这只是一根"导火索"，事实上，企业文化理论的诞生有其更为深刻的历史背景。

1. 社会大变革

第二次世界大战之后到20世纪80年代，是技术、经济与社会的大变革时期，也是对传统的思想意识提出挑战的时期，西方国家的现代化进程明显加速。现代化的到来，使人类社会的物质文明达到空前的繁荣，同时也带来了前所未有的冲击，引起西方社会的巨大变革。在此背景下，美国社会出现了一股后现代主义思潮，对现代化导致的诸多弊端，如忽视人的情感因素以及过分看重科学实证等，进行了无情的针砭。企业文化思想顺应了时代潮流，强调对科学管理模式进行反思的必要性，呼吁重新关怀人性、回归人本。

2. 管理实践的变化

20世纪80年代前后，西方企业的内外部环境发生了显著的变化，过分偏重理性、刚性的传统管理模式的缺陷日益明显，需要有新的理论来弥补这一不足。具体变化有如下几点。

（1）市场呈现全球化倾向。第二次世界大战后，和平与发展成为时代的主旋律。西方发达国家现代化进程加速，经济增长迅猛，经济全球化趋势日益加速。1947年美国等23个国家签署了《关税及贸易总协定》，标志着全球化进入新阶段。很多国家都实施了开放政策，对于外国投资给予优惠条件。国际贸易发展迅速，特别是日本企业以强劲的竞争力逐步打入美国市场，并让美国企业感受到空前的竞争压力。开放的市场带来了开放的视野，不同的文化之间相互交流与融合。在此背景下，跨国公司得到了空前的发展，跨文化管理问题摆上日程。

（2）竞争重点的变化。第二次世界大战后30多年的发展使西方国家居民收入大幅提高。随之而来的是消费模式的悄然变化，由实物功能型向精神享受型转变。市场竞争的重点发生了变化，竞争不仅在产品质量、价格、服务等基础领域展开，还在更综合的品牌、形象和价值主张等领域展开。正所谓"三流的营销卖产品，二流的营销卖服务，一流的营销卖理念"。

（3）员工需求的变化。随着西方国家居民收入水平的提高，以及高等教育的普及，在20世纪80年代，西方企业员工的主体性需求日益提升。越来越多的迹象表明，许多人工作不仅仅是为了追求金钱和收入稳定，他们还在寻找一份有意义的工作，寻找能允许他们追求个人发展和自我实现的工作。这些信念已变成文化的一个基本部分。随着员工参与管理的意识与能力不断提高，企业员工的需求变化呼唤着以人为本的文化管理。

(4) 员工工作方式的变化。第二次世界大战后，西方国家兴起了以电子技术为中心的新技术革命。科学与技术的迅猛发展，使机器日益替代人工。在企业运营中，大量简单重复的劳动、繁重的体力劳动都由机器代劳了，员工要做的工作大都是需要随机应变的、需要创意和创造性的脑力劳动。以前行之有效的"胡萝卜＋大棒"管理方式的效果日益式微。如何有效管理和激励员工，提高脑力劳动的工作效率成为管理的新问题。

(5) 企业组织结构的变化。传统企业组织往往是科层式金字塔结构。为适应外部环境迅速变化的需要，管理系统和组织系统明显打破了传统的企业边界和金字塔结构等级制，组织结构趋向扁平化、网络化，甚至虚拟化。原来承担上下级信息沟通的中间环节——管理层将日益减少；内部分工和由内部分工带来的控制和反控制、协调和反协调的内耗将被抛弃，从而创造最短的信息流和最快速有效的决策。这种组织结构意味着组织的分权趋势，组织成员可以在自己的职责范围内处理事务，这对员工素质和组织管理提出了更高的要求。如何把"分散"的员工统领起来，保证企业战略的有效执行？其中企业文化起着怎样的作用？这些问题日益突出。

20世纪80年代前后，西方企业的内外部环境发生了上述诸多变化，科学不断昌明、技术不断发展，市场日益全球化，竞争日趋激烈，企业员工的文化素质、生活水平、参与管理的意愿和能力不断提高，组织结构趋向扁平化。在这种形势下，企业文化理论应运而生。

企业文化是客观存在的，有企业便有企业文化。但直到20世纪上半叶，企业文化在整个企业发展中的作用并不显著；到了20世纪70年代，企业文化的作用才逐渐变得重要，并涌现了大批依靠优秀文化取胜的企业，并于20世纪80年代形成理论探索的高潮。到了20世纪90年代，在以信息网络化和经济全球化为特征的新经济时代下，企业文化研究得到进一步的纵深发展。

2.3 企业文化研究的主要领域与发展脉络

1. 企业文化基础理论研究

20世纪80年代，许多学者围绕企业文化的概念、内涵、构成要素、层次及类型等问题进行了卓有成效的研究。

(1) 企业文化概念与内涵的研究。关于企业文化的概念与内涵，学术界一直没有达成一致。一般认为，埃德加·沙因的《组织文化与领导力》一书的出版标志着企业文化研究真正进入了理论研究阶段。

(2) 企业文化构成要素和层次的研究。企业文化的构成要素和层次也是20世纪80年代初期企业文化学者广泛讨论的问题。几乎所有关于结构要素的研究都把价值观作为企业文化的核心，作为文化最深层的概念。特伦斯·迪尔和艾伦·肯尼迪提出了企业文化五要素论，五要素即价值观，企业环境，英雄人物，礼节和仪式，文化网络，并认为其中的价值观是企业文化的核心。关于价值观核心作用的研究，霍夫斯泰德的四层次模型较有代表性。该模型认为企业文化可分为由里及外的4个层次：价值观、仪式、英雄、符号，其中，外面3层可以归纳为"实践活动"，是可见的，而最里层的"价值观"是核心，是不可见的。

由于基本假设这些潜意识的内容很难用定量方法来研究，因此，即使在20世纪90年代后兴起的企业文化定量研究逐渐取代定性研究而成为企业文化研究的主流以后，学术界仍更多地沿用以价值观为核心层的层次模型。

（3）企业文化类型的研究。在企业文化"四重奏"时期，特伦斯·迪尔和艾伦·肯尼迪就将企业文化分为"硬汉、强人文化""尽情干、尽情玩文化""风险文化""过程文化"4种类型。后来，美国组织行为专家罗伯特·奎因等提出的"竞争性文化价值模型"，按照内部与外部导向、灵活自由与稳定控制两个维度对企业文化进行了分类，分成4种基本模式，即群体性文化、发展型文化、理性化文化和官僚式文化。罗伯特·奎因认为，尽管这4种组织文化区别很大，但很少有企业组织单独属于其中的某一特定文化。正常的企业组织不应该只有一种文化，这样很容易走向极端。竞争性文化价值模型强调的就是组织内部不同力量之间的均衡。竞争价值理论模型，为后来组织文化的测量、评估和诊断提供了重要的理论基础。

2. 企业文化研究的方法论之争

20世纪80年代兴起的企业文化基础理论研究基本上都是定性研究，定量研究只占少数。在当时定量研究已经成为管理学研究主流的背景下，企业文化研究却能独树一帜，开辟了一个特别的以定性研究为主的研究领域，从而使企业文化研究带有一定的时尚性、特殊性、创造性甚至革命性的色彩。

早期的企业文化研究大多沿用人类学的研究范式，把组织文化视同传统的氏族部落文化，采用民族志研究方法进行长期的实地观察。埃德加·沙因提出了现场观察、现场访谈、文化评估等方法，赞成采用个人或小组访谈的方式来进行文化评价，并且认为问卷调查的答案只能被视为文化的表现，无法表达任何实际产生影响的深层价值观或者基本假设。

埃德加·沙因认为，组织深层次的基本假设存在于全体成员的潜意识中，很难进行量化测度。文化是不能单靠外在显化的行为来解读的，情境中出现的一些权变因素会导致组织成员的行为背离其深层价值观及假设。要想发现文化的基本元素，要么直接探求组织成员的认知和思维背后的深层价值观及假设，要么就得花大量的时间去观察他们的行为。很多学者赞同埃德加·沙因的观点，认为量化研究无助于理解组织文化，建议采用定性的民族志或历史研究法。

然而，霍夫斯泰德等通过实证发现，在文化具有独立的向度、文化的向度具有操作性定义的前提下，量化取向的文化研究仍然是可行的。萨克曼提出了整合历史和问卷调查方法的组织文化归纳分析法，并且认为企业文化研究在方法论上应该遵循两种思路：一是以局外人的身份开展调查研究，然后加以演绎；二是站在局内人的立场上进行调查研究，然后加以归纳。

进入20世纪90年代以后，以定性为主的企业文化研究受到定量研究的渗透。目前，定量研究已经占据这个研究领域的主导地位。编者认为，这与20世纪90年代以后企业文化研究从基础理论转向实际应用有着很大的关系，量化方法能够更有效地解释企业文化对企业产出（如绩效、员工满意度等）的影响。但是，就企业文化理论研究的特殊性、创造性及研究视角的深度和广度而言，定量研究是无法取代定性研究的，因此，两者融合才能催生出高水平的研究成果。

3. 企业文化基础理论衍生及应用研究

20 世纪 90 年代以后，西方企业遇到了更为激烈的竞争和更加严峻的挑战，迫使企业文化研究更加注重企业实际，从基础理论研究明显转向了实际应用研究，从单一概念走向整合模型，即考察企业文化作为部分变量与其他管理要素的关系并构建整合模型。自此，企业文化研究出现了三个重要的走向：一是企业文化基础理论衍生研究；二是企业文化测量、诊断与评估研究；三是企业文化绩效效应研究。

(1) 企业文化基础理论衍生研究。

企业文化基础理论衍生研究主要包括 3 个方面：企业文化作为部分变量与其他管理要素的关系以及整合模型构建的研究；企业文化与新的管理思想融合的研究；企业文化自身的深化研究。

① 企业文化作为部分变量与其他管理要素关系及整合模型构建的研究。

企业文化基础理论研究从 20 世纪 90 年代开始逐渐从分割走向整合，开始把企业文化与其他管理要素联系起来。学者也逐渐放弃早期的企业文化研究所采用的定性方法，把企业文化作为一个变量或功能单位与企业管理中的其他要素进行整合研究，如企业文化作为一个变量与"人力资源管理""战略管理""职业生涯管理""创新""员工态度""市场营销"等要素的整合，并构建了很多相关模型。企业文化基础理论衍生研究也因此呈现百花齐放的态势。但是，这种把企业文化默认为一个变量和功能单位的定量研究尽管繁荣了企业文化研究，但却违背了早期企业文化理论研究者的初衷，企业文化独立于定量研究的特殊地位也因此逐渐丧失，关于深度和方法论的争论也逐渐被搁置起来。

② 企业文化与新的管理思想融合的研究。

关于企业文化基础理论的衍生研究还融入了一些新的管理思想，体现了企业文化这一整合、软性因素的强大包容性和生命力。

彼得·圣吉在《第五项修炼：学习型组织的艺术与实务》一书中提出了著名的学习型组织理论，认为学习型组织必须具备自我超越、改善心智模式、建立共同愿景、开展团队学习、系统思考 5 项核心能力（或必须进行这五方面的修炼），其中"系统思考"最为重要，因为它是整合其他各项修炼于一体的关键。彼得·圣吉提出了一种学习型企业文化。德国学者曼弗雷德·马丁和加比·波尔纳在《重塑管理形象：渐进式管理，打开成功之门的钥匙》一书中提出了渐进式管理理论，并且认为企业不仅是营利组织，还是社会和文化单位。静态的逻辑思维方式有其局限性，在企业管理中应该运用动态演化的观点来考虑问题，这样才能谋求企业发展。他们提出的渐进式管理模式把企业分为 7 个等级，不同等级的企业都有其独特的企业文化特征，从低到高依次为"保证生存，渡过难关""家长制""技术统治与刚性管理""创造与革新""热情与信任""想象力强，有远见卓识""全球意识"。这一思想事实上是从企业文化的角度把企业的管理分为 7 个等级，它所强调的动态性、不可预见性、综合性、层次性、多元性、创造性等组织特征实际上与企业文化有着密切的关系。

③ 企业文化自身的深化研究。

关于企业文化自身的深化研究在20世纪90年代以后得以继续进行，学者试图从不同角度来丰富对企业文化系统要素的研究，针对企业文化的动态性、多样性、复杂性进行深化研究。哈奇基于过程观研究了企业文化的动态性。过程观本身又基于埃德加·沙因的组织文化要素论研究企业文化的基本假设、价值观等诸多内在要素和人工事物之间的动态互动关系，并提出了一个更复杂的企业文化动态过程模型。考克斯基于分裂观考察了组织文化多样性的问题。从分裂观看，组织文化既不是整体一致的，也不是由不同子文化构成的，而是四分五裂的；组织使命是多样的，组织文化是模糊的，组织文化是矛盾甚至冲突的。

（2）企业文化测量、诊断与评估研究。

到了20世纪90年代以后，企业文化研究开始从定性转向定量。很多学者开发了企业文化定量分析量表，如组织文化量表（Organizational Culture Assessment Instrument，OCAI）、组织信仰问卷（Organizational Belief Questionnaire，OBQ）等，都想通过构建组织文化测量量表来定量测度、评估和诊断企业文化。

值得一提的是，从20世纪90年代至今，中国的企业文化定量测量及方法研究取得了丰硕的成果，已经从理论架构和方法上实现了本土化的突破。学者郑伯埙研究构建了组织文化价值观量表，提出了9个带有东方文化色彩的文化维度。忻榕和徐淑英通过研究归纳出中国国有企业的10个文化维度（创新、结果导向、员工发展、和谐、实用主义、顾客导向、奖酬导向、贡献、未来导向和领导行为），同时通过与国外研究比较发现：中国国有企业组织文化有顾客导向、奖酬导向、贡献、未来导向、领导行为5个特殊维度，而西方组织文化中的"进取心"和"关注细节"并没有出现在中国国有企业的文化维度中。

随着国内外组织文化定量测量研究的不断深入，组织文化测量量表层出不穷，出现了"组织文化测度量表丛林"现象。

（3）企业文化绩效效应研究。

20世纪90年代以来，西方学者开始重视如何把企业文化应用于企业管理实践的问题，企业文化与企业绩效之间的关系便成了企业文化研究的一个新热点。

最早关于企业文化与企业绩效相关的观点在"四重奏"中就已经出现，如特伦斯·迪尔和艾伦·肯尼迪等学者认为文化的强度与企业取得成功有着密切的关系。20世纪90年代，很多学者运用实证方法证明了企业文化与经营绩效之间更为复杂的关系。例如，约翰·科特和詹姆斯·赫斯克特在《企业文化与经营业绩》中，对1987—1991年美国22个行业72家公司的企业文化和经营绩效之间的关系进行了深入的研究，结果发现企业文化对企业绩效有重要的作用，并且预测在未来很长时期内企业文化可能是决定企业兴衰的关键因素。他们还提出了强力型、策略合理型、灵活适应型3种不同的企业文化，并且认为强力又能主动适应外部环境的企业文化最有利于经营绩效的提升，而企业文化的强力程度并非与经营绩效成正比。这项研究对于企业文化与经营绩效关系研究具有开创性意义。从此，企业文化与经营绩效关系的研究蓬勃发展，并且取得了丰硕的成果。

2.4 企业文化研究趋势展望

企业文化理论研究在基本完成基础理论研究（包括企业文化的概念、结构、类型等）之后，呈现出深入发展、多领域并进的格局。随着形势的发展，企业文化研究在基础理论及衍生研究、应用研究及测评方面将会呈现以下趋势。

1. 跨文化研究

在经济全球化的今天，中西方交流日益频繁，跨国公司日渐增多并持续发展，不同国家之间的文化碰撞反映在企业经营与管理中。过去有效的组织管理方法如今已经难以适应跨文化的组织环境，因此，在全球化经营中，跨国公司要想实施有效的管理，就必须了解跨文化差异，对子公司所在国的文化采取包容的态度，在跨文化条件下有效解决异质文化冲突，创造自身独特的企业文化，以便卓有成效地实施跨文化管理。

随着全球化的深入发展，跨文化管理仍将继续作为企业文化研究的一大热点，这一趋势主要包括两个方面。首先，跨文化管理的文化适应与冲突规避研究。当前，跨国公司普遍面临如何适应不同国家的文化，以及如何在公司内部规避不同文化之间的冲突问题，以创造更为博大、宽容的文化氛围。因此，相关研究应该着力研究跨国经营中异域文化适应和异质文化冲突的问题。其次，跨文化管理的文化整合研究。跨文化管理的目的就是要使不同的文化能够相互融合，整合成一种新的企业文化。新文化只有根植于企业全体员工心中，并体现在其思想、行为中，跨国公司才能卓有成效地实施跨文化管理。因此，如何融合不同的文化，培育新的企业文化，也是未来跨文化管理需要研究的一个重要课题。

2. 企业文化与经营绩效关系研究

约翰·科特在《企业文化与经营业绩》一书中指出，凡是能够促进企业绩效提升的文化都有一个共同的特点，那就是不断促进企业变革。企业的变革过程也是企业文化变革的过程。企业文化的塑造不可能一劳永逸，而是要随着企业的发展及时进行调整和变革，这样才能对企业的发展产生深远的影响。未来有关企业文化与经营绩效的关系研究应该关注以下3个方面。

首先，影响企业文化与经营绩效关系的中介变量。自约翰·科特开创了企业文化与经营绩效关系研究以来，企业文化与绩效关系研究蓬勃发展。但是，企业文化到底通过什么中介因素来影响经营绩效仍然是一个未解之谜。探索企业文化如何通过经营战略、领导风格、人力资源管理等中介因素来影响经营绩效，将是未来企业文化与绩效关系研究的一个重点。

其次，企业文化对其他因素影响经营绩效的中介作用。企业的其他因素也可能通过企业文化来影响企业的经营绩效，如组织环境、经营战略、领导人特质和价值观等。

最后，企业文化变革与经营绩效之间的关系。企业文化变革包括方向变革和强度变革两种。方向变革是指企业文化的主要价值观和类型发生变化，如从稳定主导文化转变为创新主导文化；而强度变革则指企业文化对企业的渗透力和对员工的影响力变化，如从弱势的企业文化转变为强势的企业文化。围绕这两个方向探讨企业文化变革如何影响经营绩效，以及如何通过企业文化变革促进经营绩效的提升,将是未来企业文化与经营绩效关系研究的重点。

3. 企业文化与领导力关系研究

管理学大师埃德加·沙因长期致力于探索企业文化与领导力之间的关系,在《组织文化与领导力》一书中强调了3点:企业家作为企业领导人,是企业文化的塑造者;企业文化一旦形成,就会对领导风格产生影响;当企业既有文化成为企业发展的障碍时,企业领导人可以甚至必须通过推动企业文化变革来排除障碍。企业文化在很大程度上就是"企业领导人文化",企业领导人的个人信仰往往与企业的文化定位密切相关,成为企业文化的源头。

在知识经济时代组织扁平化、网络化及经济全球化的过程中,跨文化管理已经成为一种必然。企业文化与领导力可以说是"一枚硬币的两面",两者如何适应跨文化管理并获得自身的发展,必将成为未来企业文化研究的一个重点。

未来的企业文化与领导力关系研究应该着重关注以下两个问题:①企业领导人个人特质与企业文化的关系,具体而言,就是他们的个人特质如何影响企业文化的形成和发展(或变革),以及前者影响后者形成和发展的程度;②企业文化对领导风格的影响,由企业领导人塑造的企业文化具有一定的稳定性和渗透力,往往会影响企业继任领导人的领导风格。因此,未来的企业文化与领导力关系研究不应忽视对第二个问题的研究。

4. 企业文化多元化研究

在知识经济条件下,企业的组织形式日趋网络化,因而要求企业文化更具弹性。由于网络化组织内部的各工作单元是相对独立、自主决策的,因此,在集中统一的主流文化下,各工作单元必然会形成自己的亚文化,这些亚文化通常能反映不同工作单元或部门的风格。而同一工作单元或部门的成员往往共享独特的亚文化,它既体现了主流文化的核心价值观,又反映了工作单元的亚文化特征。在网络化组织的工作单元里,企业文化会不断创新、变革,形成有别于企业文化的亚文化。文化的多元化会促进企业的文化创新,进而促进知识经济条件下的企业不断走向繁荣。因此,编者认为,未来的企业文化研究应该关注企业文化多元化问题,着重研究网络组织内部的亚文化、大型企业集团内部的亚文化,以及组织内部非正式组织的亚文化。

5. 企业文化测评研究

随着企业文化定量研究的不断发展,企业文化测评研究势必继续作为企业文化研究的热点。今后企业文化测评研究应该注意以下3个方面。①本土化的测评工具开发与适用范围研究。由于文化背景不同,对于不同国家的企业,很难采用统一的文化测评量表,不同的国家文化会给测评工具带来适用方面的挑战,根据不同国家的文化特点来开发本土化测评工具,是未来企业文化测评研究的重点。②企业文化测评的理论基础研究。企业文化测评必须依赖于坚实的理论基础,围绕企业文化测评工具开发的基础研究,可以确保测评工具的质量,是未来需要重点关注的问题。③企业文化测评工具的效度研究。企业文化测评主要采用定量方法,要通过统计检验来进行效度研究。不过,真正具有挑战性的是定性文化测评工具的效度研究,这将是未来企业文化测评研究的一个新热点。

6. 基于民族文化的本土化研究

民族文化为企业文化提供了肥沃的土壤，深刻地影响着企业文化的形成和发展。虽然企业文化理论诞生于西方国家，但相关研究却发端于美日竞争模式比较。实际上，企业文化理论从一开始就关注东西方文化差异。但是，自 20 世纪 80 年代以后，企业文化理论在欧美等国家发展起来后，对其他国家，特别是东方国家的企业文化关注度还远远不够。

不同国家的企业文化实践为企业文化学者研究本土企业文化提供了大量的机会。编者认为，未来企业文化的本土化研究主要包含以下两个方面。①创建基于民族文化的本土企业文化理论。对于中国学者来说，这方面的研究应该关注民族文化差异，特别是东西方文化差异，重点在于基于东方文化的本土化理论研究。中华文化是东方文化的杰出代表，许多企业文化学者越来越认识到构建中国特色企业文化理论的重要性和紧迫性。当西方学者把目光聚焦于中国的传统文化时，中国学者更应关注本民族的传统文化对企业文化的影响，为构建本土化企业文化理论做出应有的贡献。②对西方企业文化理论的本土化研究。西方企业文化理论在移植到不同国家以后容易出现"水土不服"的问题，中国学者应该着重关注如何在深入研究以欧美文化为背景的西方企业文化理论的基础上，有效解决西方企业文化移植后"水土不服"的问题，这就要求中国学者深入开展对西方企业文化理论的本土化研究。

7. 虚拟企业文化研究

随着互联网的发展和普及，各种虚拟企业层出不穷，但目前仍只有很少的学者关注其企业文化问题，因此，相关研究明显不足，而且不够系统。在谈到虚拟企业文化的研究价值时，有学者指出，与互联网技术有关的技术变革有可能催生我们的理论变成从未考察过的新型组织形式。文化研究人员会发现，相关研究有可能揭示一些我们从未考虑过的问题。这（虚拟企业文化）是一个极有探索价值的宝藏。研究那些虚拟企业的文化特征，有可能成为一种新趋势。具体而言，这方面的研究包括以下两个方面。一是虚拟企业文化的基础理论与方法研究。虚拟企业有自己的特殊性，必然不同于传统实体企业的文化，因此，关于虚拟企业文化基础理论与方法的研究首先应该关注虚拟企业文化的层次、类型、形成机制，以及适合虚拟企业文化研究的方法与范式等问题。二是虚拟企业文化与实体企业文化比较研究。今后的相关研究领域应该依据虚拟企业的特殊性，在探究虚拟企业文化对虚拟企业经营绩效的影响、虚拟企业文化测评方法等问题的基础上，着重开展虚拟企业文化与实体企业文化的比较研究，以甄别这两种企业文化的异同点。

2.5 企业文化理论在中国的传播与发展

1. 企业文化在中国的传播

中国的企业文化管理实践始于 20 世纪 50 年代。当时，在一些大型国有企业中就有文化管理的理念，如"大庆铁人精神"等。在当时，这些理论未被冠以企业文化的概念，但实际上却发挥着企业文化管理的作用。80 年代末，随着中国改革开放的深入，在引进外资、国外先进技术和管理的过程中，企业文化作为一种管理模式被引入中国，许多企业开始建设企业文化，中国学者也展开了广泛的理论研究，甚至在全国掀起了企业文化研究的热潮。但是，由于众多原因，中国企业文化建设并没有取得预期效果，到90年代中期，中国的企业文化研究和实践逐渐"降温"。然而沉寂了几年后，中国的企业文化理论研究和实践又开始"升温"，国内学术界、企业界重新掀起了企业文化热，企业文化建设再度引起了业界的广泛关注。海尔、联想、华为、TCL等国内优秀的企业，都将企业文化的构建和创新作为实现企业可持续发展的重要战略之一。企业文化之所以引起企业界和学术界的广泛关注，是因为企业文化能够不断地给企业注入新的活力，带来有形与无形的社会和经济的双重效益。因此，在知识经济时代研究企业文化、建设企业文化、实施文化管理，对提升企业的核心竞争力具有重大的意义。

2. 中国的企业文化建设误区

根据成熟的国内外企业文化理论研究成果和企业文化建设的优秀实践经验，编者总结，中国的企业文化建设存在许多误区，主要包括以下4个方面。

（1）注重企业文化的形式，忽略企业文化的内涵。这是企业文化建设的"形式主义"。许多企业管理者片面地追求企业文化的外在表现形式，如热衷于搞文艺活动、喊口号、统一服装、统一标志、请广告公司做企业识别（Corporate Identity，CI）设计等。企业文化最核心的是基本假设，即价值观和行为的根源，其次是表达的价值，再次是行为规范和行为方式层面，位于最表层的是表象，即企业文化的各种表现方式，包括各种符号、英雄、活动等。由此可见，企业文化活动和企业CI形象设计都是企业文化表层的表现方式。如果只有表层的形式而未体现出企业文化的内在价值观及其指导下的行为规范和行为方式，那么这样的企业文化建设不能形成文化推动力，也不能对企业产生管理功能和深远的影响，是没有意义的。

（2）将企业文化视同企业精神，使企业文化脱离企业管理实践。这是企业文化建设的"空想主义"。精神需求人人都需要，但是，如果单纯地唱高调、喊口号、塑造企业精神或企业圣经，这样的企业文化是空泛的，不会产生任何凝聚力还可能会适得其反。企业精神必须与企业管理实践紧密结合，要在企业精神与企业管理实践中间架起能行走的桥梁。企业精神对企业内部的凝聚力、企业生产效率及企业发展固然有着重要的作用，但这种影响不是单独发挥作用的，它是渗透于企业管理的体制、激励机制、经营策略之中，并起到协同作用的。企业的经营理念和价值观是贯穿于企业经营活动和企业管理的每个环节和整个过程中，并与企业环境变化相适应，因此企业文化不能脱离企业管理实践。

（3）将传统文化直接照搬用于企业文化。有些企业管理者直接照搬传统文化应用于企业文化管理中，未将传统文化与时代精神相融合。如何实现融合是企业文化建设必须面临的挑战。

（4）企业文化建设千篇一律，没有个性，简单地拷贝抄袭，如"团结、求实、创新、奋斗、励精图治、奋勇当先、奋发图强"这些口号词在众多企业中经常出现，缺乏鲜明的个性和独特的风格。其实，每个企业的发展历程不同，人员素质不同，面对的竞争压力也不同，所以其对环境做出反应的策略和处理内部冲突的方式也都会有自己的特色。例如，在日本，索尼公司的企业文化强调开拓创新，日产汽车公司的企业文化强调顾客至上，松下公司强调塑造"松下人"；在美国，惠普公司的企业文化强调对市场和环境的适应性，

IBM的企业文化强调尊重人、信任人，善于运用激励手段。可见，不同企业，其文化管理应体现个性和特色，即使在同一文化背景下，也要彰显特色和个性。企业文化要结合企业发展阶段、发展目标、经营策略、企业内外环境等多种因素综合考虑而构建，体现特色和个性。

3. 中国的企业文化理论与实践发展趋势

目前，中国的企业文化研究还很薄弱，这表现在：①中国的企业文化研究还停留在粗浅的阶段，虽然也有一些关于企业文化的研究，但是大多数是以介绍和探讨企业文化的意义、企业文化与社会文化、企业文化与企业创新等的辩证关系为主，真正有理论根据的定性研究和规范的实证研究为数甚少；②中国企业文化的研究严重滞后于其发展实践。中国的一些优秀企业在企业文化建设中勇于探索和实践，已经或正在取得非凡的成就，但是，中国学者对具体企业文化的发展内在逻辑、精准定位和创新变革等问题缺少长期深入的研究，以致企业文化实践缺少真正的科学理论的指导，难以对企业长期发展产生文化上的推动力，因此，应该加强中国企业文化研究，打造文化竞争力。

本 章 小 结

企业文化的理论研究始于20世纪70年代末到80年代初，威廉·大内的专著《Z理论：美国企业界怎样迎接日本的挑战》、特伦斯·迪尔和艾伦·肯尼迪合著的《公司文化：公司生活的礼节和仪式》、托马斯·彼得斯与小罗伯特·沃特曼合著的《寻求优势：美国最成功公司的经验》与理查德·帕斯卡尔与安东尼·阿索斯合著的《日本企业管理艺术》4部书被合称为"企业文化研究的四重奏"，这标志着企业文化研究的兴起。其后，企业文化研究热潮兴起。进入20世纪90年代，企业文化研究出现了3个走向：一是企业文化基础理论衍生研究；二是企业文化测量、诊断与评估的研究；三是企业文化绩效效应的研究。未来企业文化研究将呈现以下趋势：跨文化研究、企业文化与经营绩效关系研究、企业文化与领导力关系研究、企业文化多元化研究、企业文化测评研究、基于民族文化的本土化研究、虚拟企业文化研究等。当前，中国企业文化建设仍存在着四大误区：一是注重企业文化的形式，忽略企业文化的内涵；二是将企业文化视同企业精神，使企业文化脱离企业管理实践；三是将传统文化直接照搬用于企业文化；四是企业文化建设千篇一律，没有个性。中国的企业文化在未来需要加强研究，尤其要坚持理论研究与实践发展相结合、定性研究与定量研究相结合的原则。

习 题

（1）企业文化理论产生的历史背景是什么？
（2）企业文化在中国的传播大致经历了几个阶段？
（3）为什么说企业文化理论是管理理论的一次革命性变革？
（4）中国企业文化理论与实践发展趋势是什么？
（5）中国传统文化在企业文化管理中的作用和影响有哪些？

（6）企业文化管理在企业管理中的地位与作用是什么？

《华为基本法》节选

"任正非提出做《华为基本法》并不是出于突发奇想和一时冲动，而是在认真思考企业文化建设问题。"
——吴春波（《华为基本法》的起草人之一）

《华为基本法》是华为公司的基本纲领，也是外界了解华为公司的一个入口。

1987年，华为技术有限公司作为一家生产销售通信设备的民营通信技术公司，在深圳正式注册成立。

《华为基本法》自1995年萌芽，到1996年被正式定位为"管理大纲"，再到1998年3月审议通过，历时数年。这期间华为公司经历了巨变，从1995年的销售额14亿元、员工800多人，到1996年的销售额26亿元，到1997年的销售额41亿元、员工5600人，再到1998年员工8000人。截至2019年年底，华为公司年销售额8588亿元，成为当时全球第一大电信设备商。

限于篇幅，本案例只摘取其中第1章"宗旨"。

核心价值观

（追求）

第一条　华为的追求是在电子信息领域实现顾客的梦想，并依靠点点滴滴、锲而不舍的艰苦追求，使我们成为世界级领先企业。

为了使华为成为世界一流的设备供应商，我们将永不进入信息服务业。通过无依赖的市场压力传递，使内部机制永远处于激活状态。

（员工）

第二条　认真负责和管理有效的员工是华为最大的财富。尊重知识、尊重个性、集体奋斗和不迁就有功的员工，是我们事业可持续成长的内在要求。

（技术）

第三条　广泛吸收世界电子信息领域的最新研究成果，虚心向国内外优秀企业学习，在独立自主的基础上，开放合作地发展领先的核心技术体系，用我们卓越的产品自立于世界通信列强之林。

（精神）

第四条　爱祖国、爱人民、爱事业和爱生活是我们凝聚力的源泉。责任意识、创新精神、敬业精神与团结合作精神是我们企业文化的精髓。实事求是是我们行为的准则。

（利益）

第五条　华为主张在顾客、员工与合作者之间结成利益共同体。努力探索按生产要素分配的内部动力机制。我们绝不让"雷锋"吃亏，奉献者定当得到合理的回报。

（文化）

第六条　资源是会枯竭的，唯有文化才会生生不息。一切工业产品都是人类智慧创造的。华为没有可以依存的自然资源，唯有在人头脑中挖掘出的精神资源是可以转化成物质的，物质文明有利于巩固精神文明。我们坚持以精神文明促进物质文明的方针。

这里的文化，不仅仅包含知识、技术、管理、情操，也包含了一切促进生产力发展的无形因素。

（社会责任）

第七条　华为以产业报国和科教兴国为己任，以公司的发展为所在社区作出贡献。为伟大祖国的繁荣昌盛，为中华民族的振兴，为自己和家人的幸福而不懈努力。

基本目标

（质量）

第八条　我们的目标是以优异的产品、可靠的质量、优越的终生效能费用比和有效的服务，满足顾客日益增长的需要。

质量是我们的自尊心。

（人力资本）

第九条　我们强调人力资本不断增值的目标优先于财务资本增值的目标。

（核心技术）

第十条　我们的目标是发展拥有自主知识产权的世界领先电子信息技术支撑体系。

（利润）

第十一条　我们将按照我们的事业可持续成长的要求，设立每个时期的合理的利润率和利润目标，而不单纯追求利润的最大化。

公司的成长

（成长领域）

第十二条　我们进入新的成长领域，应当有利于提升公司的核心技术水平，有利于发挥公司资源的综合优势，有利于带动公司的整体扩张。顺应技术发展的大趋势，顺应市场变化的大趋势，顺应社会发展的大趋势，就能使我们避免大的风险。

只有当我们看准了时机和有了新的构想，确信能够在该领域中对顾客作出与众不同的贡献时，才能进入广阔的相关新市场领域。

（成长的牵引）

第十三条　机会、人才、技术和产品是公司成长的主要牵引力。这4种力量之间存在着相互作用。机会牵引人才，人才牵引技术，技术牵引产品，产品牵引更多的机会。加大这4种力量的牵引力度，促进它们之间的良性循环，就会加快公司发展。

（成长速度）

第十四条　我们追求在一定利润率水平上的成长的最大化。我们必须达到和保持高于行业平均水平的增长速度和行业中主要竞争对手的增长速度，以增强公司的活力，吸引最优秀的人才和实现公司各种经营资源的最佳配置。在电子信息产业中，要么成为领先者，要么被淘汰，没有第3条路可走。

（成长管理）

第十五条　我们不单纯追求规模上的扩展，而是要使自己变得更优秀。因此，高层领导必须警惕长期高速增长有可能给公司组织造成的脆弱和隐藏的缺点，必须对成长进行有效的管理。在促进公司迅速成为一个大规模企业的同时，必须以更大的成长管理，促使公司更加灵活和更为高效。始终保持造势与做实的协调发展。

价值的分配

（价值创造）

第十六条　我们认为，劳动、知识、企业家和资本创造了公司的全部价值。

（知识资本化）

第十七条　我们是用转化为资本这种形式，使劳动、知识以及企业家的管理和风险的累积贡献得到体现和报偿；利用股权的安排，形成公司的中坚力量和保持对公司的有效控制，使公司可持续成长。建立知识资本化与适应技术和社会变化的有活力的产权制度，是我们不断探索的方向。

我们实行员工持股制度。一方面，普惠认同华为的模范员工，结成公司与员工的利益与命运共同体；另一方面，将不断地使最有责任心与才能的人进入公司的中坚层。

（价值分配形式）

第十八条　华为可分配的价值，主要为组织权力和经济利益；其分配形式是：机会、职权、工资、奖金、安全退休金、医疗保障、股权、红利，以及其他人事待遇。我们实行按劳分配与按资分配相结合的分配方式。

（价值分配原则）

第十九条　效率优先，兼顾公平，可持续发展，是我们价值分配的基本原则。

按劳分配的依据是：能力、责任、贡献和工作态度。按劳分配要充分拉开差距，分配曲线要保持连续和不出现拐点。股权分配的依据是：可持续性贡献、突出才能、品德和所承担的风险。股权分配要向核心层和中坚层倾斜，股权结构要保持动态合理性。按劳分配与按资分配的比例要适当，分配数量和分配比例的增减应以公司的可持续发展为原则。

（价值分配的合理性）

第二十条　我们遵循价值规律，坚持实事求是，在公司内部引入外部市场压力和公平竞争机制，建立公正客观的价值评价体系并不断改进，以使价值分配制度基本合理。衡量价值分配合理性的最终标准，是公司的竞争力和成就，以及全体员工的士气和对公司的归属意识。

（资料来源：摘自百度百科词条"华为基本法"。）

讨论题

1. 《华为基本法》给你怎样的启发？
2. 《华为基本法》的第一条在明确什么？为什么放在第一条？
3. 你认同"资源会枯竭，唯有文化生生不息"吗？

第 3 章

企业文化的核心要素

学习目标

1. 企业价值观；
2. 企业核心价值观；
3. 企业精神；
4. 企业社会责任。

【导入案例】

【导入案例——
华为核心价值观】

本章将分析企业文化的核心要素——企业价值观及其构成要素,使读者对企业文化有更加深入的了解和把握。企业价值观是一个内容丰富的体系,其中最重要的是企业核心价值观,包括企业使命、企业愿景、企业信念及由此衍生的企业精神和企业社会责任等。

3.1 企业价值观

价值观居于文化体系的核心。同样,企业价值观在企业文化中也居于核心地位,起决定性作用。可以说,企业文化的所有内容,都是在企业价值观的基础上产生的,是价值观在不同领域的体现或具体化。因此,企业文化学界已形成共识:企业价值观是企业文化的核心。价值观的差异决定了不同企业的文化个性和特征。

3.1.1 企业价值观的概念

理解企业价值观,首先要弄清什么是价值与价值观。

1. 作为哲学范畴的价值概念

在哲学中,价值是一种关系范畴,是用来表示主体与客体之间需要与满足的关系。对于主体而言,能够满足其需要的客体,就是有意义的、有价值的。

2. 价值观

"观"就是观点与态度。价值观是价值主体在长期的工作和生活中形成的关于价值客体的观点和看法。它表示的是主体对客体的一种态度,这种"态度",是同主体的需要、理想、意向等密切联系在一起的。价值观具有鲜明的评判特征,一旦形成就成为人们立身处世的选择依据。

3. 企业价值观

企业价值观是企业在追求经营成功的过程中所推崇的基本信念及奉行的行为准则。理解企业价值观应注意以下 4 个方面。

(1) 企业价值观的内容可从两个角度理解。一是企业作为价值主体来思考,什么对企业成功有意义?从而形成的一系列价值观和方法论,即企业各种经营理念和管理理念。二是企业作为价值客体来思考,企业追求什么?即企业的价值何在?企业价值观就是在长期的经营管理实践中企业人员关于这两个问题的共同看法。

对于企业而言,有价值的东西很多,如顾客、员工、产品、技术、创新、品牌、市场等各种有形的与无形的资源。企业经营理念和管理理念就是企业在经营管理中处理人与人(雇主与雇员、管理者与被管理者、消费者与生产者、企业利益与职工利益、企业利益与社会利益、局部利益与整体利益、当前利益与长远利益、企业之间相互利益)、人与物(产品质量与产品价值、员工操作规范、技术开发与改造、标准化、定额、计量、信息、情报、计划、成本、财务等)关系上形成的一系列看法和观点。

企业的价值究竟何在？不同的企业有不同的观点、不同的追求。有些企业认为企业价值在于发家致富，即在于利润；有的则认为企业价值在于服务；还有的认为企业价值在于育人，即培养人才，成就员工。

在西方企业发展过程中，企业价值观念经历了多种形态的演变，其中，最大利润价值观、经营管理价值观、企业社会互利价值观是比较典型的，分别代表了3个不同历史时期西方企业的基本信念和价值取向。

第一，最大利润价值观，即指企业的经营管理都围绕"获取最大利润"这一标准来评价。

第二，经营管理价值观，是在企业规模扩大、组织复杂、投资巨额、投资者分散的条件下，管理者受投资者的委托，从事经营管理而形成的价值观。一般地说，除了尽可能地使投资者获利以外，还非常注重企业人员自身价值的实现。

第三，企业社会互利价值观，是20世纪70年代兴起的一种价值观。它要求在确定企业利润水平时，把员工、企业、社会的利益统筹起来考虑。

理解企业价值观的内容有两个角度：一是企业作为价值主体；二是企业作为价值客体。究竟哪个角度的内容更为根本，前者还是后者？显然是后者，企业作为价值客体，思考和回答的是：企业存在的目的和意义，即企业追求什么？这是企业的本体价值，为企业的生存和发展提供基本方向和行动指南，它决定了企业的战略决策、企业的制度安排、企业的管理特色和经营风格，决定了企业全体员工的行为取向，是维系企业运行的根本。

（2）企业价值观是群体的共同信念和价值追求。它是绝大多数企业员工认同的价值观，是企业管理者与企业员工共享的群体价值观念。虽然它源于企业管理者个人的价值观，深受企业领导人个人价值观的影响，但不能等同于其个人价值观。

（3）企业价值观的形成以企业员工的认同、内化为标志，它要转变为每个员工至少也应该是绝大多数员工都认同和接受的价值观。在趋同并达成共识的过程中，企业领导人起了主导的作用。企业领导人把自己的个体价值观渗透到企业经营管理之中，逐渐得到实践的检验，得到员工的理解和认同，最终转化为一种人人共享的价值观念。

（4）企业价值观是一种付诸实践的价值观。这种价值观既是企业信奉和倡导的价值观，又必须是付诸实践的价值观，要渗透在日常的经营管理活动之中。也就是说，企业价值观不仅要员工在思想上认同，而且要作为自觉遵守的行为标准，体现在实际行动中，并形成行为习惯。员工是企业价值观的实践者。

3.1.2 企业价值观的作用

企业价值观作为企业员工所共享的群体价值观念，是企业文化的基石，它决定了企业员工的思维方式和行为方式。如果将企业比作一棵树，那么价值观就是树根，根深才能叶茂，价值观深远地决定着企业的生命力。

托马斯·彼得斯与小罗伯特·沃特曼在管理学著作《追求卓越》中曾总结，一个组织与其他组织相比较取得的任何成就，主要取决于它的基本哲学、精神和内在驱动力，这些比技术水平、经济资源、组织结构、革新和选择时机等重要得多……一个组织的成员是否笃信它的基本信条和指导思想，是否信心十足地贯彻这些原则，对于成败所起的作用也比之前提到的那些要大得多。管理学家彼得·德鲁克也曾说：管理的任务就在于使个人的价值观和志向转化为组织的力量和成就。

3.1.3 企业价值观体系

对于企业而言，有价值的因素很多，如顾客、产品、信息、技术、员工、创新等；同时，企业本身的价值也体现于诸多方面，如服务顾客、创造财富、培养人才、产业报国等。因此，企业价值观内容丰富、涵盖广泛，是多元整合而构成的复合价值观体系。

海尔的价值观

企业价值观：敬业报国，追求卓越。
质量理念：优秀的产品是优秀的人才制作出来的；有缺陷的产品是废品。
服务理念：用户永远是对的；把用户的烦恼降到零。
营销理念：首先卖信誉，其次卖产品。
创新理念：以观念创新为先导、以战略创新为基础、以组织创新为保障、以技术创新为手段、以市场创新为目标。
兼并理念：吃休克鱼、用文化激活休克鱼。
人才理念：人人是人才，赛马不相马。
研发理念：用户的难题就是我们开发的课题；要干就干最好的。
市场理念：只有淡季的思想，没有淡季的市场；市场唯一不变的法则是永远在变。

蒙牛的价值观

战略观：不谋万事不足谋一时，不谋全局不足谋一域。
研发观：全球学习，本土创新；市场、顾客、竞争、赢利4个导向。
质量观：产品即人品。
营销观：大价值、大品牌、大流通。
资本观：整合全球资源，发展中国乳业。
财富观：财聚人散，财散人聚。
工作观：把生活和工作理解成一个学习、创新和创造意义的过程。
人格观：有胸怀、有远见、有思维、有品格。
管理观：98%法则。即品牌的98%是文化；经营的98%是人性；资源的98%是整合；矛盾的98%是误会。
发展观：蒙牛成长的三大法宝：用文化凝聚人心；用制度规范人性；用品牌成就人生。

企业价值观体系的内部各构成要素之间是遵循一定关系联结起来的，并形成相对稳定的整合形式。下面从横向和纵向两个角度来分析企业价值观的体系结构。

1. 企业价值观体系的横向结构

按照价值取向划分，企业价值观体系可分为两个部分。

（1）企业经济价值观。企业是一个经营共同体、投资实体。因此，其价值观中必定包含十分明确的经济价值取向和经济行为准则。企业经济价值观强调要把获得尽可能多的经济效益作为主体价值目标来追求。具体地说，企业经济价值观包括效益观念、市场观念、竞争观念、质量观念、创新观念、信息观念、品牌观念、信誉观念等。企业经济价值观是企业价值观念体系的主体构成部分，是企业价值观的基本内容。

（2）企业社会伦理观。企业是社会的一个细胞，是国家、社会与社区的一个集团公民，在企业的经营管理中，必然与各利益相关者发生千丝万缕的关系。企业如何处理与股东、员工、消费者、政府等利益相关者的利益关系，属于企业伦理道德领域。企业社会伦理观强调要把企业发展的社会责任、社会奉献精神树立为企业的主导价值目标。企业社会伦理观包括人本观念、诚信观念、义务观念、责任观念、法纪观念等。

企业社会伦理观是企业价值观体系的主要构成部分，在整个价值体系中起主导作用。企业经济价值观强调"获得尽可能多的经济效益"，但这并不是说，企业的全部经营管理在于谋取利益最大化。有正确社会伦理观的企业，追求企业利益相关者之间的平衡，既增进利益相关者的合作，又保证了企业的可持续发展。

2. 企业价值观体系的纵向结构

按照价值观层次划分，企业价值观体系可分为以下 4 个层面。

（1）核心价值观（Core Values）是企业在追求经营成功过程中所推崇的根本信念和奉行的终极目标，在整个企业价值观体系中居于核心地位，起决定作用，是企业文化的基石。它往往出现在企业最重要的时刻和场景中，如公司网站、年会会场、总部大楼等。

（2）目标价值观（Aspirational Values）是指企业要获得成功必须拥有的，但目前暂不具备，正在努力倡导和培育的价值观。它往往是领导当下反复强调的，印在公司的红头文件上。

（3）基本价值观（Permission-to-play Values）是企业中任何员工所必须具备的行为和社交的最低标准。它集中体现在公司的各种制度之中，以制度刚性要求员工遵循。

（4）附属价值观（Accidental Values）不是由企业领导者有意培植的，而是随时间的推移在企业中自然形成的价值观。它往往体现在公司的诸多潜规则之中。

在企业文化建设中，要分清这 4 类价值观的轻重缓急，有的放矢地培育塑造。

3.1.4 企业价值排序

价值体系中的各种价值有时并不能兼得，于是便产生如何取舍的问题。有时虽能兼得，但各种价值或重要性不同，或彼此间有因果关系，那就产生了"如何对各种价值进行排序"的问题。裴多菲有一首诗："生命诚可贵，爱情价更高。若为自由故，二者皆可抛。"这就是对生命、爱情、自由这 3 种价值所做的一种排序和取舍。

不同企业在价值观上的区别，往往不是对于"是否有价值"有不同的回答，而是对于"哪个更有价值"有不同的排序。比如利润和品牌都很重要，但有的企业认为利润更重要，会为利润牺牲品牌价值，而有的企业则恰恰相反。

盛田昭夫与索尼品牌

20世纪50年代,索尼品牌创始人之一的盛田昭夫在美国推销晶体管收音机。有一个美国买主要求订货10万台。这可是一宗大买卖,货款相当于当时索尼公司全部资产的几倍。但做这笔生意有一个条件,必须把买主的品牌名字放在收音机上。买主笑着说:"在这个国家,没有人知道索尼。若用索尼的名字恐怕我们一台也卖不出去。而我们品牌的名字是50多年前创业时传下来的,在当地是一块金字招牌。"当时索尼总公司给盛田昭夫的答复是:"接受订货,忘记索尼的名字。"可是盛田昭夫却认为不能遵从总公司的意见,他把这桩买卖回绝了。买主十分诧异地问:"为什么有钱不赚呢?放着我们已经赢得的声誉不用,那不太可笑了吗?"盛田昭夫回答说:"我要索尼的名字。现在是我们公司50年历史的第一年,如果不用索尼的名字,我们就永远不会有自己的历史。"这就是说,盛田昭夫把品牌看得比利润更重要、更有价值。当时有人认为盛田昭夫干了件蠢事,可盛田昭夫后来却经常说:"这是我一生中做得最英明的决定。"

(资料来源:https://baike.baidu.com/link?url=98dEARRIFPQ8-UDtKJ5PcNx2sBOpl-W5XkYxTGPoJ5ckGZPNrPvBcbvrJMzSLTa9qGxMW3Vc6hEQ5i9yCUTKDm-MVvl2fT5njCxfTzp1jjLI7HPdCN00tD5ua9l72_W2. [2022-12-13].)

国外学者对企业价值排序定位进行了讨论,他们所给出的一些结论值得关注。

(1)人的价值高于一切。企业的价值就在于关心人、培育人,满足人的物质和精神需要;同时,企业要想获得成功,最有价值的因素不是物,也不是制度,而是人。

(2)人的知识不如人的智力,人的智力不如人的素质,人的素质不如人的觉悟。

(3)"为社会服务"的价值高于"利润"的价值。一方面,企业的目的、使命和价值,在于向社会提供物美价廉的产品和优质服务,而利润不应成为企业的最高目的,只应视作社会对企业服务的报酬;另一方面,调动企业员工积极性的最有效的手段,不是"利润"指标,而是为社会多做贡献的使命感。

(4)"共同协作"的价值高于"独立单干"的价值。

(5)"维持员工队伍稳定"的价值高于"赚钱"的价值。一个在繁荣时招聘、萧条时解雇员工的企业,不能赢得人心,不能留住人才,也不能形成企业共识。在萧条时并不解雇员工的企业,虽牺牲了一些利润,但留住了人才,赢得了人心,并形成了企业共识。

(6)"用户"的价值高于"技术"的价值。应该坚持顾客导向,靠用户和市场来驱动;而不是技术导向,靠技术来驱动。用户的建议总是最为经济实惠的。

(7)"保证质量"的价值高于"推出新品"的价值。

以上各种排序都不是纯理论的推导,而是以某些企业的实际经验为依据。它们不一定对所有的企业都适用,也不一定永远适用,但其启发意义却是毋庸置疑的。

3.2 企业核心价值观

企业核心价值观(Core Values)是企业在追求经营成功过程中所推崇的根本信念和奉行的终极目标。它实际上就是企业的本位价值,是被企业人员所公认的最根本、最重要的价值,是价值评价的基础,其他价值都由此而生发和决定。对核心价值观再进行深入解剖，可划分企业使命、企业愿景和企业信念（或狭义的核心价值观）三部分。

3.2.1 企业使命

企业使命是企业对其存在的根本目的和意义的假设，是对其社会价值的界定和承诺。

确定它需要先思考和回答两个问题：

其一是：企业做什么？这是企业的事业定位。

其二是：企业为了什么？或企业凭什么立足世界？这是企业的价值定位。

企业使命是企业的初心。所谓"不忘初心，方得始终"。正是这些设想塑造着企业的一切行为，支配着企业做什么和不做什么，界定着企业认为有意义并为之奋斗的终极目标。世界上著名的"长寿"公司都有清晰的事业定位和价值追求。例如，阿里巴巴的使命是"让天下没有难做的生意"，迪斯尼公司的使命是"使人们过得快活"，微软公司的使命是"致力于帮助全球的个人用户和企业展现他们所有的潜力"。

不论企业使命表述为"提供某种产品或者服务"，还是"满足某种需要"或者"承担某个不可或缺的责任"，它都指明了企业的终极目标、事业方向和责任，定位了企业的社会价值。彼得·德鲁克说：管理就是界定企业的使命，并激励和组织人力资源去实现这个使命。

企业管理实践中，只有少数卓越的企业创始人在创业之时就高瞻远瞩地界定了企业使命，为企业长远发展提供了精准的事业定位和价值定位。在思考"我们为什么要办公司"时，惠普创始人戴维·帕卡德如是说：许多人错误地认为"是为了赚钱"，虽然赚钱是公司的重要成果之一，但如果更深一步研究，我们会发现，一批人走到一起以公司的形式存在，是为了成就一番单靠个人力量不能成就的事业，即为社会提供价值。留意一下周围的企业界，的确会发现一些人只对金钱感兴趣，对其他事漠不关心。但对大多数人来说，潜藏在追逐利润背后的实际动力是一种"要做一点事情"的欲望，如生产一种产品或提供一种服务，总而言之是要做一点有价值的事情。因此，企业存在的真正目的是向公众提供某种独特的、有用的东西，从而为社会提供价值。

关于企业使命，很多企业在创业之初并没有想那么明白。一些优秀企业，也是在经过一番痛苦的摸索，甚至在一些领域兜兜转转之后，才逐渐聚焦于核心的领域，并清晰地界定自己的事业定位和价值定位：究竟要做什么，为了什么。从此专注地坚守，开启可持续发展之路，最后脱颖而出成为行业先锋。

《华为基本法》的制定

1995—2000 年是华为成长最关键的 5 年，这 5 年中发生了一件对华为具有深远影响意义的重要事件，也是华为成立 10 年以来的一个重要节点，那就是《华为基本法》的制定和导入。"几千员工与各界朋友 2 年来做了许多努力，在人大专家的帮助下，《华为基本法》八易其稿，最终于 1998 年 3 月 23 日获得通过，并开始实行。"任正非在公司内部会议上，发表了"要从自然王国，走向自由王国"的激情演讲，这也是他向下一个 10 年与更多个 10 年发出的总动员。

《华为基本法》是根据创始人任正非的思维因果以组织的名义作出的一次梳理，是中国企业第一个完整系统地对其价值观的总结,对中国的企业文化建设起到很大推动作用。

1994年11月,华为公司从一个默默无闻的小公司一跃成为热门企业。视察过华为公司的上级领导都称赞华为公司的文化好。干部员工也常把企业文化挂在嘴上,但到底企业文化是什么?谁也说不清。于是,任正非就指派一位副总监去与中国人民大学的几位教授联系,目的是梳理华为公司的文化,总结成功的经验。

《华为基本法》从1995年萌芽,到1996年正式定位为"管理大纲",到1998年3月审议通过,历时数年。这期间华为公司也经历了巨变,从1995年的销售额14亿元,到1996年的销售额26亿元,再到1997年的销售额41亿元……

《华为基本法》总结、积累了公司成功的管理经验,确定了华为公司二次创业的观念、战略、方针和基本政策,构筑了公司未来发展的宏伟架构。以《华为基本法》为里程碑,华为公司吸收了包括IBM等公司在内的管理工具,形成了均衡管理的思想,完成了公司的蜕变,成为中国最优秀的国际化企业之一。

(资料来源:https://wenku.baidu.com/view/54cf6765cb50ad02de80d4d8d15abe23482f03cc.html?_wkts_=1676282812848&bdQuery=《华为基本法》的制定.[2022-12-13].)

3.2.2 企业愿景

界定了企业使命之后,才可以进一步设想未来要把这一事业做成什么模样,即描绘企业愿景。企业愿景反映了企业领导者和员工的追求层次及理想抱负。

1. 企业愿景的概念

"愿景"这一概念是美国管理大师彼得·圣吉提出的。他在《第五项修炼:学习型组织的艺术与实务》中提出了构建学习型组织的5种修炼方法,其中之一就是构筑共同愿景。

什么是愿景?愿即意愿,有待实现的意愿;景即景象,具体生动的图景。愿景是主体对于自己想要实现目标的生动刻画。西方管理学教材曾用一幅漫画生动地解释了愿景的涵义——毛毛虫指着蝴蝶说:"那是我的愿景"。

企业愿景就是企业全体人员内心真正向往的关于企业的未来蓝图,是激励每个员工努力追求和奋斗的企业目标。企业愿景回答的是"企业将来要成为什么"的问题,是企业全体成员所由衷向往、共同关切的意愿和景象,它能激发内部成员强大的精神动力,能创造出众人一体的感觉。

相对于企业使命而言,企业愿景更加清晰和具体,有更多"量化"的成分,也融入了更强烈的竞争意识。例如,微软公司的愿景是,计算机进入家庭,放在每一张桌子上,使用微软的软件;波音公司的愿景是,在民用飞机领域中成为举足轻重的角色,把世界带入喷气式时代(1950年制定)。

2. 企业愿景的特征

(1) 明确。企业愿景是非常明确的,其中心突出,明确易懂。它有一个明确的终点,能让企业上下成员都很清楚。

(2) 动人。企业愿景具有强大的吸引力,它光芒四射、动人心弦,是有形而高度集中的东西,能够激发所有人的力量。企业成员会不由自主地被它吸引,并全力以赴为之奋斗。

(3) 分享。企业愿景是建立在个人愿景基础之上的共同愿景,是个人愿景和组织愿景的整合,是企业全体人员所共同分享的梦想。当员工谈论企业愿景时,常常会兴奋地说:"要是我们公司未来真是这样那样的话,那我就是……"。员工将自己的职业理想和个人愿景与企业的未来蓝图一起展开。所以，首先，员工得有个人愿景。如果没有，那么他们的工作只是依附和遵从别人的愿景，这种遵从是适应的、勉强的，不可能是积极的、投入的。其次，企业愿景是众多个人愿景的集合。如果"企业目标"只是领导者提出，个别、少数人认同，而未被广大成员所接受的，或有相当数量的人对这一目标抱怀疑态度，不予认同或认为自己不可能分享这个目标，那这个目标就不可能成为企业愿景。它不为企业成员所认同、理解和分享，就不能激发成员的创造力，甚至会使成员采取冷漠、不遵从、勉强的态度。企业愿景的力量来自每个成员对企业未来的共同关切和向往。

根据彼得·圣吉的研究，组织成员对组织目标的认同和支持，按程度不同可分为以下7个层次。

① 奉献：组织成员衷心向往，以创造性劳动全心全意实现组织目标。
② 投入：组织成员衷心向往，愿意在力所能及的范围内做任何事情。
③ 真正遵从：看到愿景的好处，遵照规定做所有能做的事情，力求做得更多。
④ 适度遵从：大体上也看到了好处，能做自己应做的事情。
⑤ 勉强遵从：未看到好处，不是真正愿意，只因组织要求不得不做组织期望的事情。
⑥ 不遵从：看不到愿景的好处，也不愿做组织期望的事，我行我素。
⑦ 冷漠：对愿景无动于衷，既不支持也不反对，没有兴趣、干劲。

在多数组织里，大部分人对组织的目标与基本法则只处在适度遵从的层次，这与共同愿景所需的"分享"还有距离。

3. 企业愿景的作用

根据"现代管理理论之父"切斯特·巴纳德的组织理论，组织的有效性在于其成员对目标的共同认同，以及建立在目标认同基础上为组织做贡献的意愿及组织内部顺畅的信息沟通。

企业愿景为企业指明努力方向，凝聚力量。企业是经济单位，又是由许多各不相同的个人所构成的复杂的利益群体，只有当大多数人的独立意志统一于企业愿景，个人意志和集体意志形成共同前进的合力时，企业才能正常乃至高速运转。

企业愿景可以鼓舞人心、激励斗志，有利于激发员工制定高质量的目标，提高自我效能感及产生高绩效。当员工认为企业愿景突出和显著时，他们更容易从事与愿景方向一致的活动。反之，其从事与愿景方向一致活动的动机就会降低。

"心有多大，舞台就有多大。"一个企业能成为什么样的组织，上限取决于其所描绘的企业愿景，所谓：取法乎上，仅得其中；取法乎中，仅得其下。目标高低影响了未来所能达到的高度。

3.2.3 企业信念

界定了企业使命和企业愿景之后，接着就要回答：怎么做才能完成使命，实现愿景？或者说要追求事业成功，必须坚守怎样的根本立场和原则？

企业信念即指企业成员所认同的企业经营管理的根本立场和指导原则，是企业在向愿景迈进时，全体成员都必须认同的观念和必须自觉遵守的行为准则，是企业愿景得以追求和实现的思想保证。它贯彻于企业运作的所有层面，渗透在目标、战略、战术、政策、程序、文化习性、管理行为、职务设计、会计制度之中。简言之，企业信念是指导企业所有行动的根深蒂固的原则，不能与特定业务策略或作业方法混为一谈。

许多优秀企业基于自身经营管理经验总结出做人做事的根本原则，也会作为其员工坚守的行为准则。例如，同仁堂以"济世养生"为使命，提出了"炮制虽繁必不敢省人工，品味虽贵必不敢减物力"的信念。

不同企业有不同的企业信念。但编者对众多优秀企业的信念进行比较总结，发现以下4个导向往往会被普遍关注。

（1）员工导向。必须围绕企业使命、愿景，激发员工梦想与激情，赋能员工。

（2）顾客导向。只有围绕客户价值，才能使企业有生存和发展的持久生命力。

（3）创新导向。只有创新才能找到不可复制的钥匙，不断磨炼，打造出核心竞争力。在企业成长期，创新基本聚焦在技术、产品的创新，使技术能力得以发展成为企业的核心竞争力。但随着企业进入转型升级期，创新的要求已不仅是狭义的技术创新，更包括理念观念、机制系统、流程制度、习惯规则、模式架构等方面的创新要求。创新的外延进一步拓展，包括了理念创新、制度创新、模式创新、文化创新等。

（4）合作导向。在当今社会，无论公司内部部门或业务模块，还是公司外部同行或跨行业的合作伙伴，合作协同达成共赢已成为发展必备。

这4个导向在企业文化建设中务必被强调。如果这4个导向能得到企业人员的普遍认同并付诸商业实践，那么企业就能更好融入未来不确定的环境，适应日益激烈的竞争。如果连这几个导向都没有，就需要好好审视企业文化是否已落后于时代。

企业核心价值观包括3个方面——企业使命、企业愿景、企业信念，界定了企业的基本假设——企业存在为什么，要成为什么，怎么做，构成了企业文化的核心要素，企业文化核心要素体系如图3.1。它作为一套行之有效的体系应该符合4个要求：

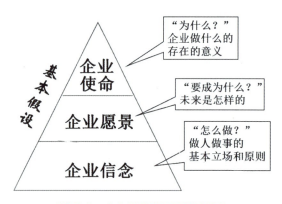

图3.1　企业文化核心要素体系

① 环环相扣，有严谨的逻辑关系。
② 三者必须相互契合。
③ 必须为组织中的所有成员所理解、相信和坚守。
④ 必须得到不断地检验和强化。

默克公司的核心价值观

默克公司出版了《价值观与梦想：默克百年》一书，也许有人会问：该书书名根本没提默克公司做的是什么事，为什么不叫别的书名，如《从化学品到制药公司：默克百年财务成就》？因为他们认为默克公司的成功在于始终坚持了核心价值观和梦想，注重理念驱策公司发展，默克百年是被理想指引和激励的。

1. 默克公司的价值观

在1935年，乔治·默克二世就阐述过默克公司的理想：促进医学进步、服务于之。56年后的1991年，在整整三代领导人之后，默克公司的CEO罗伊·魏吉罗用同样的语气说：最重要的是记住，我们业务的成功意味着战胜疾病和协助人类。默克公司也正是如此，把其价值观和梦想融入公司的所有层面，化为目标、战略、战术、政策、程序、文化习性、管理行为、职务设计、会计制度等公司的一切作为。默克公司创造了一个包容所有员工的整体环境，不断向他们灌输极为一贯、互相强化的信号，使他们几乎不可能误解公司的理念和抱负。

2. 默克公司践行核心价值观的具体事件

(1) 默克公司计划开发和捐赠名叫"美迪善"的药给第三世界国家治疗"河盲症"，感染此病的人会因大量寄生虫游动到眼睛导致失明。非洲当时已有数百万人感染，却都买不起药品。尽管默克公司知道此药的研发不会有很大的投资回报，但还是希望该药通过检验后，某些政府机构或第三者会购买，然后分发给病人。可现实没默克公司预想的那么幸运，没有人来购买该药。最后，默克公司决定免费赠药给病人，且自行负担分发费用。魏吉罗说，若不推动这一计划，可能会瓦解默克公司旗下科学家的士气——此前这些科学家明确地认定自己是在从事"拯救和改善生命"的事业。

(2) 第二次世界大战后，日本肺结核横行，而日本政府却无能为力，是默克公司把链霉素引进日本，控制了肺结核。尽管此举当时没有让默克公司赚到一分钱，但却让它成为今天日本最大的美国制药公司。

默克公司如何处理崇高理想和实际利益之间的矛盾？用一句话概括就是，做一个务实的理想主义者。乔治·默克二世在1950年就这样解释这一矛盾：本公司的原则，简单地说，就是我们要牢记药品旨在治病救人。我们要始终不忘"药品旨在救人，不在求利"。如果我们记住这一点，就绝不会没有利润。我们记得越清楚，利润就越大。

(资料来源：吉姆·柯林斯，杰里·波勒斯，2005. 基业长青 [M]. 2版. 真如，译. 北京：中信出版社。)

3.3 企业精神

企业精神是企业文化的高度浓缩，是企业文化的灵魂，是企业核心价值观内化于心、外化于行而产生的一种精气神。它是企业文化的一个重要构成部分，在企业文化体系中占据重要地位。

3.3.1 企业精神的概念

企业精神到底是什么？人们的认识并不一致。有人认为企业精神囊括了企业的全部精神现象和精神活力，是企业文化的同义词；有人则把企业精神等同于企业价值观。编者认为，有必要把企业精神和企业文化、企业价值观等概念加以区别。精神侧重指人的心理与精神状态，包括内心态度、意志状况和追求境界。

企业精神是在整体价值观念体系的支配和滋养下,在长期经营管理中经精心培养而逐渐形成的,是全体成员共同一致、彼此共鸣的内心态度、意志状况、思想境界和理想追求。企业精神包括以下5层含义。

(1) 企业精神反映了成员对组织的特征、地位、形象和风气的理解及认同,也蕴含着对组织的发展、命运和未来所抱有的理想与希望,内涵丰富。

(2) 企业精神的形成,既需要企业价值观的指导,同时又是企业价值观的体现。

(3) 企业精神是对企业已有的观念意识、传统习惯、行为方式中的积极因素进行总结、提炼及倡导的结果,是经过企业有意识地提倡和培养而逐渐形成的。因此,企业文化是企业精神的源泉,企业精神则是企业文化发展到一定阶段的产物。

(4) 企业精神是在全体员工的实践中所体现出来的企业主导意识和精神风貌,是企业现实状况的客观反映。

(5) 企业精神折射出一个企业的整体素质和精神风貌,在无形中凝聚企业员工的共同情感和精神力量。

3.3.2 企业精神与价值观的区别

从上述企业精神的定义可知,企业精神与企业价值观存在着十分密切的联系。企业精神是在价值观支配指导下精心培育的,企业价值观是企业精神形成、塑造的基础和源泉。同时,两者也有明显的区别:价值是一种关系范畴,先进的价值观是以正确反映这种关系为前提的,价值观更强调人们认知活动的理性一面;而精神是一种状态范畴,描述的是员工的主观精神面貌,它更强调人们基于一定认知基础而在实践行动中表现出来的情绪、心态、意志等精神状况。

3.3.3 企业精神的特点

1. 实践性

企业精神源于企业生产经营的实践之中。随着这种实践的发展,企业逐渐提炼出带有经典意义的指导企业运作的哲学思想,成为企业领导者倡导并以决策和组织实施等手段所强化的主导意识。在现实中,这种主导意识往往以简洁而富有哲理的语言形式加以概括,或通过如厂歌、厂训、厂规、厂徽等具体形式形象地表达出来。企业精神真实存在于企业人员的实践行为中。企业精神在企业实践中形成,又体现于企业实践中,具有鲜明的实践性。

2. 独特性

企业精神反映了企业的基本价值取向,同时又是企业传统习惯与作风的综合体现。企业因自己的生产方式、历史传统、产品结构、管理风格、员工状况的不同,同时受社会潮流、民族精神的影响,最终形成自己独特的企业精神。企业精神具有强烈的个性,不仅能反映与企业生产经营密切相关的本质特性,且鲜明地显示了企业的经营宗旨和发展方向。

3. 群体性

企业精神是企业人员共有的一种群体意识和精神气质,在企业内部具有广泛的普及性。不具有群体性或共享性,就不可能成为企业精神。

4. 渗透性

企业精神是企业中占主导地位价值观念的集中体现。它能够对全体人员的行为方式产生广泛而持久的影响力,通过潜移默化的方式被广大员工所接受,从而渗透到企业生产经营活动的全过程之中。

5. 稳定性

企业作为一种独立存在的主体,具有自己特殊的发展演变过程。企业精神就是在企业自己特殊的发展过程中,经过长期精心培育和建设形成的。作为企业中一种相对稳定而又独立的主导意识,无论从它反映的内容,还是表达的形式看,企业精神都具有稳定性,甚至可以离开企业组织形态而延续一段时间。

6. 动态性

企业精神的稳定性并不意味着一成不变,它还是要随着企业的发展而不断发展的。企业精神是对员工中存在的现代生产意识、竞争意识、文明意识、道德意识,以及企业理想、目标、思想面貌的提炼和概括,但与此同时,形势又不允许企业长期以一个固定的模式以不变应万变。竞争的激化、时代的变迁、技术的进步、观念的更新、企业的重组,都要求企业实时作出与之相适应的反应,这就反映出企业精神的动态性。

7. 约束性

企业管理者常常以各种形式使企业精神在企业组织过程中得到全方位强有力的贯彻。企业精神一旦形成群体心理定势会大大提高员工主动承担责任和修正个人行为的自觉性,从而使员工主动地关注企业的前途,维护企业的声誉,为企业贡献自己的全部力量。企业精神作为一种客观存在,对广大员工的行为产生一种无形的约束力,它对背离企业精神的思想、行为产生一种制约作用,对符合企业精神的思想、行为产生激励作用。

8. 时代性

企业精神是时代精神的体现,是企业个性和时代精神的结合。优秀的企业精神应当能够让人从中把握时代的脉搏,感受到时代赋予企业的勃勃生机。在市场经济蓬勃发展的今天,企业精神应当体现现代企业经营管理理念,如顾客至上观念、企业社会责任观念、灵活经营观念、市场竞争观念、经济效益观念等。

企业精神是企业存在和运行的精神支柱,它能激发企业员工的积极性,增强企业的活力,是企业进步的推动力量,是企业永不枯竭的"能源"。

3.4 企业社会责任

党的二十大报告中指出:引导、支持有意愿有能力的企业参与公益慈善事业。企业社会责任作为管理学中的重要范畴,近年来引起了人们强烈的关注。企业在遵守法律下追求利润的同时,必须遵循社会道德,还要为社会的长远发展做出一定的努力。因此,本节分析企业社会责任,这是企业文化的重要组成部分。

3.4.1　西方两种企业社会责任观

1924年，英国学者奥利弗·谢尔顿在观察了大量美国公司的商事行为后，于其著作《管理哲学》中首次提出了企业社会责任（Corporate Social Responsibility，CSR）的概念。但其内涵一直倍受争议。西方存在以下两种截然不同的观点。

（1）纯经济观。以诺贝尔经济学奖得主密尔顿·弗里德曼为代表的纯经济观，认为企业的社会责任就是使利润最大化，即在公开、自由的竞争中，充分利用资源、能量去增加利润。在他看来，企业为了盈利，必须生产社会成员所需要的产品，而且要以最有效的方式进行，只要企业不从事欺诈行为，即是尽了社会责任。

（2）社会经济观。社会经济观认为企业应承担更多的社会责任。这一派的代表人物有许多管理学家如克里斯托夫·斯顿、罗伯特·爱默德和斯蒂芬·罗宾斯等。斯蒂芬·罗宾斯区分了社会责任（Social Responsibility）和社会义务（Social Obligation），他认为一个企业只要承担了经济和法律责任，就算承担了社会义务，而社会责任是指超越法律和经济要求的，企业为谋求对社会的长远目标所承担的道德责任。

以密尔顿·弗里德曼为代表的"纯经济观"曾长期在西方占主导地位，这主要是受19世纪西方社会中自由主义经济思潮的影响。如自由经济学的鼻祖亚当·斯密即认为，如果企业在竞争的环境下追求最大利润，则国家得益，私利与公益是不相违背的。因为这种自利心会同时使大众得到所需的产品和服务，国家因而得益，这是企业唯一的社会责任。密尔顿·弗里德曼的观点和亚当·斯密一脉相承并在西方产生了广泛而深远的影响。当时，许多企业都认为他们的主要义务就是赚取利润，企业追求利润最大化是天经地义的。

但是，纯经济观有一个假设前提，即企业利润最大化和社会福利的增加是正相关的。然而这一假设在自由竞争的市场经济中不是无条件存在的，甚至在有些情况下，它根本不成立。只是在企业这种生产组织形式产生之初及以后相当长的时间里，企业活动的外部性所造成的社会危害较小，未引起人们的重视和注意。到了20世纪60年代，随着以美国为代表的发达资本主义国家大企业的兴起，垄断日益加剧，给资本主义世界的整个经济结构、社会结构带来深刻的影响，企业活动的外部性所产生的社会效应等问题逐渐引起整个社会的关注。同时，一些社会问题，如贫困、失业、社会不公、种族歧视等，并未随着社会发展而解决，反而日益严峻。面对强大的企业组织和日益严峻的社会问题，纯经济观开始受到广泛的批评，政府和社会各界甚至企业越来越倾向于第二种观点，社会经济观逐渐替代纯经济观，成为一种主流观点。

3.4.2　企业社会责任的定义

企业社会责任是指企业在创造利润、对股东承担法律责任的同时，还要承担对员工、对消费者、社区和环境的责任。企业的社会责任要求企业必须超越把利润作为唯一目标的传统理念，强调要在经营过程中对人的价值进行关注，强调对员工、对消费者、对环境、对社会做出贡献。

（1）企业社会责任的广义定义。广义企业社会责任是指企业对包括股东在内的利益相关者的系列责任，包括企业的经济责任、法律责任、道德责任在内的所有责任。因为经济责任、法律责任是企业最基本的责任，如果不履行这两种基础性社会责任，道德责任就失去了存在的基础，因此，必须从广义角度理解企业社会责任。

(2) 企业社会责任的狭义定义。狭义企业社会责任主要指经济责任和法律责任以外的社会责任，即在经济责任和法律责任基础上的，为社会的福利而必须关心的道义上的责任。将企业的社会责任与经济责任相分离，可以鲜明地体现企业作为"经济组织"的另一种属性，即"社会组织"属性。作为以盈利为目的的经济主体，利润是企业生存的自然法则。因而，对于承担经济责任，企业具有"本能"的自觉性、主动性和积极性。而对待社会责任，企业难免会出现被动、消极的惰性。企业承担经济责任与社会责任的态度和行为差异反映了两个概念并行而不从属，狭义的界定具有一定的合理性。

目前，企业社会责任的支持者一般都赞同广义企业社会责任的观点。

3.4.3 企业社会责任的结构与成分

对企业社会责任究竟包括哪些内容，学者们从不同的角度进行了分析，下面介绍主要的几种观点。

(1) 企业社会责任同心圆结构。如图 3.2 所示，将企业社会责任按本能、必尽到可选分为 3 个层次。

第一层次为经济职能，即企业作为一个经济组织、一个市场主体，有其特定的使命和目标，从事商品生产和经营谋求利润。这是企业最核心最基础的责任，是企业的本能。

图 3.2 企业社会责任同心圆结构

第二层次为社会影响，即企业在完成经济职能的过程中，会产生"副产品"，对社会造成一定的影响，有的影响是正面的，如增加就业；有的影响却是负面的，如环境污染。用经济学术语表达即企业外部性问题。这些"副产品"是企业造成的，企业必须对此负责，尤其是对"非社会需要的副产品"（负面影响）负责。根据因果关系，这是企业必须承担的责任。

第三层次为社会问题，是指因社会机能失调而产生的各种问题，如贫困、失业、社会不公、种族歧视、老龄化等，这些问题不是企业造成的。政府是解决社会问题的首要责任人，企业如果有余力，可以选择性参与某些社会问题，发挥自己的资源和能力优势，为社会可持续发展贡献力量。这一层次的责任不是必尽的责任，而是企业根据自己实际情况可以选择的责任（或称"自主责任"）。

企业社会责任同心圆结构清晰地划分了从企业本能到必尽责任再到可选择责任的层次，为企业社会责任管理决策提供了清晰的思路。

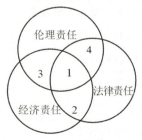

图 3.3 企业社会责任相交圆结构

(2) 企业社会责任相交圆结构。这是高盛亚洲的前主席马克·施瓦茨提出的企业伦理 VENN 模式。如图 3.3 所示，企业社会责任分为相互交叉的 3 个部分：

经济责任，即企业从事商品生产和经营谋求利润；

法律责任，即企业必须在法律框架内开展经济活动；

伦理责任，即企业活动必须合乎伦理要求，避免损害利益相关者的利益。

这 3 部分相互交叉产生 4 个区域。区域 1：可盈利、合法、合伦理的，此区域需要去追求。区域2：可盈利、合法但不合伦理的，在此区域需要小心行事。区域3：可盈利、合伦理但不合法的，在此区域需要小心行事。区域4：合法、合伦理但不能盈利的，在此区域需要寻找可盈利的方法。

（3）企业社会责任金字塔结构，如图3.4所示。企业社会责任被分为4个部分：经济责任、法律责任、伦理责任和慈善责任。这是著名的管理学家阿奇·卡罗尔在1979年提出的观点，其创新性体现在将慈善责任从伦理责任中分离出来，因为慈善责任确实有别于伦理责任。没有履行伦理责任会被道德谴责，而慈善责任是完全由企业自由选择的责任。

图3.4 企业社会责任金字塔结构

（4）企业社会责任对象结构。利益相关者理论认为企业应当综合平衡各个利益相关者的利益要求而进行管理活动。与传统的股东至上主义相比较，该理论认为任何一个公司的发展都离不开各利益相关者的投入或参与，企业追求的是利益相关者的整体利益，而不仅仅是某些主体的利益。利益相关者理论应用于企业社会责任理论，使企业社会责任的指向对象具体化清晰化，企业应该分别向员工、消费者、股东、商业伙伴、自然环境、政府、社区等承担社会责任，不同的企业社会责任的对象有不同的企业社会责任的内容，企业社会责任利益相关者结构见表3-1。

表3-1 企业社会责任利益相关者结构

企业社会责任的对象	企业社会责任的内容
员工	尊重合法权益、工作环境安全、培训等
消费者	产品安全，尊重知情权、选择权等
股东	资金安全和收益、信息披露等
商业伙伴	诚信守约、公平竞争等
自然环境	环境友好、合理利用自然资源等
政府	依法纳税、政府规定的其他义务等
社区	就业、参与社区建设、公益活动等

3.4.4 企业社会责任的理论依据

关于企业为什么应当承担社会责任,西方理论界相继提出了社会契约论、利益相关者理论、企业公民说、共享价值说等。

(1) 社会契约论。该理论认为企业社会责任就是企业在处理企业与社会之间的关系时应遵守的契约。社会契约论认为,虽然企业作为经济组织具有独立的经济利益,然而企业追求自身利益是在社会中进行的,是以为社会提供产品和服务为基本手段的,能否提供满足社会需要的产品和服务是企业生存和发展的基本前提和条件。企业作为社会的一种基本组织,它存在于社会之中,必须遵从社会规范,承担社会责任。这一观点主要是从社会角度出发,考虑企业行为对社会的影响,以及社会对企业行为的期望与要求。阿奇·卡罗尔提出的企业社会责任循环模型认为,企业社会责任的本质是企业与社会之间的契约关系。社会契约中的要素如图3.5所示。

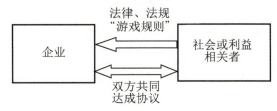

图 3.5 社会契约中的要素

(2) 利益相关者理论。该理论认为,企业的出资不仅来自股东,而且来自企业的员工、供应商、债权人和客户,后者提供的是一种特殊的人力投资和资本投资。企业是其利益相关者相互关系的联结体,因此企业不仅要对股东负责,而且要对员工、消费者、股东、社区和环境等利益相关者负责。这一理论主要是从企业角度出发,考虑企业的可持续发展必须综合考虑众利益相关者的利益,使企业社会责任的对象从笼统的社会具体为员工、消费者、股东、社区和环境等利益相关者,具有显著的进步性。

(3) 企业公民说。该理论认为,社会赋予企业生存的权利,是让企业承担受托管理各种资源的责任,那么企业就必须为更加美好的社会而行使这项权利,承担这项责任(合理地利用资源)。企业能够像公民个人那样,成为对社会的福利与发展负责任的社会团体公民。企业在谋求自身发展,力求股东利润最大化的同时,必须注重企业的社会责任,谋求社会系统持续、健康、稳定地发展。

(4) 共享价值说。企业在考虑社会责任时,通常会犯一个错误:把企业和社会对立起来,只考虑两者之间的矛盾,而对它们之间的"交叉点"考虑不足。其实成功的企业需要一个健康的社会作为土壤,一个健康的社会也离不开众多成功的企业。从长期看,企业与社会是互动共赢的。现代社会存在诸多问题,虽然企业既没有责任也没有足够资源解决所有问题,但是每个企业都可以找到自己最适合解决的某个或某些社会问题,利用自己的资源和能力优势解决问题,并从中谋求企业竞争优势。这就创造了共享价值——既有益于社会,也有益于企业。

共享价值说把企业解决社会问题承担社会责任看作创造共享价值的机会,而非单纯的危害控制或者公关活动,这需要全新的思维方式——战略性企业社会责任。

3.4.5 战略性企业社会责任

战略性企业社会责任（Strategic Corporate Social Responsibility，SCSR）是由企业社会责任研究和战略管理研究交叉融合而产生的一个全新的研究主题，在当今越来越受到学术界和实务界的关注。SCSR 模型如图 3.6 所示。

战略性企业社会责任是基于企业与社会共生关系的新假设，在共享价值理论指导下，把社会问题纳入企业战略范畴，并从社会问题中寻找市场机会，进行产品和服务创新，进而开拓企业新的核心业务，打造独特的竞争优势，实现企业与社会的共享价值。即把解决社会问题、承担社会责任作为打造企业独特竞争优势的新源泉、新路径。

图 3.6 SCSR 模型

波特和克雷默指出，企业履行 SCSR 的目的在于寻找能够为企业和社会创造共享价值的机会，在解决社会问题的同时获取可持续竞争优势。进一步地，他们把 SCSR 分为价值链创新和竞争环境投资两种类型。其中，价值链创新是指企业为解决社会问题而进行的企业价值链创新；竞争环境投资是指通过投资于竞争环境中某些能够促进企业竞争力提升的社会项目来创造共享价值。如微软公司和美国社区学院协会之间的合作，既解决了社区学院 IT 职业教育中存在的问题，又解决了制约微软公司的 IT 技术人员短缺问题。如果能够同时履行这两种 SCSR，那么就能使两者相互促进和强化，效果也会更加显著。

不从企业战略的角度而只是泛泛地考虑社会责任，往往会导致企业内部的各项社会责任分散，既不能带来积极的社会影响，也不能提高企业的长期竞争力，造成了企业资源和能力的浪费。有资源、有能力的企业应该实施 SCSR。那么该如何开展 SCSR？

现阶段企业开展 SCSR，包括理念导入、维度识别、责任履行、价值共享 4 个步骤。

（1）理念导入。企业开展 SCSR 需要全新的思维，首先需要重新审视企业与社会关系，导入相关理念，比如，企业与社会共生关系理念、共享价值理念。

（2）维度识别。企业开展 SCSR，需要审慎识别和选择，没有哪个企业可以解决所有的社会问题或为此承担所有的成本。在进行社会责任投资时，企业如何选择合适的社会问题？选择标准不是看某项事业是否崇高，也不是看某个社会问题是否急迫，而是看能否有机会创造出共享价值——既有益于社会，也有益于企业的共享价值。这就需要对社会问题进行分类和排序，选取与公司业务有交叉点的社会问题，寻找能够创造社会效益和经济效益共享价值的机会。即从社会问题中寻找强化企业战略的方法，制定一份思路清晰的 SCSR 规划。

（3）责任履行。具体部署 SCSR 规划，配置资源，实施 SCSR 项目，以企业的资源和能力优势有效解决社会问题。

（4）价值共享。社会福利增进，企业独特竞争优势显现。SCSR 成为企业竞争优势的新源泉。比如丰田为解决汽车尾气排放问题而研发油电混合动力车。丰田的混合动力车型普锐斯在 1997 年诞生，开辟了汽车制造业的新领域。宝马、福特、通用、马自达及日产等五大汽车企业先后就混合动力技术与丰田展开合作。这些混合动力车型，减排了大量二氧化碳，全世界人就此享受到了混合动力技术为地球带来的环保福利。

本 章 小 结

企业文化的核心就是企业价值观。企业价值观是绝大多数企业员工普遍认同的价值观，也是在实践中自觉遵守的行为标准。它内容丰富、涵盖广泛，是多元整合构成的复合价值观体系。从横向角度看，企业价值观体系可分为两个部分：企业经济价值观和企业社会伦理观。从纵向角度看，企业价值观体系可分为 4 个层次：核心价值观、目标价值观、基本价值观和附属价值观。企业核心价值观是企业在追求经营成功过程中所推崇的根本信念和奉行的终极目标，是整个企业价值观体系中最重要、最根本的部分。不同企业之间价值观的区别往往主要体现在价值排序的不同。

企业使命是企业对其存在的根本目的和意义的假设，是对其社会价值的界定和承诺，包括事业定位和价值定位。

企业愿景是企业全体人员内心真正向往的关于企业的未来蓝图，是激励每个员工努力追求和奋斗的企业目标。这一目标是明确、动人、被每个企业成员所认同和分享的。企业愿景反映了企业领导者和员工的追求层次和理想抱负，是企业价值观的集中表现。企业愿景能给企业指明努力方向、鼓舞人心、激励斗志、凝聚力量。

企业精神是企业在整体价值观念体系的支配和滋养下，在长期经营管理中经精心培养而逐渐形成的，是全体成员共同一致、彼此共鸣的内心态度、意志状况、思想境界和理想追求。企业精神是企业文化的高度浓缩，是企业文化的灵魂。

企业社会责任是指企业在创造利润、对股东承担法律责任的同时，还要承担对员工、消费者、社区和环境的责任。企业社会责任内容丰富，学界提出了多种成分结构观点，比如企业社会责任同心圆结构、企业社会责任相交圆结构、企业社会责任金字塔结构、企业社会责任利益相关者结构等。西方理论界对企业社会责任的理论依据提出了社会契约论、利益相关者理论、企业公民说、共享价值说等多种解释。战略性企业社会责任是在共享价值理论指导下，把社会问题纳入企业战略范畴，并从社会问题中寻找市场机会，进行产品和服务创新，开拓企业核心业务，打造独特竞争优势，实现企业与社会的共享价值。即把解决社会问题承担社会责任作为打造企业独特竞争优势的新路径。现阶段企业开展战略性企业社会责任，包括理念导入、维度识别、责任履行、价值共享 4 个步骤。

习 题

(1) 如何理解企业价值观及其作用?
(2) 简述企业价值观体系的结构。
(3) 什么是企业核心价值观?它在企业价值观体系中处于怎样的地位?
(4) 企业愿景有哪些特征?企业使命、企业愿景、企业信念有怎样的逻辑关系?
(5) 什么是企业精神?它有哪些特点?
(6) 企业精神与企业核心价值观有何联系和不同?
(7) 企业社会责任的成分可以怎样划分?
(8) 企业社会责任有哪些理论依据?
(9) 什么是战略性企业社会责任?
(10) 结合实践谈谈你对企业核心价值观及其作用的理解。
(11) 企业究竟该不该承担社会责任?企业承担社会责任将对企业产生怎样的影响?

【吉利传奇】

讨论题

1. 结合案例谈谈李书福对吉利集团企业文化的影响。
2. 结合案例分析吉利集团企业文化与吉利集团战略的关系。

第 4 章

企业文化的载体结构

学习目标

1. 企业文化结构的概述；
2. 企业文化的载体结构；
3. 企业文化的制度载体；
4. 企业文化的行为载体；
5. 企业文化的物质载体。

> **导入案例**

企业价值观是企业文化的核心，它看不见摸不着，但又无处不在，通过各种载体体现。本章着重探讨企业文化的载体结构，力求对作为企业文化载体的制度、行为和物质进行深入的剖析，这不仅有助于读者加深对企业文化的理解，同时也为本教材下篇中有关企业文化实务部分做了必要的铺垫。

【导入案例——钢七连入连仪式】

4.1 企业文化结构的概述

关于文化的结构，向翔在《哲学文化学》一书中曾指出：在人们对世界的认识和描述中，文化是一个内容和含义极其宽泛复杂的概念，迄今为止尚没有哪位学者能确切地说清楚文化究竟是什么。在现实社会生活中，人们的视野所及的绝大多数是文化的结果，文化可以说是无所不在、交错纷呈的。然而，只要认真观察和分析就可以发现，无所不在、交错纷呈的文化，并非杂乱无章，而是层次分明、互相调适、井然有序的，并且在长期的社会历史发展过程中形成了自己的结构，各结构要素之间既对立又统一，不断地互相适应、互相牵制、互相促进、共同发展。虽然不同时代、不同民族的文化各具特色，但其结构形式大体是一致的，由各不相同的物质生活文化、制度管理文化、行为习俗文化、精神意识文化4个层级构成。向翔把文化的结构解剖为4个层次，但必须指出的是，这里的文化，是从广义上来理解的。

企业文化是人类文化与社会文化的一个子系统。作为一个系统，企业文化同样具有自己的要素，形成了一定的结构，并发挥着独特的功能。企业文化结构是指企业文化系统内各要素之间的时空顺序、主次地位、结合方式及动态机制。它表明了各个要素是如何联系起来的，从而形成企业文化的整体模式。

企业文化的结构是早期企业文化理论研究的一个热点问题。学者们对广义的企业文化提出了很多划分方法，从而形成各种观点，可谓众说纷纭。下面对企业文化结构的9种主要观点进行概述。

1. 五要素结构

美国学者特伦斯·迪尔和艾伦·肯尼迪在《企业文化：企业生活的礼节与仪式》中，提出了企业文化五要素结构，认为，企业文化由企业环境、价值观、英雄人物、礼节和仪式、文化网络5个要素构成。这5个要素在企业文化整体中的功能和作用各不相同。

（1）企业环境是指企业"经营所处的极为广阔的社会和业务环境"，它是影响企业文化形成和变迁的最大因素。企业环境可分为微观环境和宏观环境。微观环境包括那些直接影响企业履行其使命的利益相关者，如供应商、各种市场中间商、消费者、竞争对手等。对于企业文化，它们具有显现的、直接的、持续的影响和作用。宏观环境包括那些影响企业微观环境中所有行动者的较广泛的社会力量或因素，包括人口、经济、自然、技术、政治、法律以及社会文化方面的力量和因素。它们对企业文化产生了重大的影响，但这种影响和作用机制处于潜在和间接的状态。

（2）价值观是指企业的基本观念和信仰，是企业文化的核心。它是指企业成员对某个事件或某种行为好坏、善恶以及是否值得仿效的态度和看法。企业价值观是艰苦努力的结果，是把所有员工联系在一起的纽带，是企业生存发展的内在动力，是企业行为规范制度的基础。

（3）英雄人物是企业价值观的化身，是人们公认的最佳行为和组织力量的集中体现，是企业文化的支柱和希望。英雄人物有两类，第一类是和企业一起诞生的"共生英雄"；第二类是企业在特定的环境中精心塑造出来的"情势英雄"。作为一种活样板，英雄人物给企业中其他员工提供了可供效仿的榜样，对企业文化的形成和强化起到极为重要的作用。现实中很多优秀的企业都十分重视树立模范，通过这些模范榜样向组织其他成员宣传企业所倡导的价值观。

（4）礼节和仪式是在企业各种日常活动中经常反复出现、人人知晓而又没有明文规定的惯例，它们是程式化的文化要素。它使企业文化得以体现和强化。不同企业的礼节和仪式体现了不同企业文化的个性及传统。礼节和仪式主要包括以下3种。一，交际礼仪。企业是一个从事经济活动的主体，作为社会组织，其内部人员之间、内部与外部人员之间都有大量的人际交往。在人际交往过程中，体现着企业文化和企业员工的素质和管理水平。因此，交际礼仪就成为传播企业文化、体现企业素质的重要形式。二，文化礼仪。企业为了表达对某些事物的崇敬和重视，经常举办一些特殊的仪式，来表达企业的真实情感，如庆功仪式、团拜仪式、授奖仪式、新员工入职宣誓仪式、老员工退休辞别仪式、技术生产销售合作签约仪式等，这些都属于仪式类企业文化形式。这些仪式一方面表现企业文化的内涵，另一方面凝聚人心，提高人们对企业价值观的认同。三，节日庆典。节日庆典主要包括公司的节日庆典和公共节日庆典。公司既可以通过这些庆典宣传企业文化，又可以借机吸引员工对公司的关注，产生向心力。

（5）文化网络是指企业内部以轶事、故事、机密、猜测等形式来传播消息的非正式渠道，是和正式组织机构相距甚远的隐蔽的分级联络体系。它使企业文化得以传递和强化。

2．企业文化睡莲图

埃德加·沙因提出的企业文化睡莲图把企业文化分为3个层次：可以观察到的行为、可以描述的员工态度和价值观、潜在的信念。企业成员的信念是企业文化的核心因素，成员的行为、态度和价值观是由他们所拥有的信念决定的。企业文化睡莲图如图4.1所示。

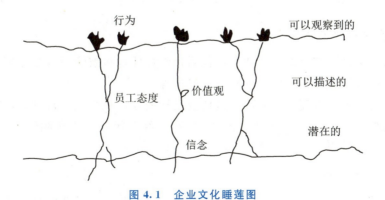

图 4.1　企业文化睡莲图

3. 企业文化冰山图

美国学者帕米拉·路易斯、斯蒂芬·古德曼和波特利西亚·范德特认为,企业文化由两种基本的成分构成,可用企业文化冰山图来表示:表面的看得见的是具体行为,而支持这些具体行为的是更深层次的东西,即看不见的,企业员工心灵深处的观念、行为标准、共有价值观和宗旨,如图4.2所示。

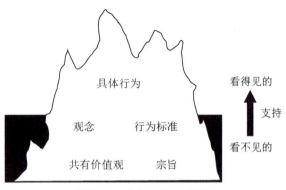

图 4.2 企业文化冰山图

4. 企业文化同心圆结构

企业文化同心圆结构是指企业文化由表及里由3个同心圆构成,外圈是简单易见的企业标识、词条;中圈是企业的行为习惯;内圈是企业价值观,如图4.3所示。

图 4.3 企业文化同心圆结构

5. 内化结构和外化结构

内化结构是指企业成员的心理状态,包括企业管理者和被管理者的心理状态。心理状态即企业成员的价值取向、内心态度和理想追求等。

外化结构是指企业管理行为习惯,包括企业管理方式和企业经营方式,也就是企业的组织结构、组织形式、管理、计划、指挥、组织、经营风格、规章制度、群体人际关系、公共关系、行为习惯等。

6. 隐性结构和显性结构

企业文化结构的隐性结构是企业文化的根本,它主要包括企业精神、企业哲学、企业价值观、企业道德规范等。这部分是企业在长期的生产经营活动中形成的,存在于企业员工的观念中,对企业的生产经营活动产生直接影响。企业文化结构的显性结构是指企业文化中以精神和行为的物化产品为表现形式的,能被人们直接观察到的内容,包括企业设施、企业形象、企业经营管理活动等。

7. 基础、主体、外在三层次结构

基础部分主要由企业文化中的企业哲学、企业价值观、企业道德、企业精神等企业的意识形态组成。这是企业文化最核心的层次,是企业文化的源泉,是结构中的稳定因素,是企业文化整体的决定因素。有什么样的结构基础,就会有什么样的结构主体和结构的外在部分。

结构的主体部分主要包括企业文化中的战略文化、组织文化、制度文化、经营方式等,分别在企业发展战略、企业组织、企业制度和企业经营机制中体现并发挥其作用。企业文化的主体结构是企业文化的主要承载者,受基础层的影响,而又影响于外在的表面层次。它体现了企业文化的个性特征,形成企业的重要特色。

企业文化结构的外在部分主要包括企业标识、企业信誉、企业行为、企业物质环境、企业形象等。这是企业文化结构的表层部分,是人们可以直接感受到的,它以其外在形式体现基础层和主体层的水平、规模和特色。

8. 精神、制度、物质三层次结构

精神层是指企业领导和员工共同信守的基本信念、价值标准、职业道德及精神风貌。精神层是企业文化的核心和灵魂,是形成制度层和物质层的思想基础和原因。其具体包括企业最高目标、企业哲学、企业精神、企业风气、企业道德、企业宗旨6个方面。

制度层是指对企业组织和企业员工的行为产生规范性、约束性影响的部分,它是企业文化的中间层次,集中体现了企业文化的物质层和精神层对员工和企业组织行为的要求。制度层规定了企业成员在共同的生产经营活动中应当遵守的行为准则,它主要包括3个方面:一般制度、特殊制度、企业风俗。

物质层是指企业创造的物质文化,是形成企业文化精神层和制度层的物质基础,是企业文化的外在表现和载体。

9. 精神、制度、物质、社会四层次结构

埃德加·沙因《企业文化生存指南》中文版的两位译者,北京大学经济学院博士生郝继涛和中国社会科学院研究生院博士生赵卫星,在《经济管理》上发表的"企业需要社会性层次的文化结构"一文中提出引入社会层的四层次企业文化结构模型。该模型保留了企业文化中的精神层、制度层与物质层三层次结构,并增加了一个新的层面——社会层,引入社会层的四层次企业文化结构模型如图4.4所示。

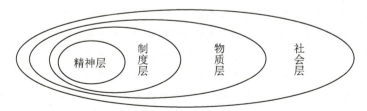

图 4.4　引入社会层的四层次企业文化结构模型

社会层既可以理解为企业文化形成的社会环境，又可以被视为企业文化所产生的社会效应。此模型考虑到了企业与外界的互动，可以说在一定程度上反映了企业这一"子系统"与其所处环境（社会大系统）的互动，体现了企业文化具有动态性与开放性的特征。同时，文章对企业文化的社会层进行了界定——广义的利益相关者，这使得该模型更具有操作性。

上述这些不同的企业文化结构观点有各自的合理性，但也有些混乱，有的是广义的企业文化结构，有的是狭义的企业文化结构。因此，编者将从广义和狭义两个角度，对企业文化的结构做出梳理。从广义的角度讲，企业文化的结构层次可划分为4个：深层的精神层、中层的制度层、浅层的行为层、表层的物质层。从狭义的角度讲，企业文化仅指其中的精神层，而制度层、行为层、物质层则是企业文化的外在体现或者说载体。广义与狭义的企业文化结构层次对应如图4.5所示。

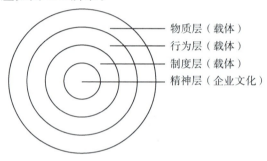

图4.5　广义与狭义的企业文化结构层次对应

4.2　企业文化的载体结构

本教材对企业文化的界定采用狭义角度，即企业文化是指看不见摸不着的价值观、信念、思维方式和行为准则的总和，制度层、行为层和物质层是企业文化的载体，因此本节着重分析企业文化载体结构的构成。

 案例4-1

埃克森公司与麦迪公司的不同

美国的埃克森公司的价值观是既高度尊重个人的创造性，绝对相信个人的责任感，又默认在做出一项重要决定前集体要达成一致。这就决定了在制度层面具体的行为规范较少，而在行为层面表现出的是随便的衣着和沟通方式、各办公室没有等级标志、员工之间时常争论等。而另一家总部设在欧洲的麦迪公司，它的价值观是尊重资历、学识和经验，注重通过服务时间的长短、整体工作情况和个人的教育背景来评价员工。因此在制度层和物质层就表现为：一切都是规范化和正式化，大楼中各办公室都有正式标志，大厅中气氛沉静，行为上通过员工在大厅中见面时周全的礼节得以体现。公司设有专门的高级经理人员餐厅，文件中使用正式学术用语及注意计划、程序和正式的会议文件等。由于埃克森公司和麦迪公司精神层的不同，使他们的制度层、行为层和物质层也表现出完全不同的内容。

（https://ishare.iask.sina.com.cn/f/34g0n9pkum8.html.［2022－12－13］.）

4.2.1 企业文化的制度层

1. 制度层的内容及特点

(1) 企业文化制度层的内容。

企业文化制度层是指与企业价值观、企业精神等意识形态相适应的企业制度和企业组织结构。企业制度是指规定或调节企业内部不同参与者之间权力关系和利益关系的基本原则或标准的总和,主要内容包括企业领导体制、企业组织结构、企业管理制度等。

① 企业领导体制是制度层的核心内容,影响着企业组织结构的设置,制约着企业管理的各个方面。在现代企业中,企业的领导体制应相互统一、协调和顺畅。

② 企业组织结构是指企业为了有效实现企业目标,而筹划建立的企业内部各组成部分及其关系。如果把企业视为一个生物有机体,那么组织结构就是这个有机体的骨骼。组织结构是否适应企业生产经营管理的要求,不仅直接影响着企业管理的成效、企业目标的实现,还反映出企业文化的特点。建立精简、统一、协调、高效的组织结构,是优秀企业文化的体现,也是卓越企业的标志。

③ 企业管理制度是企业为求得最大效益,在生产管理实践活动中制定的各种带有强制性的义务,并能保障一定权利的各项规定或条例,包括企业的人事制度、生产管理制度、民主管理制度、财务管理制度等一切规章制度。其中,人事制度包括用工制度、绩效管理制度、薪酬制度和晋升制度,等等,它关系到企业人力资源的配置、使用效率、员工的素质和企业内部的人际关系,是企业的重要制度之一。生产管理制度用于指引开展生产工作,适用于公司生产系统,包括原材料输入、生产转换过程、成品输出、反馈4个环节的计划、组织、指挥、协调和控制等方面的管理活动。企业管理制度是企业正常的生产经营管理得以进行的强有力的保证,是实现企业目标的有力措施和手段。企业的管理制度应科学、完善、实用。

(2) 企业文化制度层的特点。

企业文化制度层有以下两个特点。一是规范性。企业制度是企业为实现自身目标,给予企业成员的行为一定的方向、方式和限制,因此,企业制度是员工必须遵守的行为准则,具有强制性和规范性。二是中介性。制度层处于无形的精神层与外显的行为层之间,连接内外的两个层次。首先,制度层由精神层决定,是一定精神文化的产物,同时又反作用于精神文化,是塑造精神文化的主要机制和载体。其次,制度规范着、约束着、鼓励着、调节着员工的行为,是行为层的重要影响因素。一个企业,其经营作风是否具有活力、是否严谨,精神风貌是否高昂,人际关系是否和谐,员工文明程度是否得到提高等,无不与制度层的规范和保障作用有关。最后,制度层是物质层的保证,过程决定结果,没有严格的岗位责任制和科学的操作规程等一系列制度的约束,行为过程就没有有效的控制,过程所产生的物质成果也就无法保证。

案例 4-2

海尔规章制度——从"13条"到"OEC"

在管理领域,提到"13条",不少人的第一反应会想起著名管理大师亨利·法约尔所提出的14条管理原则,但这里介绍的却是"国产"的海尔13条规章制度。

"海尔"作为品牌名称启用于1984年12月,海尔企业的前身为青岛电冰箱总厂,最早始于1955年组建的一个手工业生产合作社。随着20世纪50年代国民经济的改组与调整,合作社于1958年过渡为合作工厂,并被命名为青岛电机厂。该厂曾改称为青岛东风电机厂,当时主要生产交流和直流电动机、"电葫芦",并研制了民用吹风机、小台风扇,由此跨进家用电器工业领域。

为开发新产品,该厂于1979年3月研制出单缸洗衣机和滚筒洗衣机。随后,东风电机厂和工具四厂合并成立了青岛日用电器厂,并为进一步发展家电产业奠定了基础。工厂在1979—1983年主要生产"白鹤"牌洗衣机,但终因产品外观粗糙、质量不高、更新换代缓慢等原因亏损了140多万元,面临被淘汰的命运。

张瑞敏回忆说:"我是1984年12月去的这个厂。当时一年之内派了4位领导去厂里,前三位都没能待住。我这第四位也不愿意去,但我是青岛家电公司副经理,我不去就没人去了。迎接我的是53份请调报告。

海尔一位老员工回忆道:在四周一片荒野地里,有几座厂房,窗户上连玻璃都没有。虽然仅有的几台陈旧的机器每天都在轰轰地转,但管理非常松懈,工人们晚来早走,就是不走,也是在厂里干私活。有时听说什么好卖就赶紧生产一点,可因为质量差卖不出去,工人每个月只好靠四十几元钱维持家庭生活。工厂两三年发一套工作服,连几元钱的福利都发不出来,工人工作时没有手套戴。伙房每份菜5分钱,工人们都舍不得吃。后来连工资都发不出来了,就更别谈什么奖金了。

对此,张瑞敏不无感慨地说:"我想,资金没有,可以弄到;产品没有,也可以生产出来;但信心没有,创业就难,做事很难达到第一流。一听说要整顿,厂里人就搬出过去制定的一人多高的规章制度。我没让他们多制定条文,只制定了13条,当时最主要的一条就是:不准在车间随地大小便。如果这些最基本的没有,其他更是空的。"其他规定还有"不准迟到、早退""不准在工作时间喝酒""车间内不准吸烟,违者一个烟头罚500元"等。另外一条大家印象深刻的就是"不准哄抢工厂物资"。这13条颁布后有一些效果,车间里大便没有了,但小便还是有,随意拿公物的现象还是很普遍。张瑞敏就问干部怎样才能防止"大家拿"现象,回答是"锁起来"。可是门能锁,窗户却不能锁。张瑞敏就让厂里的干部将这13条制度以布告的形式贴在车间的大门上,公布了违规后的处理办法,并把门窗全部大开着,布置人手在周围观察是否有人再去拿东西。

没料到,第二天上午10点的时候,就有人大摇大摆地走进车间并扛走一箱东西。所以张瑞敏就让厂里的干部在当天中午12点贴出布告,开除了这个人。此举给大家留下的印象是"新领导是较真儿的"。

在随后的几年里,张瑞敏就靠严格执行这简单的"13条",再加上对员工亲切的关怀,使这个濒临破产的企业逐步走向正轨,并不断发展起来。

后来,在长期的管理实践中,海尔总结了一套管理方法,叫做"OEC"管理法。其中O为Overall的缩写,即全方位;E为Every的缩写,即每人、每事、每天;C为Control and Clear的缩写,即控制和清算。OEC合起来的含义是:全方位地对每人每天所做的每件事进行控制和清算,做到"日事日毕、日清日高"。海尔的每个员工每天都要填一张3E卡,记录每天工作的7个要素(产量、质量、物耗、工艺操作、安全、文明生产、劳动纪律)的量化价值。每天由员工据此自我清算每天的薪水,然后交给班长,再由车间主任审核后返回给员工。

具体来说,"OEC"管理模式意味着企业每天所有的事都有人管,所有的人均有管理和控制的内容,并依据工作标准对各自控制的事项,按规定的计划执行,每日把实施结果与计划指标对照、总结、纠偏,达到对工作发展过程"日日"都有控制、"事事"都有控制的目的,确保了工作向预定目标发展。这一管理方法可以概括为5句话:总账不漏项,事事有人管,人人都管事,管事凭效果,管人凭考核。

在"OEC"体系的支撑和保障下,海尔创造了20世纪中国企业的一个奇迹。从一个亏损140多万元的小厂,经过20多年的发展,成为年销售额达400多亿元,令人刮目相看的国际知名企业。

(资料来源:颜建军,胡泳,2001. 海尔中国造[M]. 海口:海南出版社。)

点评:从"13条"到"OEC",从海尔制度的变迁中,大家可以看到其背后的文化的演变。"13条"虽然简单,但令人从中看到了以保证企业为基本秩序、以打基础为主要目的的企业文化。"OEC"是一种对工作、对事物要求的高度概括,它反映了海尔管理的成熟性,充分体现了海尔追求卓越的核心价值观,体现了严格要求、精益求精的品质管理理念；反映了凭业绩拿报酬的"绩效文化"，体现了"事事有人管"的"责任文化"。

2. 制度与文化

在企业文化研究中，人们对"制度与文化"的认识经常陷入一种误区：分不清两者在企业管理中的地位与作用，或把两者对立起来，或把两者混为一谈。从广义角度界定的企业文化，无疑把制度包含在内，制度层只是企业文化四个层次之一。而从狭义角度研究的企业文化，制度则是文化的载体。制度与文化在企业管理中是并存的，是两个不同的管理手段。制度管理和文化管理是两种不同的管理层次和两种不同的管理方式。文化管理高于制度管理，制度更多地强调外在监督与控制，是企业倡导的"文化底线"，即要求员工必须做到的；而文化更多地强调价值观、理想信念和道德的力量，强调内在的自觉与自律，是超越制度之上实现员工自觉管理的一种"文化高境界"。

（1）制度与文化的不同。

制度与文化的不同，具体体现在以下3个方面。

① 演进方式不同。文化的演进是"渐进式"的，制度的演进是"跳跃式"的。从制度的外在约束逐渐内化到文化自律，是一个潜移默化的渐进过程。当一种新文化形成之后，人们再审视旧制度时，发现旧制度已有瑕疵和漏洞，则需要修订或出台新制度。新旧制度的更替有明确的时间界线，是"跳跃式"的。企业管理正是在这种制度与文化的交互上升中不断优化、臻于完善的。

② 表现形态不同。制度是有形的，往往以责任制、规章、条例、标准、纪律、指标等形式表现出来；文化是无形的，存在于人的头脑中，是一种意识形态和精神状态，往往通过有形的事物、活动反映和折射出来。但两者却是一体两面，有形的制度中渗透着文化，无形的文化通过有形的制度载体得以表现。

③ 对人的调节方式有差异。制度管理主要是外在的、硬性的调节；文化管理主要是内在的文化自律与软性的文化引导。文化管理强调心理认同，强调人的自主意识和主动性，也就是通过启发人的自觉意识达到自控和自律。对多数人来讲，由于认同了主流文化，文化管理才成为非强制性的管理；对于少数未认同主流文化的人来讲，主流文化一旦形成，也同样受这种主流文化氛围、风俗、习惯等非正式规则的约束，违背这种主流文化的言行是要受到群体排斥和舆论谴责的，因此文化管理又具有一定的强制性。体力劳动者与脑力劳动者对制度和文化的感受度是不同的，体力劳动者因为其作业方式要求标准化的程度高，对制度管理的强制性敏感度较低，也就是说，遵守制度是顺理成章的事，制度管理对他们更适合；脑力劳动者因为创造性强，要求自由度较高，对较低层次的条条框框则比较反感，需要较多的文化管理。

（2）制度与文化的联系。

制度与文化的联系主要体现在以下4个方面。

① 制度承载文化。当管理者认为某种价值观需要倡导时，可以通过树典型、搞推广等形式来推动。但要把倡导的新价值观渗透到管理过程中，变成人们的自觉行动，制度则是最好的载体之一。员工对新文化的接受、认同是一个复杂、艰难的过程，在达成共识之前，企业必须以这些思想观念为核心制定相应的制度，要求、激励员工服从和遵守。在实

践成果的检验下，员工对制度及其内在精神逐渐认同、理解，并且将其不断强化为习惯和信念，于是，自觉的管理就出现了。可见，人们普遍认同一种新文化可能需要经过较长时间，而把文化"装进"制度，则会加速这种认同过程。在员工由"服从—认同—坚信"的过程中，制度的作用非常关键。合理、科学的制度使员工向既定的目标发展，使倡导的文化得以确立。相反，不合理的制度则使员工对倡导的文化感到淡漠甚至抵触。

② 制度向文化转变。制度与制度文化不是同一概念。当制度内涵未被员工心理认同时，制度只是管理者的"文化"，最多只反映管理规律和管理规范，对员工只是外在的约束；当制度内涵被员工所认同和接受并自觉遵守时，制度已内化并转变成了一种文化。例如，企业想要鼓励员工提出合理化建议，应先制定相关制度，比如员工合理化建议奖励制度，员工按制度提出建议，被管理者采纳，获得物质奖励和精神满足。员工从心理上慢慢地接受了这一制度，形成了积极建言献策的行为习惯和企业氛围，与此同时，制度的作用隐退，参与文化便蔚然成风。

③ 制度与文化互动。当企业中的先进文化或管理者倡导的新文化已经超越制度文化的水准，这种文化便催生了新的制度，即以新的文化理念为指导制定新制度，又在新制度的执行中强化文化理念。

④ 文化决定制度的成本。制度的成本包括制定成本和执行成本。当人们价值观不一致、认识不统一时，要达成共识制定制度就很艰难，反复磋商会令制定成本变高。

相反，当企业倡导的文化优秀且主流文化认同度较高时，企业制度成本就低；当企业倡导的文化适应性差且主流文化认同度较低时，企业的制度成本就高。由于制度是外在约束，当制度文化未形成时，没有监督，员工就可能"越轨"或不能按要求去做，其成本自然就高；而当制度文化形成以后，人们自觉从事工作，制度成本大为降低，尤其当超越制度的文化形成，制度成本会更低。例如，摩托罗拉公司取消"打卡"制度，是因为员工能够认识到工作的意义是什么。所以威廉·大内说，文化可以部分地代替发布命令和对工人进行严密监督，从而既能提高劳动生产率，又能发展工作中的支持关系，其制度成本就低。再如交通规则，如果有警察监督时，司机能够按交通规则办事，没有警察监督时，不能按交通规则办事，说明制度对司机来讲没有形成一种文化，制度执行成本很高。反之，如果没有警察监督，司机也能按交通规则办事，则表明制度已内化为司机心中的自觉，制度已演化为文化。此时，制度执行成本大幅降低。

4.2.2　企业文化的行为层

企业文化行为层是指企业在战略管理、日常运作、人际关系、突发事件等各类活动中的行为方式和风格。它体现了企业的追求目标、价值标准和精神面貌。

1. 管理行为特征与企业文化类型

行为层的特点最主要地从企业主导特征、领导风格、战略重点、员工管理、组织凝聚和成功标准等6个方面体现出来。不同企业文化的类型呈现不同的管理行为风格，见表4-1。

表 4-1 不同企业文化类型与不同的企业管理行为风格

管理行为特征	企业文化类型			
	人本支持型	灵活创新型	规范控制型	目标绩效型
主导特征	公司像个大家庭，有人性化的空间，员工和部门之间沟通顺畅	充满创新活力和开拓意识，领导、干部和员工愿意表现自己，并承担相应的责任与风险	公司组织结构明确，控制系统完善，工作能够按照规章制度有效地执行	公司注重目标管理和工作结果，员工看重竞争和成就
领导风格	领导是员工工作的指导者、培养者或促进者，像伙伴或导师一样	领导是开拓者、创新者或冒险家	领导是资源整合者、组织者，循规蹈矩	领导是实用主义者、实干家，只问工作结果
战略重点	重视员工的发展、高度信任、开放和持续参与	重视开拓新资源和创造新挑战，鼓励为新机会尝试新事物	重视持久和稳定，强调效率、控制和平稳运行	强调竞争性，以达到目标和在市场中获胜为重
员工管理	管理是以团队、参与管理和取得共识为主	管理风格倡导个性、自由、创新和独特性	寻求员工关系的稳定性、员工行为的统一和可控性	高度竞争、高要求、高绩效是公司管理的特点
组织凝聚	公司凝聚力来自忠诚和相互信任，员工能够主动承担义务	凝聚力来自注重革新和发展，关注点是消除各种边界，融为一体	凝聚力来自正式规定和政策，保持企业的平稳运行非常重要	凝聚力来自完成目标和重视结果，竞争和获胜是公司的主调
成功标准	只有重视员工发展、团队建设、员工承诺，公司才会成功	成功即公司有最新或独特的技术和产品，是技术、产品的领导者和创新者	效率是公司成功的基础，关键是强有力的执行力和成本控制	成功即公司在市场上获胜，超过竞争对手，成为竞争的领导者

2. 企业文化行为层的关键主体

行为层是企业文化的一个重要载体和组成部分。人们对某一公司文化的认识，最重要的途径之一就是考察行为层。企业文化行为层的关键主体有3类，他们是企业领导者、企业模范人物、企业员工群体。

（1）企业领导者。

企业领导者的言行往往是以企业名义发出的，代表企业的意志。因此，企业领导者行为是企业意志和价值观的直接体现，企业领导者在其行为中体现的精神和形象是企业文化的一面镜子。

企业领导者的行为在企业文化行为层中具有独特的地位和作用。首先，企业领导者是企业的决策者，他把自己的理想、价值观融入企业决策中，然后随着决策的执行，逐渐被广大员工所认同、遵守，其决策行为影响企业的决策方式、决策结果，与企业命运密切相关。在决策中，企业领导者对事物的预见、判断、谋略，不仅反映了其个人风格，也体现了企业作风。其次，企业领导者是作为企业统帅统领全体成员。所谓"上行下效"，企业领导者的行为具有强烈的示范效应，其态度和行为直接影响员工的态度和行为。下级学习的是上级的行动，上级对工作全力以赴的实际行动，是对下级最好的教育。优秀的企业领导者具有非凡的影响力、号召力和感染力，能有效地影响和激励员工行为，实现企业目标。最后，企业领导者的身体力行和积极倡导也是企业文化确定、形成的重要推动力量。

（2）企业模范人物。

企业模范人物是企业的中坚力量，他们的行为在整个企业行为中占有重要的地位。在具有优秀企业文化的企业中，最受人敬重的是那些集中体现了企业价值观的企业模范人物。这些企业模范人物使企业的价值观"人格化"，他们是企业员工学习的榜样，其行为常常被企业员工仿效。

要注意的是，尽管企业模范人物的行为在某一方面或几个方面特别突出，但并非在所有方面都无可挑剔。也正因为如此，企业模范人物可分为领袖型、开拓型、民主型、实干型、智慧型、坚毅型和廉洁型等不同类型。①领袖型企业模范人物，具有极高的精神境界和理想追求，高瞻远瞩，有胆有识，而且还具备非凡的号召力和感染力，能统领全局实现变革。②开拓型企业模范人物，永不满足现状，勇于革新、锐意进取，不断开创新领域，敢于突破新水平；③民主型企业模范人物，善于处理人际关系，善于发挥群众的聪明才智、集思广益，能把许多微小力量凝聚成无坚不摧的巨大力量；④实干型企业模范人物，总是埋头苦干，默默无闻，数十年如一日，如老黄牛般贡献出自己的全部力量；⑤智慧型企业模范人物，知识渊博，思路开阔，崇尚巧干，常有锦囊妙计，好点子层出不穷；⑥坚毅型企业模范人物，越是遇到困难干劲越足，越是危险越能挺身而出，关键时刻能挑大梁，百折不挠；⑦廉洁型企业模范人物，一身正气，两袖清风，办事公正，深得民心，能为企业的文明做出表率。在现实生活中，不少企业模范人物也可能既有以上某一类型的长处，又具备以上另一类型的优点，企业模范人物类型特点常常是相互交融的。

（3）企业员工群体。

企业员工是企业的主体，也是企业文化的主体。只有当企业所提倡的价值观、行为准则普遍地被其成员所认同、接受，并自觉遵守、实践时，才能成为企业文化。企业成员的群体行为决定企业整体的精神风貌和企业的文明程度，是企业文化这种客观存在的真实体现。

4.2.3　企业文化的物质层

在企业文化的载体结构中，物质层是最外在的层次即表层。企业文化虽然像空气，看不见摸不着，但又无处不在。从公司大楼到产品细节，处处折射出企业的经营思想、管理哲学、工作作风。外界公众对企业文化的了解，往往就从物质层开始。

1. 企业文化物质层的内容

企业文化物质层是指由企业成员创造的物质成果和企业的各种物质设施所构成的器物文化，是一种以物质形态为主要研究对象的文化表层。

企业文化物质层的内容非常丰富，它主要包括以下 9 个方面。

（1）企业名称、标识、标准字体、标准色彩。这是企业文化最集中的外在体现。

(2) 企业外貌、自然环境、建筑风格、办公室和车间的设计及布置方式、绿化美化情况、污染的治理等，是人们对企业的第一印象，这些无一不是企业文化的反映。

(3) 产品的特色、式样、外观和包装。产品的这些要素是企业文化的具体反映。

(4) 技术工艺与设备的特性。

(5) 厂徽、厂旗、厂歌、厂服、厂花。这些要素中包含了丰富的企业文化内容，是企业文化的具象化反映。

(6) 企业的文化体育生活设施。

(7) 企业造型和纪念性建筑，包括厂区雕塑、纪念碑、纪念墙、纪念林、英模塑像等。

(8) 企业纪念品及企业文化用品，包括名片、记事本等。

(9) 企业的文化传播网络，包括企业自办的报纸、刊物、有线广播、闭路电视、企业网站、宣传栏（宣传册）、广告牌、招贴画等。

2. 物质层是企业文化的物质载体与物质形态

物质层在企业文化中具有很重要的作用，特别是它与精神层之间存在着辩证统一的关系。一方面，物质层是企业文化的物质载体。正是由于物质层的物质基础作用，人们可以认识和了解企业文化（精神层）、制度层和行为层。没有这种具体的、看得见、摸得着的物质载体，企业理念就成了虚无缥缈、无法把握的东西。另一方面，物质层是企业文化的物化形态，即指从物质形态中折射出来的经营哲学、企业精神、工作作风，而不是具体物质形态本身。企业价值观通过企业物质形态向外折射，就是企业价值观的外化过程，而价值观外化的结果，就构成了企业文化的物质层——物质文化。

企业文化与其 3 个层面的载体之间存在相互联系与作用，如图 4.6 所示。

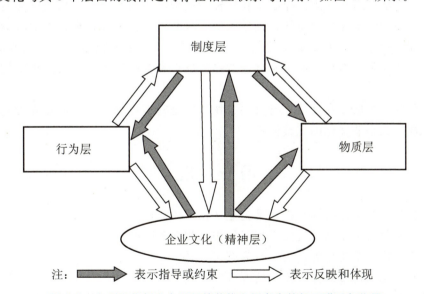

图 4.6　企业文化与 3 个层面的载体之间存在的相互联系与作用

首先，企业文化的精神层决定其行为层、制度层和物质层。精神层是企业文化的核心和灵魂，是形成制度层、行为层和物质层的思想基础。有什么样的精神层，就有什么样的制度层、行为层和物质层。正如案例4-1中所分析的埃克森公司和麦迪公司，精神层的不同使他们的制度层、行为层和物质层有完全不同的表现。

其次，制度层是精神层、行为层和物质层的中介。精神层直接影响制度层，并通过制度层影响行为层和物质层。企业领导者在企业哲学、价值观念的支配下制定一系列规章制度、行为准则来调节和约束企业人员的行为并产生相应的物质成果和精神成果。由此可见制度层是中介，它连接内外，既决定于精神层，又决定着行为层和物质层。

最后，物质层、行为层和制度层是精神层的体现。精神层具有隐性的特征，需要一定的表现形式。物质层是企业文化的外在表现，是行为层、制度层和精神层的物质基础；行为层是精神层的动态表现；制度层则是精神层的规则化表现。物质层、行为层和制度层体现着精神层的水平和内涵。

本 章 小 结

企业文化结构是企业文化理论早期研究的一个重点，本章首先介绍了学术界较有影响力的9种观点，然后提出了本教材的观点：从广义角度理解企业文化，其结构层次有4个，深层的精神层、中层的制度层、浅层的行为层、表层的物质层；从狭义角度理解企业文化，它仅指其中的精神层，而制度层、行为层、物质层则是企业文化的载体结构。精神层在第3章做了详细探讨，本章重点在企业文化的载体结构。

企业文化制度层是指与企业价值观、企业精神等意识形态适应的企业制度和企业组织架构，其主要内容包括企业领导体制、企业组织架构、企业管理制度等。企业文化行为层是指企业在战略管理、日常运作、人际关系、突发事件等各类活动中的行为方式和风格。人本支持型、灵活创新型、规范控制型和目标绩效型等不同的企业文化类型各有不同的管理行为风格，集中体现在主导特征、领导风格、战略重点、员工管理、组织凝聚和成功标准这6个方面。行为层最主要是3类主体：企业领导者、企业模范人物、企业员工群体。企业文化的物质层是指由企业成员所创造的物质成果和企业的各种物质设施所构成的器物文化。

企业文化的精神层和制度层、行为层、物质层是密不可分的，它们相互影响、相互作用，共同构成广义企业文化的完整体系。

习　　题

（1）什么是企业文化结构？什么是企业文化载体结构？

（2）企业文化与企业制度是怎样相互作用、相互影响的？

（3）企业文化与企业行为、员工行为有何联系？

（4）企业文化的物质载体主要包括哪些？

（5）关于企业文化结构，学界提出了很多观点，你认为哪种观点较为合理？为什么？

（6）请结合你所在的学院的管理实际，分别从制度层、行为层、物质层谈谈该学院组织文化的特点。

3M 公司的创新文化与创新机制

美国 3M 公司以创新为核心价值观,建立企业行为规范、员工创新精神政策、工作环境布置、工时安排、薪酬福利等创新机制,确保企业产品不断创新升级。

3M 公司崇尚渐进式的发展,公司有"制造一点,销售一点"和"采取小小的步骤"之类的座右铭。公司人员深知大东西是由小东西演进而来的,但是由于事前不知哪种小东西会变成大东西,因此必须尝试许多小东西,保留有用的,抛弃没用的。3M 公司有著名的"产品树"理念,即把公司产品系列画成一棵长了很多树枝的大树。公司把开发新产品形象地称为"发新枝",并鼓励每个员工都去"发新枝",公司则根据市场需要进行修枝、剪枝,让有希望的新枝变成整枝树枝甚至大树。

董事长威廉·麦克奈特不希望公司的演进和扩张只靠自己一个人,他希望创造一个能够从内部持续自我创新、由员工发挥个人首创精神推动公司前进的组织。因此,3M 公司制定了许多政策和制度作为激励机制(见表 4-2),鼓励员工面对问题时积极思考,发挥想象力去寻找解决办法,构想新产品。这些刺激进步和创新的机制,使得 3M 公司无论谁来当 CEO,都会生机勃勃,持续演进。

表 4-2 3M 公司的激励机制

序号	3M 公司刺激进步的机制	功能、作用
1	"15%规定":鼓励科研人员最多把 15%的时间用于自选项目上,这已成为公司传统	鼓励未经规划、可能意外成为成功发明的实验和变化
2	"25%规定":每个部门前 5 年推出的产品和服务的销售额应占整个年度的 25%(从 1993 年起,比例提高到 30%,期间缩短为 4 年)	鼓励持续的产品创新。1988 年,3M 公司 106 亿美元的销售额中有 32%来自前 5 年的新产品
3	"金步奖":颁给负责在 3M 公司内部取得创新事业成功的人士	刺激公司内部创业精神和冒险精神
4	"创世纪奖金":公司内部创业投资基金分配给开发原型和市场试销的研究者,一笔最多会给 5 万美元	支持公司内部创业精神和试验新构想
5	"科技共享奖":颁给开发出新科技并成功与其他部门分享的人	鼓励新技术、新构想的传播
6	"卡尔顿学会":荣誉科技社团,其会员是在公司有杰出的、有创见的科技贡献的人	刺激公司内部科技与创新
7	"自营事业机会":成功推出新产品后,开发者所在部门可得到经营的优先机会	刺激公司内部创新
8	"双梯并行"职业道路:科技和专业人员不必牺牲研究或专业兴趣、不必转向管理之途就能在公司内部升迁	通过升级鼓励顶尖科技人才专注于科技创新
9	"新产品论坛":所有部门分享最新产品	鼓励跨部门合作创新
10	"科技论坛":提交科技论文,交换新构想和新发现	鼓励跨部门孕育新构想

续表

序号	3M公司刺激进步的机制	功能、作用
11	"攻关小组":派出特遣小组到现场解决顾客的特殊问题	用顾客的需求刺激创造发明
12	优势项目:每部门选择1~3种优势产品在规定的短时间内推向市场	加速产品上市的循环
13	设小型自主性部门:公司曾在1990年有42个产品部门,分布在全美40个州,大多在小镇上	提倡"大公司中有小公司",以刺激自主精神
14	员工持股:很早就采用分红制度(1916年起适用于主要职员,1937年起普及所有员工)	刺激个人对公司经济成功投资的意识,从而刺激个人的努力和首创精神

(资料来源:吉姆·柯林斯,杰里·波勒斯,2005.基业长青[M].真如,译.2版.北京:中信出版社.)

讨论题

1. 结合案例讨论3M创新机制的特点。
2. 3M公司创新机制与创新理念之间的是怎样的内在联系?

第 5 章

企业文化的演变及规律

学习目标

1. 企业文化的演变过程；
2. 企业文化雏形的生成、内容及特征；
3. 企业文化的传承和积累；
4. 企业文化的冲突和变革。

导入案例

通过前面几章对企业文化的静态分析和研究，编者对企业文化的要素和结构已经有了一个较为清晰的介绍。但在实践中仅做静态分析远远不够，企业文化是处于持续而缓慢的动态演变之中的。所以本章将对企业文化进行动态分析，揭示企业文化的演变过程及其内在规律。这有助于读者在把握企业文化变化趋势的基础上，更加科学有效地进行企业文化培育和文化管理。

【导入案例——乔布斯与苹果公司】

5.1 企业文化雏形的生成

5.1.1 企业文化雏形的生成过程

从文化学的角度理解，企业文化是企业经营管理实践的伴生物。企业自诞生之日起就开始了自己的文化生成，只是在企业的初创时期，企业文化也正处于萌芽阶段。此时，企业创始人属于"新官上任"，对经营企业也缺乏十足的把握，但其信仰、价值观、管理风格将渗透到企业经营管理的各个方面，其人品、胆识及处事风格也会影响着每一件事、每一个人。新雇用的员工希望尽快适应环境、尽快了解和适应企业管理者的管理方式和风格，但他们也有自己相对独立的价值观和需求。于是，在创始阶段各种想法、行为与制度等开始不断地"摩擦"和"碰撞"。

经过一段时间后，企业人员之间有了进一步的了解，每个人都对自己的角色有了更清晰的认识，对于在工作中如何与人打交道、如何做事也有了基本认知。此外，企业领导者能从中总结经验，提炼出解决问题的信念、方式与方法，并在以后的经营实践中推广运用和强化，这样企业文化的雏形就逐渐生成，其生成过程如图5.1所示。

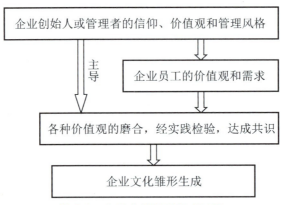

图5.1 企业文化雏形生成过程

企业文化雏形的生成过程表明，企业创始人的信仰、价值观和管理风格对企业文化雏形的生成起着主导作用，同时，企业员工的价值观和需求也起着重要作用。正是在两者的相互交流、影响和磨合中，才形成了共享的价值观念。

（1）企业文化雏形的生成以企业创始人的信仰和价值观为主导。

在企业创始阶段，没有完善的制度，企业管理的灵活性很高，控制力尚未具备，企业创始人必须严格掌控，并需要有持续的自我激励才能使企业发展由设想变为现实，安全度过脆弱的初创期并积聚令企业起飞的能量。在这一阶段，重要岗位通常由创始人或其亲信担任，创始人凡事须亲力亲为，可能缺乏长远的战略，也没有严密的计划、明确的职责分工和合理的授权，管理注重短期效果。在企业的经营运作中，企业创始人以自己信奉的价值观影响、引导员工，并以身示范，让企业员工明白在企业中应该做什么，不应该做什么；同时创始人对符合其价值观的人予以选拔和提升，对符合其价值观的行为进行物质支持和精神鼓励，而对不符合其价值观的行为和观念进行纠正，甚至对不符合其价值观的人予以淘汰和辞退。企业创始人的信念、价值观和设想在实践运作中，有些成功，有些不成功。如果经过实践检验被证明是正确的，就会普遍地被员工接受和认同，成为人人认同和遵守的行为模式。

在上述过程中，企业创始人主要通过以下机制将其价值观转变成企业文化的源泉：①将其价值观作为组织关注、评估和控制的标准；②要求员工根据其价值观对关键事件与组织危机做出反应；③在组织报酬分配上体现其价值标准；④根据其价值标准组织人员招聘、选拔、晋升、辞退等。

企业文化源于企业创始人的价值观。一个富有特色的企业文化风格的形成，与企业创始人的智慧与精神密不可分。企业创始人往往是企业文化的创造者、培育者、倡导者、组织者、指导者、示范者和激励者，其创业意识、经营思想、工作作风、管理风格，以及意志、胆识、魄力、品格等都直接影响着企业文化的品质和内涵。

索尼公司创始人井深大的"说明书"

1945年，在日本战败后的废墟中，井深大创立索尼公司，他在东京市区一栋遭到轰炸的旧百货公司里租用了一间废弃的电话总机房，靠7名员工和1600美元的个人储蓄开始创业。在残破的废墟中，他陷入了深深的思考：最先应该做什么？怎样筹集周转资金？从事什么业务？提供产品还是服务？

创业之初，除了勉强应对日常生存外，他还做了一件事——替自己新创立的公司确定了经营理念。1946年5月7日，离井深大迁到东京不到10个月，远未赚到多余的周转资金之时，他就替公司制定了一份公开"说明书"，其中包括以下文字（原文过长，以下仅为摘译）。

如果组织能够建立一种环境，让员工能够靠坚强的团队合作精神团结在一起，并全心全意发挥他们的科技创新能力……那么，这种组织便可以带来无尽的快乐和利益……志趣相投的人自然会结合起来，推动这些理想。

1. 公司目标

(1) 构建一个工作场所，让工程师们能够感受科技创新的快乐，理解他们对社会的使命感，并心满意足地工作。

(2) 动力十足地追求科技活动，以及用生产来复兴和提升国家文化的行动。

(3) 把先进科技应用在公众生活中。

2. 管理方针

(1) 我们要消除任何追求利润的不当行为，始终强调实用与根本的工作，而不是只追求成长。

(2) 我们欢迎科技上的挑战，并且专注高度精密、对社会有重大用处的技术产品，而不计较数量的多寡。

（3）我们要把强调的重点放在能力、表现和个人品格上，以便使每个人在能力和技术上都有最好的表现。

试想：有多少初创企业会把这种理想主义情操写进创业文件中？有多少创始人在拼命赚钱维持生机之时，就有这么宏大的价值观和使命感？纵观索尼公司的历史，井深大提出的公司理念在引导公司前进上起了重要的作用。

（资料来源：崔在惠，1998. 逆境中的神话创造者：索尼公司创始人井深大的传奇经历［M］. 哈尔滨：黑龙江人民出版社。）

（2）企业文化雏形的生成以员工群体的价值认同和内化为标志。

企业文化虽然源于企业创始人和企业高层管理者，但只有当这些价值观念在企业经营实践中经过反复的磨合，被企业人员所感知、认知、体悟，并得到全体人员普遍认同、内化和实践时，才能真正成为企业文化的一部分。

员工的价值认同和内化过程如图 5.2 所示，员工首先在企业的运作实践中接触信息（包括各种人和事），从中感知价值观（这里的"感知"即以其特定的方式选择、解读管理者传递的价值观），其次反复体悟和验证该价值观，再次认同和接受价值观并进一步强化，内化为坚定不移的信念，最后在实践中自觉践行这一价值观。

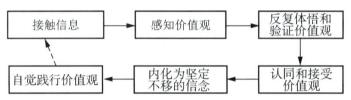

图 5.2　员工价值观认同和内化过程

当企业创始人和管理者通过一定的要求、行为、制度、事件将其价值观传递给员工时，员工能否正确、充分地解读和感知呢？据研究证明，人们对文化的感知是有选择性的。正如历史学家孙隆基认为，对任何外来的精神系统来说，本土文化的"感知系统"就像一个变压器，必须使这些因素像电流一般透过其中，才能发挥效用。企业组织中不同员工有着不同的人生信念和价值取向，他们会不自觉地以自己的价值观念、知识背景与行为习惯来对工作中遇到的事物进行评判，即使他们看到的是同一件事情，但内心的判断可能会有很大差异。例如，对待加班，有的敢于直接拒绝，认为这侵犯了他们的合法休息权；有的员工虽然也认为不合理，但会迫于就业竞争压力而选择屈从；而有的则认为这是机会，只要企业能给予合理的报酬，何乐而不为呢？

可见，员工的价值观和需求构成了他们感知和认同企业管理者价值观的不同背景。因此，企业文化雏形的生成过程就是企业初创时期企业内各种价值观的磨合过程，这一过程其实也是共同学习的过程。虽然以企业创始人的价值观为主导，但在一定程度上也吸收了普通员工的价值观和经验，并能调适创始人开始的价值设想。

当然，这里还必须指出的是：每个企业都是存在于多样化环境中的一个开放系统，外部环境、系统内部环境共同影响着企业管理者和员工的价值观，企业文化雏形是在诸多因素的共同作用下生成的。

5.1.2　企业文化雏形的主要内容和特征

在企业文化雏形中，企业创始人的领导风格和员工激励机制、工作氛围、组织架构、企业所在行业的特殊要求等构成了其主要内容。企业文化雏形主要有以下3个特征。

(1) 创始人文化即企业文化。

企业创始人对企业文化雏形的生成起着至关重要的作用，可以说企业文化即创始人文化。在企业初创期，没有清晰的战略，没有完善的制度，一切依赖于创始人。此时，由创始人唱"独角戏"，企业文化是一种简单高效的"人治文化"。

(2) 企业文化处于原生态阶段。

企业文化虽然生成，但还是处于一种"无序"与"随机"的自然自发的原生态状态。创始人或创业团队缺乏文化自觉，尚未将企业文化纳入管理视野之中，他们既没有给企业文化以明确的发展方向，也没有把企业文化作为一种有效的管理手段。但创业者所建立的基本价值观念往往成为企业文化的核心，是奠定未来企业文化个性、走向的基础。

(3) 高执行力和"干、干、干"的信念和氛围。

初创期企业都是为了生存而奋斗，员工最重要的是执行，上上下下弥漫着"干、干、干"的信念和氛围。此时，企业组织架构简单，员工直接接受创始人的领导，具有很高的执行力，常常是创始人指向哪里，员工就迅速冲向哪里。企业创始人权力集中，决策高效。

虽然创业企业的文化处于一种萌芽状态，体系结构极不完善，但却是一种客观的真实的存在，它体现在员工共同的认识和行动里，蕴涵在企业的物质环境里，反映在企业的管理制度与管理风格里。

接下来，从一家创业企业里发生的几件小事来分析该企业文化雏形的几个侧面。

① 今年企业效益不错，年底老板给每个员工都发了金额不等的"红包"。

② 小李来这家企业一年多了，在此期间，他表现出很强的工作能力，也自认为业绩比较突出。在年底的庆功宴上，老板还主动和他喝了一杯酒。小李虽然表面上不在乎，但在内心里，他迫切希望得到老板的肯定，哪怕是一次私下的面对面谈话。

③ 小张是一个颇有头脑的人，他对如何改进工作有一些设想，也很想将自己的想法告诉老板，但又担心同事们的冷嘲热讽，也担心他的想法在老板看来很幼稚，更不愿"大出风头"，所以始终没说。

尽管上面所说的都是一些小事，但小事的背后却是文化。①发红包。即便是红包里的金钱数额有较大的差别，但"每人都有"的事实在一定程度上反映了老板照顾所有员工的面子，强调"平等"的心态。"平等"就是该企业文化的一个重要组成部分。②庆功宴上老板主动和小李喝酒。老板委婉地表示了对小李的鼓励，反映了中国文化"含蓄"的一面。另外，员工自认为的"业绩比较突出"，在企业高层管理者看来也许并不突出，因为员工一般从自己的角度看问题，而高层管理者则是从全局的角度看问题，个别部门个别员工的突出业绩在整个企业里，也许只能属于中等水平。但是，不管小李的业绩是否真的突出，老板迟迟"不表态"的事实一方面更加印证了该企业"含蓄"的文化，另一方面也显示出老板在人才培养上不够主动，企业的激励机制也不够完善。③小张改进工作的设想始终没说，反映出该企业缺乏民主管理，没有"发动群众"参与管理，没有做到"群策群力"，更没有良好的氛围。另一方面，也可以看出中国传统文化中的"中庸之道"对企业文化的影响。

5.2 企业文化的传承与积累

任何一个企业的文化从青涩到成熟都是一个传承和积累的过程。这一完善过程伴随着企业的成长发展持续进行。企业在生存和发展的过程中,不但会面临外部环境的变化,在企业内部也会面临着人员流动、高管更迭、组织架构调整或组织规模变动等变化,这些因素的变化会对企业文化雏形造成一定的冲击,也因此会给企业文化带来了传承与积累的问题。

5.2.1 企业文化的传承

1. 企业文化传承的概念及重要性

企业文化传承就是指企业文化的某些特质逐渐沉淀,凝聚成适合企业发展的文化传统,经过一代又一代地传递和继承,最终越来越丰富,越来越特色鲜明。

企业文化传承十分重要,是企业文化发展的基础。它既辅助企业文化的生成,又使企业文化传统得以继承、发扬。国际著名的兰德公司经过长期研究发现,"高瞻远瞩公司"都有一个共同特征,那就是有一套坚持不懈的核心价值观,有其独特的、不断丰富发展的优秀企业文化。

 资 料

在《基业长青》一书中,詹姆斯·柯林斯和杰里·波勒斯的研究结论是:关键的问题不在于公司是否有"正确的"或者"让人喜爱的"核心价值观,而在于是否有一种核心价值观能够持续地对公司进行指引和激励。

我们在研究18家"高瞻远瞩公司"的核心价值观时发现,虽然有一些理念同时出现在不少公司中,比如贡献、团结、尊重员工、服务顾客、走在创造或领导的前列、对社区负责等,却没有一条理念被所有公司所共同信奉。

(1) 有些公司,像强生和沃尔玛,把服务顾客作为公司核心理念,但索尼和福特汽车却并非如此;

(2) 有些公司,像惠普和马里奥特,把关心员工作为公司核心理念,但诺思通和迪斯尼却并非如此;

(3) 有些公司,像索尼和波音,把大胆的冒险作为公司核心理念,但惠普和诺思通却并非如此。

总之,我们并未发现任何特别的理念内容与成为"高瞻远瞩公司"息息相关。研究显示,理念的真实性和公司一贯坚持理念的程度要比理念的内容重要。"高瞻远瞩公司"会坚持对员工灌输核心理念,创造出以这一理念为核心的强有力的文化;会谨慎地根据是否符合核心理念来培养和选择高层管理者;在诸如目标、策略、战术和组织设计等方面,能够始终如一地贯彻核心理念。

(资料来源:吉姆·柯林斯,杰里·波勒斯,2005. 基业长青[M]. 2版. 真如,译. 北京:中信出版社。)

2. 企业文化传承的途径

一般来说,企业文化传承的途径包含以下7条。

(1) 企业创始人及其管理者的意识、行为、作风、要求,他们的个人示范作用和对员工的要求,构成企业文化传承的重要途径。企业创始人在企业文化传承过程中往往兼有双重角色,既以神话色彩的企业英雄形象出现,又以现实世界里企业文化的号召者、示范者、传播者形象出现,企业创始人还通过由其选拔和培养的一批志同道合的企业管理者来传承企业文化。

(2) 企业考核、晋升制度等各种员工管理制度的执行,是企业文化传承的重要途径之一。随着企业制度的执行,其所承载的价值观念被付诸实践,并在企业人员中得以反复强化。如案例5-2中所分析,从企业内部提拔人才的制度,是企业文化在员工中间渗透和传承的重要途径。

(3) 企业英雄的种种故事与事迹等,是企业文化传承的一条重要的隐形通道。它在企业文化传统的继承过程中发挥着极为特殊的作用。企业文化经常会借助企业英雄的感召力和企业员工对其特殊崇拜的心理,达到传播或扩散的目的。

(4) 通过以语录、标语、标记、口号、雕塑等价值符号为载体传承企业文化。企业文化是无形的,需要通过语录、标语、标记、口号、雕塑等符号清晰地表达,延续员工对企业文化传统的传承。

(5) 通过一系列活动、仪式在企业内部传承和强化企业文化。例如,美国大多数企业的鸡尾酒会,日本企业的忘年会及节假日野餐会,中国许多优秀企业的团拜会、唱厂歌、集体旅游、联欢会等活动,都是企业文化传承的重要途径。

(6) 通过各种宣传媒介传承企业文化,如内部刊物、板报等。在信息时代,网站、微信等媒介皆具有发布信息灵活、成本低、速度快、覆盖面积大等特点,不仅能保证信息的时效性和真实性,而且能增强员工的积极性,实现企业与员工的互动,达到信息交流和宣传企业文化的目的。

(7) 企业亚文化作为企业主流文化以外的各种非主流文化和小团体文化,通过自己的组织体系在企业员工中得到传承。

5.2.2 企业文化的积累

1. 企业文化积累的概念

企业文化积累是指企业文化新特质不断产生和沉淀的过程。企业文化新特质包括企业发展过程中生成的新文化,也包括通过文化交流从异质文化中吸收的适合于企业自身发展需要的成分。这种积累往往是以原有文化为基础而进行的一种量的增加和质的深化。"量的增加"使企业文化内容体系逐渐丰富,臻于完善,"质的深化"使企业文化的个性和特色逐渐形成和显现。

据吉姆·柯林斯和杰里·波勒斯研究,在一些全球著名公司中,有些公司的创始人在创业之初就清晰地规定了公司的核心理念,为企业文化奠定了基石。例如,罗伯特·约翰逊在孕育强生时就对公司使命有了一种认知:减轻病痛。这些公司企业文化的积累在一开始就有一个强有力的核心,积累过程则侧重量的增加。但也有一些公司在逐步演变和发展成大公司时,富有个性和特色的核心理念才逐渐清晰起来。例如,惠普和摩托罗拉,这些企业文化积累时更富意义的是质的深化。

企业文化积累的效率与企业发展和文化自觉相关。管理者文化自觉越高,企业文化积累的效率越高;如果管理者没有文化自觉,那么企业文化积累效率越低;当人们既能认识到企业文化积累的重要性,又能自觉进行企业文化积累的时候,企业文化积累的效率就可以提高。但企业文化积累毕竟与物质财富的积累不同。如果违背企业文化积累的规律性,不顾主观、客观条件,拔苗助长,也是达不到好的效果的。

2. 企业文化积累的方向

企业文化的积累主要在两个方向上进行,即企业文化正向积累和企业文化负向积累。企业文化正向积累是健全的、优良的企业文化自我完善的过程,企业文化负向积累是病态企业文化不断累积与恶化的过程。本教材限于篇幅只讨论正向积累。

一般说来,正向的企业文化积累主要有以下 4 种方式。

(1) 作为企业文化的主要发端者,企业创始人依据其视野、认识、经验、知识与思想境界,靠其洞察力、想象力、创造力和崇高的威望,不断地推进企业文化的生成和积累,使企业文化体系不断丰富而臻于完善。

(2) 企业历代管理者的传承和发展。许多优秀的企业文化积累,均得益于企业历代管理者对企业文化传统的一脉相承和不断积累。例如,美国的福特、洛克菲勒等家族企业文化的不断丰富和发展,无疑得益于几代家族企业家的共同创造。

美国通用电气公司(GE)的 CEO 们

杰克·韦尔奇 25 岁研究生毕业就进入美国通用电气公司(GE),这是他的第一份全职工作。1981 年,杰克·韦尔奇在 GE 工作 20 年后走马上任,成为 CEO。10 年后,他成为这个时代的传奇人物。《财富》说:"他是当代公认的首屈一指的企业变革大师。"事实上,GE 拥有一大批像杰克·韦尔奇一样杰出的 CEO。如杰克·韦尔奇的前任雷金纳德·琼斯曾在《美国新闻与世界报道》杂志 1979 年和 1980 年的两次调查中被评为"当前美国企业界最有影响力的人",并顶着"美国最受崇敬的企业领袖"的美名退休。

从 1915 年起,GE 在不同 CEO 的领导下表现都很出色。杰克·韦尔奇之所以在 GE 7 个不同时期的 CEO 排名中并不是第一的,是因为在过去的 100 年中,GE 的最高管理层一贯拥有卓越的表现。

拥有像杰克·韦尔奇一样的 CEO 令人赞叹,然而在公司运营的各个时期里都有像杰克·韦尔奇一样的 CEO,并且全部都由公司内部培养,这才是 GE 卓越的关键。GE 的 CEO 平均在位时间是 14 年,他们在领导 GE 过程中,精心传承公司文化的核心,刺激健全的变革和进步。

美国学者吉姆·柯林斯和杰里·波勒斯在 1988—1994 年,一直坚持一种"漫长、费事、彻底而吃力"的程序,采用严格的标准,从《财富》500 强工业企业和服务类企业两种排行榜中选出 18 家"高瞻远瞩公司",并且系统地为每家公司精心挑选一家对照公司进行追根究底的研究,最终成果就是《基业长青》一书。该书的基本观点之一就是:这 18 家公司之所以高瞻远瞩、基业长青,是因为他们在漫长的发展中既能保持核心价值观又能刺激进步。而从企业内部人才中培养、提升和慎重选择管理人才,是保存企业核心要素的关键步骤,如图 5.3 所示。这是一种核心价值观的传承及强化程序。缺少其中任何一环都会导致管理断层,迫使公司向外部寻找 CEO,从而使企业可能淡化、偏离甚至摧毁其核心价值观。在 1860—1992 年,18 家"高瞻远瞩公司"中只有两家公司曾直接到公司外面聘请 CEO。换句话说,"高瞻远瞩公司"和对照公司的最大差别不是管理者的素质,而是优秀管理者的一贯性,即保持核心价值观的一贯性。

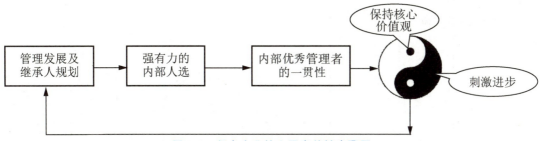

图 5.3　保存企业核心要素关键步骤图

（3）子公司创始人完成的亚文化创新。在坚持母公司企业文化基本特征的前提下，大量吸收行业文化和当地文化中符合企业发展的因子，剔除其不符合企业发展的部分，从而建立起与母公司企业文化既有联系又有区别的子公司企业文化。这种亚文化创新是在继承母公司文化基础上的创新，其核心价值观是共享的。

（4）对内生和外生文化创新进行合理吸纳、积淀，融合成自己的文化传统。企业文化新特质来源于两个方面：一是企业自身的不断创新，即内生文化创新；二是学习、借鉴其他企业文化经验，即外生文化创新。当企业管理的变革创新通过实践检验或文化的引进借鉴，融入企业文化体系中并具有文化功能时，企业文化的积累也就实现了。例如，第二次世界大战后，丰田公司吸收西方质量管理理念和方法，并将其发展成全面质量管理文化。

企业文化的传承和积累需要经历几代人的不懈努力。第一代人在创业过程中形成共有观念，形成企业文化雏形；第二代人继承了文化传统，继续实践和完善，逐渐显现出特有的文化气质、性格和风貌；第三代、第四代人沿着企业文化的传统轨迹，不断发展着企业文化，充实新内容，使其保持活力。企业文化积累是无止境的，只要企业存在，企业文化的积累就在进行。

5.3　企业文化的演化

5.3.1　企业文化的自然演化

企业文化的生成、传承、积累构成了演化中的企业文化。埃德加·沙因等一些学者认为企业文化具有动态性质，内外环境的变动使企业面临着压力，这也迫使着企业进行学习与适应。企业在各发展阶段会面临着不同的内外部矛盾，相应地，企业文化也面临着不同的阶段性任务。

5.3.2　企业文化的发展周期

由于企业发展与文化发展密切相关，因此可以借助企业生命周期的概念来认识企业文化的运行状态和规律。

许雄奇、赖景生提出"企业文化生命周期"的概念，如图 5.4 所示。此周期将企业文化的发展分为建立期、成长期、成熟期、衰败期 4 个阶段。

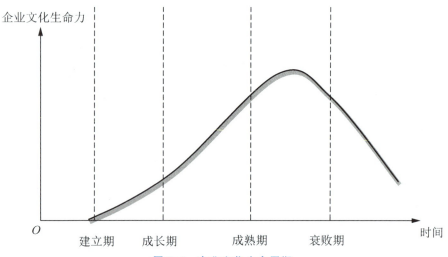

图 5.4 企业文化生命周期

王效俐、安宁认为,企业文化发展将经历变革、稳定、衰退 3 个状态,并在此基础上把企业文化的生命周期分为行动、文化的凝聚与保持、偏离与惰性、危机、混乱、众望所归的领导、反省与创造、抉择等反复循环的 8 个阶段。

李海、郭必恒、李博提出了"企业文化发展曲线",将企业文化的发展细化为萌芽、觉醒、积累、体系化、成熟 5 个阶段。

事实上,在企业有意识的管理行为下,企业文化由最初的价值观、行为方式及其相关结果集合所处的萌芽阶段,经过发展最终演进至成熟的阶段。这种企业文化演化的内容,再辅以企业文化发展曲线,便可以综合成企业文化动态演化曲线(图 5.5)。企业文化动态演化曲线由两部分组成,上半部分是企业文化演化发展的可能阶段,下半部分是企业文化从最初的萌芽阶段演进到成熟阶段的示意。特定的企业文化在发展过程中,并不都是循序渐进的,有可能会跨越其中几个阶段。

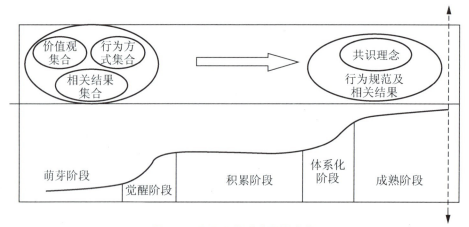

图 5.5 企业文化动态演化曲线

需要补充的是，发展至成熟阶段并不意味着企业文化的动态演化就此停止。恰恰相反，成熟后的企业文化仍需要根据企业内外环境的变化而不断演化，它存在3种变化的可能，一是优化与创新（持续发展），二是变革，三是衰败，成熟后的企业文化变化的3种可能如图5.6所示。

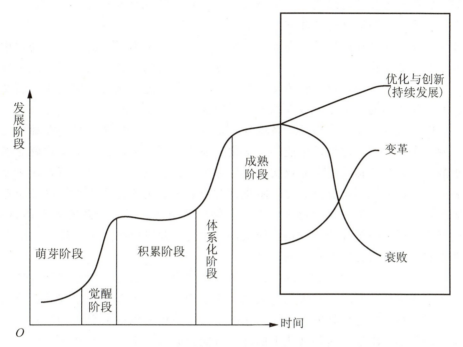

图5.6　成熟后的企业文化变化的3种可能

5.4　企业文化的冲突与变革

5.4.1　企业文化的冲突

1. 企业文化冲突的含义

企业文化冲突是在企业文化发展过程中，不同特质的文化在交流时产生的撞击、对抗和竞争。企业文化冲突产生于文化差异。企业文化在发展过程中，冲突是不可避免的，而且正是由于企业文化冲突的存在，才推动了企业文化的进步；如果企业内部没有文化冲突，企业文化没有生机，多半已进入衰退期，迟早会被淘汰。企业文化冲突的结果，或是融合异质文化元素，使自身的企业文化得到丰富和发展；或是调整自身企业文化特质适应对方的企业文化。

2. 企业文化冲突的类型

企业文化冲突的类型可分为企业传统文化与新文化的冲突、企业主文化与亚文化的冲突、企业群体文化与个体文化的冲突。

（1）企业传统文化与新文化的冲突。

经过若干年的发展，企业内部已经形成了具有本企业特色的文化体系，创始人、老员工会沿袭已经习惯的工作方式和思维模式，不肯接受时代新思想。而新时代的管理者、新员工则认为老的办法、过去的经验和传统的思维模式已经不适用新时代的要求，不利于企业的发展。因此双方在管理思路、决策模式、做事风格等方面可能会产生冲突。

（2）企业主文化与亚文化的冲突。

企业主文化与亚文化的生成和发展可能是同步也可能是不同步的。在大公司中，部门亚文化或子公司亚文化往往各有各的特点。随着亚文化的成长和壮大，就可能引发企业主文化与亚文化之间的冲突，包括整体文化与局部文化、正统文化与异端文化、新文化与旧文化等各种文化之间的冲突，大致有以下三种情况。

第一，由于决定企业文化的环境系统发生根本变化，企业主文化与企业环境已不相匹配，但企业的主要管理者却维护企业的主文化。在这种情况下，企业主文化就必然与企业自发出现的（可能是优良的）企业亚文化发生冲突。企业主文化往往凭借企业主要管理者的权力和影响力拼命压制企业亚文化，阻止其对企业主文化的替代。对于这种企业文化冲突，似乎很难依靠正常的文化沟通来解决，只能借助企业高层管理者的人事调整来实现。例如，国有企业通过引进外资或战略合作伙伴、改变企业股权结构和治理结构的办法，来达到企业主文化与亚文化转换的目的。

第二，企业主文化已达到健全的、优秀的、高度成熟的状态，处于抛物线的顶点，然后将慢慢地失去优势。同时，有可能代表企业未来价值观、未来文化范式的企业亚文化却在逐步地发展、壮大。这种新的企业亚文化的生长，不可避免地会受到仍旧具统治地位的企业主文化的压制、阻挠。这种文化上的冲突可能会通过主文化和亚文化的代言人及其阶层的语言、思想、行为上的交锋而表现出来，也可能采取并不剧烈的方式。例如，通过观念的矫正、心灵的沟通、管理层的调整、各种形式的对话等方式，使企业主文化让位于企业亚文化。那些继承了企业文化传统，又在企业成长的关键时期适时、大胆地发展了企业主文化，从而使企业文化一直保持着先进状态的企业，都发生过或多次发生过这种调整。

第三，企业主文化已成为过时的、衰败的文化，但企业大权仍旧握在这种旧文化信奉者的手中，企业人员仍旧沿着原有文化惯性行事。另外，企业亚文化还没有足够的影响力替代主文化，即使在企业陷入深深危机的情况下仍旧没有适当的机会击败企业主文化。这种情况下的企业文化冲突往往直接通过企业运作的低效、衰败的加速而表现出来。事实上，通过加速一种文化共同体的衰败和解体以促进企业文化的大转折是不得已而又行之有效的。例如，克莱斯勒汽车公司作为美国第三大汽车企业，有值得骄傲的光荣历史。在生产与设计新车方面，有引领市场的文化传统，但当前福特总裁雅科卡接管这家企业之前，当时的克莱斯勒不但丢掉了以往的优良传统，还出现了全面衰败、即将崩溃的迹象，面临着几乎置企业于死地的重大危机。直到雅科卡的到来，才推动企业文化的冲突向好的方向转化，从而挽救了濒于衰败的克莱斯勒，使其免于破产。

（3）企业群体文化与个体文化的冲突。

优秀的企业文化总是一种使企业群体行为与企业个体行为、企业群体意识与企业个体意识、企业群体道德与企业个体道德大体上保持和谐的企业文化。但这不等于优秀的企业文化从未有过群体与个体文化之间的冲突，也并不等于企业总是能轻易解决这两者之间的矛盾。

企业群体文化与企业个体文化之间的冲突除了由社会文化传统、社会制度与体制文化等因素造成，还有以下 6 个因素。

① 外来的文化个体尚未熟悉企业群体文化，尚未被企业群体文化认同时产生的文化冲突。

② 由于利益诉求造成的企业个体文化与企业群体文化之间的冲突。

③ 由于观念、认识原因造成的企业个体文化与企业群体文化之间的冲突。

④ 企业群体文化陈旧、过时，已远远不能适应活跃的、先进的企业个体文化需要的文化冲突。

⑤ 企业个体文化完全基于个人意愿、偏好，无视企业整体利益、他人利益，从而形成企业个体文化和群体文化之间的冲突。

⑥ 企业个体因对企业群体代表或企业群体象征的不满和反感，引起对企业群体文化的反感和不满，从而导致企业个体文化与企业群体文化的文化冲突。

3. 企业文化冲突的管理

企业文化冲突会给企业带来深远影响，只有有效管理企业文化冲突，才能避免其带来的不良后果，并使企业文化的开展变得更有活力和效率。跨文化组织管理专家南希·爱德勒提出了解决企业中文化冲突的 3 种方案。

（1）凌越。凌越是指组织内一种文化凌驾于其他文化之上，扮演统治者的角色，组织内的决策及行为均受这种文化支配，而持另一种文化的员工或外部成员的影响力微乎其微。这种方式的好处是能够在短期内形成一种统一的组织文化，缺点是不利于博采众长，其他文化将受到压抑，成员易产生反感情绪，加剧冲突。

（2）妥协。妥协是指两种文化的折中与妥协。只有当彼此间的文化差异较小时，才适合采用此法。

（3）融合。融合是指不同文化在承认、尊重彼此间差异的基础上，相互尊重、相互补充、相互协调，从而形成一种全新的和谐的组织文化。

5.4.2 企业文化的变革

企业文化经过长期积累和沉淀逐渐形成，并作为全体成员的信念、传统、习惯和价值观的结晶，成为成员深层心理结构中的基本部分，因而它会在较长时间内对成员的思想、感情和行为发挥作用。与此同时，企业文化的稳定性是相对的。随着企业自身的成长和外部经营环境的变化，企业文化会产生各种冲突，冲突的激化便会引发企业文化的变革。

1. 企业文化变革的实质

企业文化变革是指企业文化整体结构的改变，表现为企业全体成员新旧价值观的冲撞、冲突和更替的过程，是企业成员从认知到行为两个层次改变的结果。

企业文化变革涉及价值观念、制度规范、行为方式、物质环境等一系列的改变，但其实质是价值观的变化，即企业组织或全体企业成员放弃原有的评价标准、行为选择体系，创造或接受新型的评价标准、行为选择标准体系。始于观念的变化，终于员工行为习惯的改变和企业新风尚的形成，实质是企业信念深层次的变革。

2. 企业文化变革的动因及阻力

(1) 企业文化变革的动因。

企业文化具有相对稳定性，只有在企业内外环境发生根本变化时才会导致企业文化的变革。特伦斯·迪尔与艾伦·肯尼迪在《企业文化：企业生活的礼节和仪式》中也指出：企业文化变迁的最大影响因素就是企业环境的变化。当企业生存、发展的内外部环境发生根本性变化，原有文化体系不再适合企业的使命，难以适应企业经营发展的需要时，企业文化变革的需求就应运而生了。

(2) 企业文化变革的阻力。

正如美国《幸福》杂志所说：企业文化是一种真实而有力量的存在，也是一种难以改变的存在，试图改变文化的行为在企业内外很少得到支持。如果在修正企业战略时碰到文化问题，最好是避开它。如果不得不直接干预，请务必谨慎从事，不要对文化变革寄予厚望。由于企业文化稳定、持久、牢固而不易改变，企业文化变革往往遭遇重重阻力。在变革开始后，进展可能缓慢，甚至还有可能出现各种反复与倒退。因此，有必要对企业文化变革阻力产生的原因加以认识和分析。

企业文化变革的阻力来自企业员工，原因主要有以下 3 个方面。

① 缺乏危机意识。员工没有真正意识到企业文化变革的必要性和迫切性，尤其是在企业潜在的危机还没有暴露时，企业员工因缺乏危机意识，没有变革需求，对自上而下的变革缺乏参与的热情，甚至抵制。

企业管理实践证明，企业文化变革与企业危机像一对孪生兄弟，彼此紧密联系：a. 企业危机把企业文化共同体逼到最危险的境地，或解体、倒闭，或设法起死回生，两者必居其一，这就要求对企业危机根源进行深刻的剖析；b. 多数情况下，过时的、僵化的企业文化恰恰是造成企业危机的根源；c. 企业危机唤醒了人们的觉悟。危机使得企业全体成员的心灵受到震撼，危机把文化冲突的直接、可怕和灾难性结果呈现在他们面前，使他们深深地懂得，作为一个企业文化的主体，选择什么样的企业文化涉及企业群体和成员个体的命运和前途，从而为企业新文化传统的形成提供了心理准备。

"穷则思变"，抓住危机之机进行企业文化变革，确实能有效地减少企业文化变革的阻力。因此，掌握了企业文化变革与企业危机这一规律，在危机真正来临之前就可以启动文化变革。只要领导者善于发现、利用甚至创造企业危机，传递危机感，将危机意识灌输进每个员工的头脑中，员工就会认识到企业潜在的危机，从而产生焦虑感和不安感，产生对原有文化的怀疑，文化变革的需求和动力也就在员工内心产生。

② 既得利益受到影响。企业文化变革的过程相当复杂，会使企业内部各种物质利益关系受到冲击，很多人反对文化变革是出于物质利益。变革必然会改变原有的企业状态，当人们从现有的组织体制中得到的回报越多时，他们就越有可能反对打破现有状态的改革。这是因为他们会担心现有的权利、地位、金钱等一些个人或小群体利益会随着变革而付诸东流。

③ 害怕不确定性。企业文化变革相当深刻，是企业所有变革中最深层次的变革。它不仅涉及表层文化的改变，还涉及深层文化的改变，如企业成员的基本价值观念、思维习惯、行为方式、心理的转变。因此，企业文化变革打破了人们熟知的规则和习惯，甚至要

改变他们原本信奉的原则,去接受和认同一些新的、不确定的东西。因此他们对文化变革可能持反对态度。

值得一提的是,员工抵制变革不一定都是坏事,它可能会给企业带来好处。员工的抵制或阻力将迫使变革的倡导者认真考虑员工的意见,找到问题的焦点并进行微调。当企业文化变革遇到阻力时,用强硬的态度压下去是不可能奏效的,因为企业文化最终需要员工的认同。因此,要反复沟通,让员工知道企业文化变革的迫切性,理解文化变革与员工利益的关系,并让员工参与到变革之中,从而减少阻力,创造出一个有利于企业文化变革的良好环境。

3. 企业文化变革的过程

企业文化变革是一个复杂而艰难的系统工程,任何部门和个人都不能期望毕其功于一役。它必须通过一系列措施,并且在实践中不断强化,管理者倡导的价值理念才能落地生根。在此过程中,文化变革也可能半途而废、前功尽弃。

对于企业文化变革过程,美国学者库尔特·勒温提出的"三阶段模型"得到了学界普遍的认同。库尔特·勒温认为企业文化变革包括3个阶段:解冻、变革、再冻结,如图5.7所示。

图 5.7　库尔特·勒温的企业文化变革"三阶段模型"

(1) 解冻。先要审视和反思原有的企业文化,挖掘出深层的基本假定,并与企业目前的内外环境加以比较,找出原有企业文化过时的内容,对它已经或者可能造成的经营上的危机进行充分的评估,从而促使企业成员感受到变革的迫切性。再按照企业发展的要求创立新的企业文化,并刺激企业成员去改变态度,改变旧的习惯和传统。此阶段的核心是企业人员对旧文化中过时的成分进行确认和剔除。

(2) 变革。变革主要指企业人员的认知和行为方式的改变。通过企业的大量宣传和企业成员之间的沟通、学习、实践等行为,使企业文化的新内容为企业成员认可和接受,真正成为企业成员共享的价值观和行为准则。此阶段的核心目的是通过企业人员对新文化的认同和内化高效地加速变革的进程。

(3) 再冻结。再冻结是指利用必要的强化方法使新的态度和行为方式固定下来,使之常态化、持久化。为了确保变革效果的稳定性,要使企业成员有机会来检验新的态度和行为是否符合自身的具体情况,还要使企业成员有机会检验与其有重要关系的他人是否接受和肯定其新的态度和行为。由于群体在强化个人态度和行为方面的作用是很大的,库尔特·勒温认为变革计划也应包括那些企业成员所在的群体,群体成员彼此强化新的态度和行为可以使个体员工的新态度和新行为更持久。

企业文化通过长期的积淀而逐渐固化,它将阻碍一切不符合自己特性的变化发生,而这一切都是在人们不知不觉中进行的。这种固化会助长企业官僚化的发展,人们因为不愿触犯制度而因循守旧;个人和部门都极力维护各自的利益,而忽视企业整体利益。因此,对于现代企业而言,企业文化的变革是不可避免的,而且伴随着科技进步加速,工业社会信息化迅猛发展,企业文化变革节奏将会加快,这就迫使企业正视现实,遵循文化变革的步骤,主动寻求时机,系统有序地实施企业文化变革。

本 章 小 结

本章对企业文化进行了动态分析,揭示了企业文化生成、演变的基本过程,即企业文化雏形的生成、企业文化的传承与积累、企业文化的冲突与变革。企业文化雏形的形成是企业初创时期企业内各种价值观磨合的结果,它以企业创始人的信仰和价值观为主导,以员工群体的价值认同和内化为标志。企业文化雏形的主要内容包括企业创始人的管理风格和企业的员工激励机制、工作氛围、组织机构、企业所在行业的特殊要求等。企业文化雏形虽然初具体系,但仍处于一种"无序"与"随机"的自然自发状态中。

任何一个企业的文化从雏形到成熟都有一个传承和积累的完善过程。企业文化传承就是指企业文化的某些特质逐渐沉淀下来,凝聚成适合企业发展的文化传统,被企业人员一代又一代地传递和继承的过程。传承的途径主要有:企业创始人及其管理者的个人示范作用和对员工的要求;企业考核、晋升制度等各种员工管理制度的执行;企业英雄的故事与事迹;语录、标语、标记、口号、雕塑;企业的活动、仪式和宣传媒介等价值符号传播;企业亚文化等。企业文化积累是指企业文化新特质的不断生成和沉淀的过程。从企业文化积累的方向来看有正负之分。企业文化正向积累是健全的、优良的企业文化自我完善的过程,企业文化负向积累是病态企业文化不断累积、恶化的过程。

企业文化冲突是企业文化发展过程中不同特质的文化在交流时产生的撞击、对抗和竞争。其表现形式就是主文化与亚文化的冲突。企业文化冲突激化引发企业文化的变革。企业文化变革是指企业文化整体结构的改变,表现为企业全体成员新旧价值观的冲撞、冲突和更替的过程。企业文化变革涉及价值观念、制度规范、行为方式、物质环境等一系列的改变,但其实质是价值观的变化。企业成员会因缺乏危机意识、既得利益受到影响或因害怕不确定性而抵制企业文化变革。企业管理实践证明,企业文化变革与企业危机存在着紧密联系。企业文化变革一般要经过解冻、变革、再冻结3个阶段,是一个复杂而艰难的系统工程。

习 题

(1) 企业文化雏形是怎样形成的?
(2) 企业文化雏形的内容和特征是什么?
(3) 什么是企业文化的传承?企业文化传承的具体途径有哪些?
(4) 什么是企业文化积累?正向的企业文化积累通过哪些方式进行?
(5) 企业主文化与亚文化冲突的原因有哪些?
(6) 企业文化变革是一个怎样的过程?
(7) 企业文化的演变有怎样的规律?
(8) 你认为企业文化变革与企业组织变革有何异同?
(9) 结合某一企业,分析其企业文化演变中存在的主要问题。

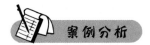 案例分析

化蛹成蝶——苹果公司的创新与蜕变

苹果公司是全球最具创新精神的企业之一。苹果公司的发展史本身就是一部锐意进取的创新史，但在最初，苹果公司也曾走过一段长长的弯路。

1. 特立独行，为创新而生

苹果公司在其创办初期，曾在楼顶悬挂海盗旗，向世人宣称"我就是与众不同"。苹果公司企业文化的核心是一种鼓励创新、勇于冒险的价值观。事实上，苹果公司价值观一直是冒高风险，我行我素，甚至反主潮流的。苹果公司的信条是"进行自己的发明创造，不要在乎别人怎么说，一个人也可以改变世界。"苹果公司也一直以这种独创精神为骄傲。

2. 新品开发，引领时尚

基于以上信念，苹果公司总是勇于否定自己，超越自己，不断推出更时尚、更具魅力的新产品。自品牌诞生之初，苹果计算机便在技术领域内引发两次变革，使得从IBM到微软的这些计算机厂商，无不对苹果公司的设计亦步亦趋。

1977年推出的"苹果Ⅱ"计算机，将苹果公司带入了第一段辉煌时期。这款产品一反过去个人计算机沉重粗笨、设计复杂、难以操作的形象，设计新颖、功能齐全、价格低、使用方便，看上去就像一部漂亮的打字机。这也是当时全球第一台有彩色图形界面的个人计算机，因此被公认为是个人计算机发展史上的里程碑。在随后的几年时间里，苹果计算机的"旋风"便席卷大半个美国。

1989年，苹果公司开发了世界上第一台真正意义上的笔记本电脑。这台体形"另类"的产品，为以后笔记本电脑的造型打下了基础。而从1991年苹果公司推出的PowerBook 100型笔记本电脑产品开始，现代笔记本电脑的模式就此延续到现在。

3.《1984》挑战IBM

不仅是产品，在传播方面，苹果公司也在不断颠覆传统。1984年，初出茅庐的苹果公司向当时在业界占统治地位的IBM发起了一次经典的挑战。

在1984年，苹果公司为新推出的Macintosh计算机所做的广告《1984》一经推出就引起了强烈反响，观众不停来电询问："这广告说的是什么？""这是什么产品？"。虽然《1984》是苹果公司用来推出Macintosh计算机的广告，但在这个60秒的广告中却没有一点计算机的影子。苹果公司的初衷就是要用这种悬念的方式来吊人们的胃口，让全世界都知道Macintosh计算机的横空出世。

《1984》因其独特的广告宣传赢得了空前的关注和广泛的讨论。美国的三大电视网和将近50个地方电视台都在超级杯后播放了《1984》，还有上百家报纸杂志评论了《1984》带来的现象和影响，这些都为苹果公司和Macintosh计算机做了免费宣传。之后，《1984》赢得了戛纳电影节大奖和30多项广告行业奖，并被誉为20世纪最杰出的商业广告。

4. 成也创新，败也创新

标新立异是苹果公司得以在IBM、惠普等行业巨头包围下安身立命的法宝，但它的问题也恰恰出在创新上。然而早期的创新偏执并没有使苹果公司站在产业的巅峰，当时的苹果公司只是为了创新而创新，却忘记了"技术是为市场服务"这一商业基本定律。加上创始人乔布斯对技术的狂热追求，导致整个公司陷入一种完全崇尚技术革新的企业文化中，忽略了成本和消费者需求。苹果公司一款款超前的产品一次次地将苹果公司带上高峰，又一次次地令其陷入低谷。就这样，特立独行的苹果公司一路跌跌撞撞。

5. 固守技术孤岛

乔布斯对完美的追求，使苹果公司做早期的Macintosh计算机时选择了封闭的操作环境，因为封闭式的操作环境比开放式系统更易于控制，开发出来的各种应用软件可以实现无缝融合，使系统的漏洞更

少，消费者体验更好。但这种系统却无法与微软和 Intel 控制的 Wintel 标准兼容。一度使得微软占有了市场上 97% 的桌面操作系统份额，而苹果公司仅拥有剩下的 3%。

该时期为苹果公司的操作系统开发应用软件的人员仅有 30 万名，而为 Windows 平台开发应用软件的人员超过 700 万名，这大大影响了苹果公司的销售和利润。以个人视频录像器 PVR 为例，只有两家开发商为苹果公司的 Macintosh 计算机提供 PVR，而与 Windows 兼容的 PVR 开发商至少有 6 家。

苹果公司技术的自我封闭，使得其消费者几乎全部分布在美术、广告、图形设计等专业领域。一直以来，人们都认为苹果公司生产的计算机不过是"苹果迷"的最爱，而非大众消费者使用的产品。

6. 价格曲高和寡

1989 年，苹果公司在全球计算机市场的份额下降到 10% 时，公司的一些研发人员开始通过降低价格来扩大客户基础，设计出了针对校园市场、部件成本仅约 340 美元的 MacLC。如果按 60% 的利润率计算，其零售价只有 1000 美元左右，远低于普通 Macintosh 计算机。但是，新样品在演示时遭到了苹果公司管理层的否决，他们认为这样的计算机不符合苹果公司的形象，会让人们觉得苹果计算机是便宜货。

由于产品价格昂贵，在戴尔公司同类产品猛烈的价格攻势下，苹果计算机的市场占有率下降到 2% 以下。

7. 创新信马由缰

在当时，苹果公司的追求是做出"完美的机器"。在这种心理驱使下，苹果公司从硬件到软件不计成本地什么都做，而不像微软那样在一开始就有所专攻。在硬件制造上，苹果公司既做台式机，也做服务器，还做笔记本电脑，从整机到鼠标、打印机、扫描仪、数码播放器，应有尽有。苹果公司甚至与运动休闲服装生产商 Burton 共同推出了世界上第一件"电子夹克衫"。但是，苹果公司似乎忘记是为了谁而创新，往往造成新产品太过超前，叫好不叫座。

另一方面，苹果公司内部技术精英们各行其是，缺乏统筹合作意识，造成了一些创新项目的无果而终。苹果公司曾有两个项目同时开发下一代操作系统，一个项目代号为"蓝色"，另一个为"粉红"。前者是在现有操作系统上进行改进，后者则要开发出全新的操作系统。然而苹果公司没有在两个项目之间做抉择，而是分头并进，导致耗费了大量的资金和人力，最后却都不了了之。

由于创新能力有余，而商业回报不足，苹果公司身陷偏执的迷途中。到 20 世纪 90 年代中期，苹果公司遭遇空前危机，无论是个人计算机还是商业计算机，其市场份额都被竞争对手抢得所剩无几。

8. 穷则思变，王者归来

市场在哪里？市场需要什么？市场规则究竟是什么？1997 年，乔布斯重返苹果公司并开始认真思考公司未来的出路。他终于明白，今后信息技术公司主攻的战场不在实验室，而在消费者；科技产品不应该高高在上，而是应该参与到消费者的生活之中，让产品与他们一起激动、幻想和创作。自此之后，乔布斯打破产品设计的局限，将创新运用到苹果公司再造的各个环节之中：从打破技术壁垒到开辟新业务，再到产品营销乃至价格战。

9. 消费导向的产品开发

在对消费者进行充分研究之后，苹果公司的产品开发开始根据市场需求进行调整。

iMac 的推出是乔布斯重返苹果公司后做的第一件具有革命性意义的事。当时苹果公司正处于低谷，它的产品因为兼容性等很多原因被市场遗弃。然而苹果公司凭借对消费者的了解，1999 年推出了有着红、黄、蓝、绿、紫 5 种水果颜色的 iMac 系列产品，推翻了计算机外壳只有黑、白两色的传统。

iMac 推出 3 年后，其市场销量达到 500 万台。实际上这个利润率达到 23% 的产品，在其诱人的外壳之内，所有配置都与此前一代的 Mac 计算机几乎一样！但也就是这个产品，成功拯救了苹果公司。

2001 年 2 月，苹果公司开始研发新的音乐播放器。仅用了几个月时间，一个注定要重写苹果公司历史的新产品——iPod 问世了。不到两个月的时间，第一代 iPod 一共售出了 12.5 万台。随后，乔布斯和他的团队不断根据市场需求完善 iPod 平台，为消费电子市场开创了一种"产品加内容"的商业模式，这种新的模式一举奠定了苹果公司在 MP3 市场上的霸主地位。

10. 打破技术壁垒

技术的自我封闭曾让苹果公司失去了很多市场机会。重返苹果公司后的乔布斯做出了一个令世人大跌眼镜的决定：抛弃旧怨，与苹果公司的宿敌微软握手言欢，缔结了举世瞩目的"世纪之盟"。

初期的 iPod 只支持 Mac 系统，随后，苹果公司很快便在 2002 年 6 月推出了能够兼容 Windows 系统的 iPod。iPod 不再是服务苹果公司个人计算机消费者的"配件"，而是面向全新市场的主流产品。事实证明，这是一个极为明智的抉择，苹果 iPod 突破了 Mac 系统的限制并迅速得到广大 Windows 消费者的青睐，潜在市场一下子就被打开了。

尝到甜头的苹果公司开始把开放式战略向计算机领域延伸。2005 年 6 月，苹果公司宣布，"将在苹果公司 Mac 计算机中采用 Intel 处理器"。在半年以后旧金山举办的 Macworld Expo 展会上，乔布斯与 Intel 的 CEO 保罗·奥特里尼共同推出了苹果公司历史上首款采用 Intel 处理器的 iMac 台式机。乔布斯表示，在 2006 年年底之前，苹果公司所有的 iMac 生产线都将采用 Intel 处理器。

2005 年年底，苹果公司又和微软签署了为期 5 年的协议，共同开发、升级新版的面向 Mac 计算机的 Office 软件。

从 iPod 到计算机领域，苹果公司与微软、Intel 的兼容互通，对广大消费者来说无疑是一个福音。自此苹果公司的天空也越来越广阔。

11. 价格走下"神坛"

2003 年，苹果公司进行了十几年来第一次降价，旗下 Power Mac G4 台式机价格最大降幅达 500 美元，XServe 服务器也降价 200 美元；到了年底，苹果公司再一次调整计算机全线产品价格，在中国市场上最大降幅高达 2000 元。此举将苹果公司的笔记本电脑价格从高端拉到了中端水平，而这在苹果公司历史上极为罕见。

对于明星产品 iPod，苹果公司也根据外部环境的变化，主动改变了定价方法。2005 年，苹果公司推出 iPod shuffle，价格降低到仅 99 美元一台，在同类产品中非常有竞争力。而苹果公司原来的高价格产品并没有退出市场，只是略微降低了价格而已。由此开始，苹果公司在产品线的结构上形成"高低搭配"的良好结构，改变了原来只有高端产品的格局。

12. 关注消费者体验

在苹果公司进军消费市场的时候，已将其产品的外观、性能等多方面要素进行了优化，使之更能满足消费者的需求。不过怎样才能尽快让消费者认识到这些呢？

2001 年，在整个个人计算机产业都努力向戴尔公司学习网络直销，从而实现削减成本时，苹果公司选择了逆行，它开始在全美国开设设计师工作室风格的专卖店。在苹果公司专卖店里，虽然也销售产品，但更多时候它为消费者提供了最直接的产品体验——店里摆放的计算机可以免费上网，里面还装有数字音乐、电影和游戏，任何光顾专卖店的人都可以免费使用。不久以后，苹果公司又将这种销售方式一路推广到日本和中国等地。

2005 年，苹果公司的销售额为 162 亿美元，净收入 16.05 亿美元，净收入增长 2.16 亿美元，投资回报率达 19.2%，种种指标都表现不俗。这些成绩的取得，显然与苹果公司调整后的创新战略密不可分。

13. 苹果公司的创新启示

苹果公司最初 30 年的创新史给人们的启示是，市场创新本身不能仅靠进取精神和商业勇气，还要讲究以下两个方法。

首先，创新必须贴近和满足消费者的需求，切忌为了创新而创新。

苹果公司前期的创新是纯产品导向或者说是纯技术导向的，而忽略了消费者在技术兼容、价格合理等方面的需求，使得苹果公司生产的计算机很少人使用，从而在市场上一直难有大的突破，甚至一度跌入低谷。而当它抓住年轻人的个性、心理和简单娱乐的需求推出 iMac 和 iPod，由单纯的产品创新上升到一系列变革组成的价值创新——打破技术壁垒、降低售价、引导消费者体验后，便得到了市场的迅速回馈。消费者的购买欲望被大大激发出来，苹果公司也得以凤凰涅槃。

企业在实践中所作的市场创新往往涵盖了品牌价值、产品性能、价格、渠道、传播等营销的各个方面。好的市场创新必须是对目标消费者的需求更有力的响应和对难题更有效的解决。

企业主和企业营销工作者必须保持对认识和把握目标消费的兴趣，不能将自己的想法强加到消费者身上。没有任何人可以随意捏造和强加目标消费者的期许、希望和评判态度。因此，企业如果想让创新能够良性地持续下去，就必须首先弄明白是为谁而创新以及创新的目的是什么。

其次，市场创新必须是对营销环境变化的切实响应，而非单纯地追求完美。

正如乔布斯是个不折不扣的完美主义者，他一手创造的苹果公司也无限追求完美，然而这些并没有给苹果公司带来相应的商业回报，原因在于苹果公司的创新与营销环境在某种程度上是脱离的。苹果公司的产品确实很超前，技术很先进，可其诞生之时的环境并没有给这些"未来产品"多大的生存空间，反倒是它的技术经别人发扬光大后，市场就被很快地放大。而苹果公司后来推出的iMac、iPod，在当时的技术上算不得最超前的，可它们为什么能让苹果公司大放异彩呢？这与营销环境的相对成熟是分不开的。

营销环境的变化是一个循序渐进的漫长过程。即使是完美的产品和市场创新一旦脱离实际的营销环境，就必然导致企业经营的失败。因此，市场创新不能一味地追求理想主义中的完美，而应该达成现实主义中的蜕变。

（资料来源：http：//www.emkt.com.cn/article/272/27298－3.html.［2022－12－13］.）

讨论题

1. 苹果公司的文化创新主要体现在哪些方面？
2. 苹果公司实现成功创新主要依赖于哪些因素？

第 6 章

企业文化的影响因素

> 学习目标
>
> 1. 企业文化的内部影响因素;
> 2. 企业历史对企业文化的影响;
> 3. 企业领导者对企业文化的影响;
> 4. 企业员工对企业文化的影响;
> 5. 企业战略对企业文化的影响;
> 6. 企业制度对企业文化的影响;
> 7. 企业文化的外部影响因素。

第5章对企业文化进行了动态分析，使读者对企业文化的生成、传承、积累、冲突和变革的基本演变过程有了一个较为清晰的认识。但是，一个企业的企业文化为什么这样演变？它的形成和变迁究竟受哪些因素影响？本章将对这些问题进行系统分析，在全面理解企业文化诸多影响因素的基础上，把握若干关键性因素，为进行企业文化建设和企业文化管理提供思路。

企业是一个开放系统，需要从外界输入资金、原材料、劳动力、信息等各种资源，通过企业内部的优化组合和加工制造的转化过程，为市场提供产品或服务。企业文化就是在这个反复的经营过程中形成和发展的，它受到企业内外诸多因素的影响。

6.1 企业文化的内部影响因素

企业文化的形成受自身内部因素的影响。影响企业文化的内部因素概括地讲，主要包括企业历史、企业领导者、企业员工、企业发展阶段、企业战略和企业制度等。

6.1.1 企业历史

一个企业从它成立的那天起，就开始形成自己的文化。在企业长期发展的历史过程中，企业所经历的过程及形成的传统，会产生持久的作用，影响到企业的生产、经营、管理等各个方面。企业文化形成过程也就是企业传统沉淀、发育的过程，企业文化的发展过程在很大程度上就是企业传统去粗取精的过程。因此企业的历史和传统是影响企业文化的重要因素。

正如哈佛大学教授葛雷纳指出，组织的历史比外界力量更能决定组织的未来。企业文化从某种程度上说就是企业历史的沉淀与积累，历史越悠久，文化越厚重。正是企业与众不同的发展史，赋予企业文化以特色和分量。

对企业历史与企业文化的关系研究常常采用关键事件法，即通过调查和分析某一企业历史上发生过的对企业文化影响较大的关键事件，来剖析该企业文化形成的历史原因。需要说明的是，这里的关键事件不仅指一般意义上的企业大纪事，还包括流传已久的小故事。这些小故事可能零散，但却传承着企业的价值信仰，蕴涵着企业精神，闪现着企业文化的精髓。

康恩贝企业文化的历史背景

康恩贝集团目前已经形成了以医药产业为主，生态农业、保健食品、环保产业为辅的产业体系，总部设在杭州，集团销售规模逾百亿，企业位列全国医药工业四十强、全国中药行业十强。集团主要成员是浙江康恩贝制药股份有限公司。

康恩贝董事长胡季强曾讲过3个令他本人难以忘怀的企业故事。

第一个故事是胡季强刚进厂时听到的。1980年，国务院规范了全国医药卫生企业准入标准，其中规定县以下不准办药厂。按规定，当时的云山制药厂（康恩贝集团前身）也是街道工厂，理应关门，职工要解散。当时企业的管理层面对这样的环境，凭着拼搏和自强精神，最终把企业升为县办大集体企业，当时的县委书记坐在农民的田地头，在膝盖上签下了批准文件。云山制药厂终于生存了下来。

第二个故事发生在胡季强担任云山制药厂副厂长期间，当时国家开始打破计划包销体系，可厂里只有半个销售人员（一个兼职的销售员）和一个客户（当地一家医药公司）。云山制药厂面临选择：包销死路一条，自销尚存生机。企业管理层经过商量，下定决心转向自销面向市场。从那时起，云山制药厂开始自己建设销售队伍和销售网络，开始自主销售。这又使康恩贝走出了计划经济体制的陷阱，重获生机。

第三个故事发生在20世纪80年代末，康恩贝在有了一定的发展后，开始考虑要不要迁厂，搬出原厂所在地桃花坞。当时康恩贝只有几百万元的净资产、100万元的利润，迁厂的困难和风险肯定存在，但是在桃花坞那个弄堂里更是没有发展空间。于是在康恩贝内部出现了保守发展与超前发展两种发展思路。最后，超前发展的思维主导了整个企业，大家同意迁厂，而且规划起点很高，达到20世纪90年代的先进水平。现在看来，这样的超前是有必要的，至少能保证康恩贝在15~20年内不落后。

这3个故事发生的时间、地点、人物、内容都不一样，如果单就故事本身而言没有任何关系，但是在企业文化形成的层面上，它们是有联系的。从历史上看，康恩贝不是国家投资兴办的，是集体所有制企业，没有依赖政府的习惯，在历史上的每一次转折都贯穿着一种不断超前、自强不息、追求卓越的精神。正如董事长胡季强所说，康恩贝之所以能生存下来并发展到现在的规模，就是依托于从管理团队到普通员工所共同具有的这些理念与精神。这就是康恩贝宝贵的历史传统，是康恩贝企业文化中的精髓。

同样，在康恩贝的历史中也可以找到反面教材。例如，1992年前后的"康凤重组"事件，指的是康恩贝集团与上市公司浙江凤凰资产重组及分离的过程，当时康恩贝欲并购凤凰，实行多元化经营，但由于各种条件限制，并未成功。这件事虽然失败了，但却让康恩贝得到了宝贵的经验教训，公司从此调整了方向，实行"一心一意制药，一心一意卖药"的经营原则。这件事从某种程度上讲，促进了企业思维方式的理性化和决策方法的科学化。

（资料来源：https://www.sohu.com/a/278943195_491059.［2022—12—13］.）

6.1.2　企业领导者

这里的领导者包括企业的创始人、董事长、总经理等高层。大量的理论研究证明了领导者与企业文化的关系。埃德加·沙因研究证明：许多因素都影响着企业文化的形成、传播和变革，其中领导者是最重要的影响因素。埃德加·沙因曾说：领导要做的真正唯一重要的事情，就是创建和管理文化，并提出一系列领导者植入文化的机制。领导力专家约翰·科特在《企业文化与经营业绩》一书中对领导者在企业文化变革与塑造中的作用也进行了充分的阐述，并在《变革的力量》一书中指出：建立一种有用的企业文化需要强有力的领导。

在企业文化的形成和变迁中，企业领导者的价值观念、思维方式、经营理念、科学知识、实践经验等因素产生了深刻的、显著的影响。企业的目标和宗旨、企业价值观、企业作风和传统习惯、行为规范和规章制度，在某种意义上都是企业领导者价值观的体现。也正因如此，有些学者提出了"企业文化就是企业领导者精神的衍生品"。在企业管理实践中，也有一种说法：企业文化就是"领导者文化"。

领导者对企业文化具有能动作用，主要体现在以下5个方面。

（1）领导日常中关注的重点。企业领导者传递价值信仰的最好方法是一贯持续的重视。这里"重视"是指关注和评判事物，经常对这些事物进行调节、控制和奖励，即使是一个偶然的建议、一个小小的肯定也能像正式的控制方法和措施那样有效。如果领导者意识到这种过程，那么"重视"就能传递某种强有力的影响。另外，如果领导者没有意识到这一过程的力量，或者他们所重视的事物不一致，那么员工就要花费大量时间和精力来揣摩领导者行为的真实含义。领导者通过倾向性的选择、决策、情绪、关注、评论来传递他们的价值观，这些信息往往反映在领导者的日常行为中。当员工与领导者的价值观相违背时，领导者要及时做出调节和控制，保证员工可以正确地理解和执行。

（2）对重大事件和危机做出的反应。在企业面临危机时，企业领导者处理的方式创造出新的规范、价值观和工作程序，并显露一些重要的潜在价值观。例如，当企业面临销售额急剧下降、库存增加、技术老化，以及为削减成本而需要解雇员工时，企业领导者的处理，显示了他自身的价值观。如果企业领导者面对这种危机时并未解雇员工，而是通过缩短工作时间或降低所有员工的工资从而削减成本，这就表达了企业领导者对员工的关怀，他们希望员工对企业保持长期的忠诚。

（3）角色示范、教育和培训。企业领导者的公开行为对于向员工传递价值观非常重要。领导者只有在员工中树立起威信，才能为广大员工衷心敬爱、拥戴和崇拜，所倡导的价值观才会真正被广大员工接受和认同。

（4）制定分配薪酬和晋升员工的标准。如果企业员工能从自己的晋升、工作绩效评价，以及与上级领导讨论问题的经历中认识到企业鼓励和惩罚什么样的行为，就能理解企业的价值观和行为准则。如果企业领导者分配薪酬时以员工对企业的贡献程度作为依据，员工就会努力工作以获得较高的薪酬；相反，如果企业领导者分配薪酬时没有根据具体的标准，"吃大锅饭"，就会挫伤员工的积极性。企业领导者晋升员工时如果论关系亲疏远近，就会使一些有发展潜力的员工流失；如果辛勤工作、做出贡献的人能得到晋升，员工的工作积极性就会被调动，企业的向心力、凝聚力就会得到增强。

（5）招聘和解雇员工。企业挑选新成员时是内化和渗透企业文化的最好时机。一般情况下，应聘人员的价值观念和行为方式是否与企业文化吻合，是企业聘用人员的一个重要标准。如果员工在价值观方面与企业不符，即使他工作能力很强，往往也不会得到企业领导者的重用。领导用怎样的人，不用怎样的人，就是其价值观的集中体现。

在企业文化建设中，往往通过企业的组织结构设计，企业的制度和程序，物体的空间、外表和建筑物的设计，对重大事件和重要任务的故事、传说、神话和寓言，企业宗旨、纲领和章程的正式说明等方法来塑造文化。但这些方法只有在与上述5个方面所体现的领导者价值观保持一致时才能产生作用。

华泰保险集团创始人王梓木认为，CEO主要应当做好3件事情：一是制定公司的发展战略；二是选择公司的领导成员，即建立一个有效的管理团队；三是培育和传播公司的文化。如果说企业文化是现代企业的灵魂，那么企业领导者就是灵魂的塑造者。因此，从一定意义上说，只有那些担当创建优秀企业文化重任的人，才能成为卓越的企业领导者。

松下幸之助认为，企业的素质在很大程度上取决于企业家的素质，不可能指望一个知识浅陋、观念陈旧、暮气沉沉的领导者创造出优秀的企业文化。在当今世界，企业领导者的主要工作之一就是创造、管理、改进和完善企业文化。企业文化是企业家德、才、创新精神、事业心和责任感的综合反映。

纵观世界上许多优秀的知名企业，他们的成功无不与其企业文化有关。这些企业的领导者也都把企业文化视为构成核心竞争力的重要因素，他们对文化的重视绝不亚于对产品、技术的重视，他们把企业文化建设当成"一把手"工程。从某种意义上讲，是文化造就了品牌，造就了企业的成功。

6.1.3 企业员工

美国兰德公司的专家通过对全球500强企业30多年的跟踪考察后，发现其中长盛不衰的100家企业的价值观中都有重要的一条：人的价值高于物的价值。企业文化主要通过其核心价值观影响员工，推动员工行为向着企业期望的方向发展，确保企业目标的实现。同时，员工是企业文化的参与者，文化的形成以员工的理解、认同和相信为标志。员工的素质、心理诉求和职业理想对企业文化有很大的影响。

1. 员工的学历

员工的学历决定了员工的知识水平。接受过良好教育的员工，一般具有较好的分析能力和解决问题的能力，领悟力也相对较高。在企业经营管理的过程中，受过良好教育的员工能够更好地理解并正确执行上级下达的任务，以较好的水准完成工作。

2. 员工的工作技能水平

员工的工作技能水平是指企业员工所掌握的工作技术和能力，拥有相当程度的技术和能力使员工能胜任其所在的岗位。员工工作技能水平的高低和其工作经验有很大的联系，一般而言，技能水平高的员工能更有效地完成工作。如果企业大多数员工掌握了相当高的工作技能，那么企业管理者的工作就不是以培训员工工作技能为中心，而是激发他们的高层次需求。

3. 员工的需求层次

企业文化从本质上说，就是企业人员共同的心理程序。企业文化与员工的心理需求密切相关。员工的心理需求可大致划分为3类：生存（生存与安全感）、关系（归属与共享）、成长（自我发展和自我实现）。企业要满足员工的生存需求，这是最低的层次，同时，企业要满足员工的心理需求，让他们体面地工作，在组织中有归属感。最后，优秀的企业要让员工觉得有奔头，有共同成长共同发展的空间。不同层次的员工，有不同的主导需求。一般来说，受教育程度高，成熟度高的员工心理需求层次相对要高些。

4. 员工的态度倾向

企业员工具有不同的社会背景，他们所在的社会阶层、家庭状况对其态度有很大的影响。因此，企业内部员工的态度倾向可能同组织的价值取向一致，也可能不一致。如果一致，员工就更容易接受企业文化；如果不一致，员工可能对企业文化有抵触的心理。另外还需注意的是：员工的态度形成后并不是固定不变的，随着知识的累积及环境的变化，员工的态度倾向也会发生变化。当员工的态度倾向发生变化时，企业文化也应做出适时的调整，以顺应变化。

6.1.4 企业发展阶段

按企业生命周期理论,由于不同发展阶段的企业任务和特点不同,企业文化也各不相同。

创业期:企业规模较小,企业经营重点是企业生存和了解市场情况,而在内部规范管理上顾及较少;利润导向、短期行为倾向明显。此阶段的企业文化具有自发性和不成熟的特点,企业创始人及其对企业的定位是促进企业文化的主要力量,依靠创业团队亲力亲为,领导者以身作则的方式容易影响员工。

成长期:此阶段企业文化规范已随企业的发展逐渐成型,是企业文化的关键期,其主要任务是塑造可传承的企业文化。

成熟期:此阶段的企业文化已成型,形成了自己的特色和个性,文化中最重要的要素已经渗透或内化到企业的组织结构和主要过程中,因此,此阶段应特别注意惰性习惯和保守思想的产生以及企业文化的创新和变革。

杜邦公司企业文化的变迁

美国杜邦公司在国际化学市场上无疑是一个赫赫有名的企业,曾经历过几次企业文化变革。作为家族企业的杜邦公司在创业之初采用的是中央集权的组织结构,直至19世纪末,掌管大权的杜邦二世仍不放心分散和移交权力,其专制独裁的管理模式类似"凯撒模式"。但是,到了20世纪初,杜邦公司开始了文化管理模式的变革,率先应用许多独创性的管理方法和管理技术,不仅把工长一级的技术问题、管理问题规范化,而且把高层管理业务加以系统化,创造了一整套颇具特色的杜邦文化管理模式,完成了由纯家族企业管理模式向现代企业管理模式的转型。

(资料来源:孙爱军,2002.杜邦管理模式变迁:美国的经验[J].东方企业家(10):51.)

6.1.5 企业战略

企业战略与企业文化之间有着千丝万缕的联系,它们相互影响、相互作用,共同推进企业的发展。企业战略往往涉及产品的定位、企业的发展方向和经营策略问题。选择和实施不同的战略,将形成不同的企业文化特色。

首先,不同的产品定位决定企业进入不同的细分市场,形成不同的企业文化。其次,不同的经营战略,决定了企业采取不同的经营手段和方式,从而使企业在经营运作实践中培育和强化不同的企业文化。领先者战略强调独创和首创性,而跟随者战略强调跟进和改良;领先者战略需要冒险精神和开拓精神,而跟随者战略需要的是稳健、务实精神。低成本战略主要是用扩大规模降低成本的办法,规模化生产是它的主要特点,生产型的企业文化就成为必然;而差异化战略追求的是差异、创新、与众不同,因此,开发型的文化就成了企业的主流;国际化战略更是强调开放,善于运用国际资源,在业务层面更多地采用竞合战略,因此采用国际化战略的公司,其对应的文化普遍更强调开放、合作、资源共享。采取纵向一体化战略的公司则更强调专业化分工,在业务层面上普遍倾向于低成本战略,专、细、精是它的特点,对应的主流文化是追求严谨、效率和质量;采取多元化战略的公司则强调开放性思维,需要各个领域的人才,它涉及多个行业,对应是追求灵活、多变、开放的主流文化。

强调战略对文化的影响,并不表示战略对文化起决定作用。相反,在两者的相互作用中,是文化决定战略,战略反过来影响文化。一方面,企业文化对企业战略的制定具有导航作用,对企业战略的实施起着精神支撑作用,很难想象一个保守、稳健的企业会制定极具扩张性的战略并能执行到位;另一方面,战略体现文化,企业战略的选择能使企业经营理念得以充分地体现,同时,企业战略的调整也必然引起企业文化的变革,随着企业新战略的实施,相应的企业文化会逐渐被培育起来。

6.1.6 企业制度

在第 4 章讨论企业文化载体结构时,本教材已详细讨论了企业制度与企业文化的关系。文化决定制度,制度反作用于文化。企业制度是在文化理念支配下制定的,制度承载着文化。制度在执行过程中,不仅在行动上约束人们,也在精神上影响人们。随着制度的实施和执行,制度规定的要求被员工认同、遵循,其精神内涵逐渐转化为员工内心的信念和行为准则,相应的文化也就培育出来了。因此,制度是培育和塑造企业文化的一个重要手段。不同的组织制度,塑造和强化不同的企业文化。

腾讯的"故事墙"和"站立式会议制度"

腾讯公司会在一面墙上将团队负责的项目所涉及的每一个环节分别用不同颜色的纸片展示出来,黄色代表功能需求,蓝色代表技术任务,红色代表漏洞。每个纸片上的内容包括任务、时间、执行人等信息。

通过"故事墙"的任务展示,将项目信息透明化,帮助团队成员达到更高效的团队协作。腾讯的"故事墙"仅开展 4 个星期,团队效率就提升了近 3 倍。

"站立式会议制度"是这样的:每天早晨,团队成员花 5 分钟时间一起讨论项目进展,沟通彼此的信息和困惑,然后根据自己的任务情况去"故事墙"任务栏领取任务,完成后将纸片移到别的任务栏即可。这样领导者再也不用单独给每位成员安排任务。

对此,腾讯的一位员工曾感叹:"自从有了故事墙和站立式会议,如果墙上没有自己的任务或自己的任务优先级够不够,会觉得很丢人,压力巨大,不得不努力加班加点。"如何促进团队的高效沟通、顺畅运作,建立同事之间的信任,是让很多企业头疼的问题,腾讯公司却用高效简单的制度就悄然促进了团队的沟通,还建立起了同事间的信任机制,实现一群人协力将巨石推至山顶的目标。

(资料来源:李立,2018.腾讯产品法 [M].杭州:浙江大学出版社。)

6.2 企业文化的外部影响因素

宏观的政治、经济、社会、技术都会对企业文化产生影响。影响企业文化的外部因素很丰富,概括地讲主要包括民族文化因素、社会制度因素、经济基础因素、行业文化因素、地域文化因素、外来文化因素等。

6.2.1 民族文化

民族文化是一个民族在长期的历史长河中形成的,具有强大的渗透力和独特个性的文化。它主要包括价值信仰、思维方式和风俗习惯等，具有持续性，世代沿袭传承，并且不断得到发展和丰富。它制约着人们的思维方式和行为方式，对人们的工作、生活及社会交往产生直接影响。

企业的一切活动是人的活动，而人既是企业的成员，同时又是社会的成员。他们在创办或进入企业之前，已经长期受到传统民族文化的熏陶，在内心深处有着深刻的民族文化的烙印。因此，在企业经营管理中，民族文化的影响根深蒂固。

企业文化是社会文化的一种亚文化形态，植根于民族文化土壤中。民族文化对企业的经营思想、经营方针、经营战略及策略等都会产生深刻的影响。纵观世界各国的企业文化，无一不是打上民族文化的烙印。例如，美国、德国、日本、韩国这四国由于民族文化各有特色，其企业文化精髓也各不相同，见表 6-1。

表 6-1 美国、德国、日本、韩国民族文化特点

国　别	企业文化特点
美国	①重视个人价值的实现；②提倡竞争；③奖励创新；④利益共享
德国	①以人为本，注重提高员工素质，开发人力资源；②强调员工的责任感，注重创造和谐、合作的文化氛围；③注重实效和企业形象
日本	①以"和魂洋才"为核心，"和魂"指日本的民族精神，"洋才"指西洋（欧美）的技术；②家族主义；③以人为中心
韩国	①员工富有积极性和挑战性；②企业成员工作认真、勤勉；③组织结构高度集权

民族文化对企业文化的影响不仅体现在民族文化对企业员工的潜移默化上，还体现在企业对民族文化的主动适应上。企业为了经营的成功和进一步的发展，要努力去适应民族文化环境，去迎合在一定民族文化环境下所形成的社会心理状态，否则将无法生存，从而使经营陷入困境。

中华传统文化博大精深，它对中国企业文化的形成和发展有着深刻的影响。例如，儒家文化的核心思想"仁"所蕴含的"人本""和谐""团体意识"等，对于企业消减盲目竞争与建设和谐的、带有人情味的企业文化具有重要的指导意义。法家文化核心思想"法"所蕴含的"不别亲疏，不殊贵贱"的执法观，则为企业制度文化建设奠定了一个基本原则。道家文化核心思想"道"中的"道法自然""无为而治"等为企业文化提供了一种境界。可以说，中国的民族文化是中国企业文化建设的精神源泉。建设有中国特色的企业文化，不仅是一个理论课题，也是企业管理所面临的实际问题。

6.2.2 社会制度

这里的社会制度包括政治制度、经济制度和法律制度。不同的政治制度、经济制度和法律制度决定了不同特色的企业文化。例如，尽管中国文化和日本文化同属于东方文化，都有以儒家文化为基础的民族文化，但社会制度的差别，使得两个国家的企业文化有着许多不同。

1. 政府对企业文化的影响

政府作为社会生活的管理者,其行政行为对社会成员起着导向、示范、监管等作用,政府体制也会影响到企业的价值理念。清华大学魏杰教授认为:政府的廉洁程度、信用程度、效率程度、法治性、公正程度、干预经济的程度都会对企业文化产生较大的影响。

(1) 政府的廉洁程度。如果政府廉洁,为企业提供了一个规范、公平的市场竞争环境,那么企业就会注重自己的竞争实力,通过自己的实力在公开竞争的市场中获利,而不是试图利用政府权力赚钱;相反,如果政府腐败,处处"权力设租",那么企业就往往有很强的"搞定政府"的倾向,不注重公平竞争。

(2) 政府的信用程度。如果政府的信用比较差,那么企业文化中诚信理念的培育就很困难。同时做假账、销假货、虚假宣传等现象就会滋生、泛滥。

(3) 政府的效率程度。政府效率越高,那么企业的竞争性理念就越强;相反,如果政府的效率很低,那么企业就很难有竞争性理念。

(4) 政府的法治性。如果政府非常强调法治,对企业行为依法监管,那么企业在经营运作中不得不重视和遵守法律,法治的理念就会增强;反之,如果政府本身就没有法治理念,职权大于规则,办事无视法律,那么,企业也会无视法律,企业文化中法治性就会极差。可以说政府的非法治性,在一定程度上诱发了企业文化的非法治性。

(5) 政府的公正程度。政府不仅是社会经济活动(如政府采购和政府监管)的参与者,而且是社会经济活动的裁判,政府的公正和公平程度会对企业文化中公正和公平的理念产生直接影响。

(6) 政府干预经济的程度。如果政府干预经济程度过深,那么企业在经营运作中会强调向政府寻租,努力从政府那里取得"恩惠",因而行政导向明显。相反,如果政府干预经济的程度较小,企业在经营运作中会更多地考虑市场状况和顾客需求,因而市场性的价值理念就很强。

2. 经济制度对企业文化的影响

不同的经济制度会产生不同的企业文化。例如,在计划经济体制下,企业是政府的附属物,无生产经营自主权,产品统购统销,企业最多算是一个生产加工厂,因而企业形成了对国家的依附思想、经营中的求稳意识和官商意识、管理上的"三铁"(铁饭碗、铁工资、铁交椅)观念及"家长制"作风,以及政企不分造成的企业领导人追求仕途的思想等企业文化基因。

中国正在加快完善社会主义市场经济体制,这是当前中国的基本经济制度。而在社会主义市场经济体制下,企业面临的环境发生了根本的变化,生存和发展空间得到了扩大,经营的机会增多,但也带来了风险,形成了激烈的竞争环境。这就不仅要求企业要有更加开阔的经营视野、更高的经营智慧及更加灵活高效的管理系统,同时要求企业实现企业文化的全面创新,即摒弃传统计划经济体制环境中生成的阻碍企业发展的劣性文化基因,培植与社会主义市场经济体制环境相适应的新的先进文化基因。例如:面向市场,以市场为导向,自主经营,敢于承担经营风险,敢于竞争,强化质量、服务、效率意识,积极开拓创新,追求卓越;依法经营,讲求信用,主动承担社会责任;在管理上坚持以人为本,把企业与员工建立在合同契约基础上的关系提升为利益共享、风险共担、价值共现的命运共同体关系；努力提高员工的素质，充分调动员工的积极性，广泛吸收员工参与管理等。也就是说，市场经济体制要求企业建设一种具有竞争机制的企业文化，变官本位观念为企业本位观念，变封闭经营为开放经营，树立与市场经济相适应的创新意识、竞争意识、质量意识、效率意识、服务意识、人本意识等。

3. 法律制度对企业文化的影响

法律制度为企业处理利益关系提供了基本依据和准则，因此，法律制度对企业文化系统的形成和运行有着极大的约束力。这里的法律制度主要是指国家颁布的有关指导、规范企业经营行为的法规、政策。法律制度对企业的影响主要体现在3个方面：管制企业的立法增多、执法力度的日渐严格和公众利益团体的力量增强。

自改革开放以来，中国的法治建设不断加强，与企业经营行为相关的法律日益完善，相继出台了《中华人民共和国公司法》《中华人民共和国证券法》《中华人民共和国反不正当竞争法》《中华人民共和国消费者权益保护法》《中华人民共和国商标法》《中华人民共和国广告法》等。这些法律法规在中国经济转轨时期发挥了重要作用，正在不断地影响着企业的经营、管理与文化。随着法律体系的日益完善，政府执法力度的强化，以及各种消费者保护组织和环保组织力量的增强，中国的法律制度环境日益完善。这不仅要求企业有很强的法治观念，在法律许可的范围内从事经营活动，同时要求企业要善于应对来自消费者保护和环境保护力量的挑战，坚持"以顾客为中心"的经营理念，树立环保意识，建立在依法经营、维护社会整体利益条件下与顾客共同分享价值、共同成长的新型企业文化。

6.2.3 经济基础

作为观念形态范畴的企业文化，其内容无疑由经济基础决定。换句话讲，生产力、经济发展水平及经济发展的趋势决定了企业文化的内容和形式，并规定着企业文化未来的发展方向。

在知识经济时代，世界经济的动态性、竞争性、创新性日益强化，这使得企业文化面临深刻的变化。

传统经济靠的是劳动（体力）、资本和自然资源的投入，知识经济的发展靠的是知识和技术的创新，而知识和技术创新的首要条件就是企业文化和观念的创新。传统经济时代，企业一般靠自身的资源来建立竞争优势，靠产品经营、资本经营创造效益。而随着知识经济时代的到来，信息网络化和经济全球化使企业面对一个全新的竞争环境和经营态势，企业以内外各种软硬资源要素为基础，以创新文化和创新机制为动力，以实现社会责任为条件，以整体优化、优势互补和聚变放大为手段，谋求竞合优势。这里的变化主要表现为以下四方面：一是管理目标不受传统的资源概念的约束，强调可持续发展和目标的可延伸性；二是强调信息、知识，特别是人才、企业理念、企业内驱力、企业环境等软件要素的主导作用；三是管理系统和组织系统明显打破了传统的企业边界和等级制金字塔结构。组织形式平台化，系统界限趋于模糊，与外界联系趋向网络化，内部结构扁平化，上下级是平等的服务和支持关系，领导不是凌驾于员工之上的官僚；四是柔性管理、模糊控制、管理创新和机制创新将成为新企业文化的实质内容。

知识经济时代的企业文化之所以发生这样的变化，是因为生产方式的巨大的变革。在知识经济时代，由于产品竞争和垂直型组织分别成为市场竞争和企业组织中的主导形式，科层制度等级森严，企业管理的执行通常是上级向下级下达任务，除最高管理层外，企业中的大多数员工都处于被动完成上级指派任务的地位，考核个人业绩的好坏带有领导的主观色彩，并在此基础上决定下属的职位升迁。这样，企业内部很容易任人唯亲，个体竞争不是凭知识和能力，而是凭关系和奉承。在这种旧制度和旧文化中，由于升迁的局限，不少人为了获得个人的优先地位而不得不牺牲道德与人格，集权制泛滥和一些人打击排斥另一些人的情况经常发生，很难形成真正意义上的团队精神。在知识经济时代，新技术、新产品不断涌现，市场不断开放，企业竞争的范围也由地区与国家之间的市场拓展到全球市场，目标市场的同质性大大降低。这种新的竞争必然促进企业应变能力逐步提高和升级，企业组织结构势必由传统的金字塔集权制改变为分权的扁平化组织结构：原来承担上下级层次间信息沟通联络的中间环节的中间管理层日益减少；内部分工和由内部分工带来的控制和反控制、协调和反协调的内耗逐渐被摒弃，以便创造最短的信息流。这种组织结构的升级意味着员工素质的大大提高，也使他们逐步养成有独立处理问题的管理能力，同时意味着组织的分权趋势，企业管理注重员工授权赋能，让员工可以在自己职责范围内直接处理事务。与此同时，为了适应快速变化的市场环境，企业内部的不同职能部门日渐融合，科层界限和职能、业务界限日益模糊，更强调企业内部各群体目标的协作与配合，团队精神成为企业活力的源泉。

知识经济时代，科技迅速发展和信息网络化使市场需求更加个性化，使产品更新与更便捷，这就使时间成本成为知识经济时代最重要的成本概念。

知识经济时代，人力资本的价值得以充分体现，"以人为本"的理念进一步得到强化，越来越多的人逐渐体会到人力资本是一种有潜在回报率的资本。例如，麦当劳的"勤奋的员工乃公司之宝"、联想的"办公司就是育人"、长虹的"尊重每一个人"、格兰仕的"人气是企业最大的财富"、海尔的"领导者的任务不是去发现人才，而是建立一个可以出人才的机制"等。过去那种粗暴的"胡萝卜加大棒"、完全无视人的能动作用的管理方式已经一去不复返了。

6.2.4 行业文化

由于各个行业在技术特点、生产工艺、管理方式和服务要求上存在着显著的差异，因而所属行业不同，其企业文化内容及特点也必然存在差异。从广义上，行业可以分为工业、农业、建筑业和服务业，每个行业还可以进行细分。例如，工业可以分为电子工业、化工工业、机械制造业等。表 6-2 通过对制造业 A 公司与 IT 业 B 公司的企业文化进行详细对比，反映出不同行业文化所对应的不同企业文化分类。

表6-2 制造业A公司与IT业B公司企业文化对比

分 类	制造业A公司	IT业B公司
所属行业	制造业	IT业
公司背景	中日合资：中国一家知名电子产品生产企业与一家世界500强的日本企业合资兴建。公司成立20多年，其企业文化、管理制度融合了日本传统企业文化和中国国有企业文化，形成了具有自身特色的企业文化	外商独资：一家IT百强企业。投资方为东南亚国家，其文化汲取了广泛的外来文化，其中包括中国的传统文化，在管理体系中汲取了较多的西方管理方法，从而形成了中西合璧的企业文化
经营方式	以生产、制造为主，销售总部设在日本，基于现有代理体系	以自行研发、销售为主，可根据客户要求进行开发设计
人员数量与工作制	500余人，以倒班为主	100余人，以采取弹性工作制为主
企业显著特点	培养和提升员工的效率意识，规范员工行为，实现有效的时间管理，改善现场管理和流程管理，提高产量和质量，降低生产成本，增强安全和环保意识	重在表现"市场促进科技开发，科技开发引导市场"的观念，培养和提升员工的科技领先意识，体现企业尊重知识、尊重人才的观念，建立以科技创新为主的团队
共同点	都是高新技术企业、已经形成了一定的规模和管理模式，是较为成功的企业范例。拥有自身的企业文化及其企业文化特质	
差异	日资方已在全球拥有许多分公司，有成熟的管理机制和明确的发展目标，属于成熟企业。公司以生产、制造为主，重视产品质量，属制造型企业文化	投资方属东南亚区域性的企业，目前处于发展期，在管理机制和发展目标上还存在不健全、不完善的因素，属成长型企业。公司以系统集成、科技开发为主，重视产品科技含量，属科技型企业文化
战略目标	利用现有技术和中国劳动力，生产高质量产品，取得利润最大化	利用现有技术和中国的高级人才，研究开发适合中国市场的产品，扩大在中国市场的份额，实现利润最大化
企业价值观（文化理念）	以经济、高效、高质量，充分满足客户的要求为目标；以上下团结协作、认真、严格作业为行动目标；将"产品与作业水平永葆世界一流"作为不懈的追求	客户至上，精益求精，诚实可靠，专业精通，刻苦耐劳，创新应变，相互尊重，群策群力
招聘要求	要求中等文化水平，动手能力强，对相关工作经验要求不高	要求较高文化水平，有专业经验，创新能力强
招聘方式	校园招聘为主，社会招聘为辅	社会招聘与猎头招聘相结合
晋升	以在本企业的工作表现为标准，有严格的工作年限限制，工作等级制度森严	以业绩为标准，有严格的业绩考核制度，同时对员工的长期服务给予鼓励

续表

分　类	制造业 A 公司	IT 业 B 公司
培训	入职培训以员工手册、各类岗前培训及相关技术知识培训为主。对员工岗位工作定期培训，对公司骨干人员进行相关技术知识再培训。外部培训以操作和质量相关的技术培训为主	入职培训以员工手册、各类岗前培训为主。再培训以专业技术培训为主，以提高员工专业水平。外部培训以高水平的专业技术培训为主
绩效考核	以产品的不良率、产量及员工出勤情况为重点。考核周期：月度	以员工的创新、处理解决问题的能力为重点。考核周期：半年
激励方案	物质奖励：质量奖、产量奖、全勤奖。其他奖励：年度优秀员工（授予产量、质量的优胜者）	物质奖励：中标奖、销售完成奖。其他奖励：优秀员工及团队（授予专业技术创新、服务高效、销售业绩好的员工及团队）
员工沟通与反馈	公司年会，优秀表彰等活动；每月召开全体员工会，班会等	公司年会，优秀表彰等活动；定期召开员工座谈会，高效利用网络信息系统

由此可见，企业所属的行业与公司背景不一样，企业文化及管理方式差异也就较大。制造业企业一般建立以质量为中心的品牌文化体系，强调规模作战、技术和质量管理上的严格控制，重视专业生产技术人才。高科技企业一般建立以科技开发为核心的科技文化体系，这种模式的特点是：突显以"市场促进科技开发，科技开发引导市场"的观念，培养和提升员工的科技领先意识，体现企业尊重知识、重视人才的观念，集合人才资源，建立科技创新为主的团队，强调创新，尊重个人，重视员工激励，使员工上进心与成就感强。服务业企业一般建立以客户为中心的服务文化体系，这种模式的主要特点有树立"客户至尊""超越客户期待"的服务理念，规范员工的服务礼仪，丰富服务手段，提升服务质量，完善服务系统，疏通服务渠道，提高企业在社会的亲和力和美誉度。

不同行业的企业文化特点不一样，因此，在培育企业文化时，必须对企业所处的行业环境进行分析，找准行业特点。

6.2.5　地域文化

文化的地域性差异客观存在，无论国家还是不同地区之间，不同的地理、历史、政治、经济和人文环境孕育不同的地域文化。

中国古代形成了风格各异的地域文化：长江下游江、浙、沪地区的吴越文化，长江中游江汉平原的楚文化，山东半岛的齐鲁文化，四川盆地的巴蜀文化，华北平原的燕赵文化，珠江三角洲的闽粤文化等。齐鲁文化是华夏文化的重心，以孔子为代表人物，具有伦理文化的特点，风格严谨；楚文化以庄子和屈原为代表人物，具有政治文化的特点，风格浪漫；吴越文化以王阳明为代表人物，具有经济文化的特点，风格务实。

以浙江地区为例，自改革开放以来，以吴越文化为深厚底蕴，浙江地区在社会经济发展中逐渐形成了特色鲜明的"浙江精神"——开拓的个性精神、务实的实践精神、重利的事功精神、尚学的理性精神、外向的开放精神。有着悠久历史和强烈时代精神的浙江地域文化对浙江民营企业产生了强烈而鲜明的影响。与其他地域相比，浙江民营企业具有务实、理性、开放、灵活、精明、崇尚学习、敢于创新、善于经营的特点。

文化的地域差异，甚至在城区和郊区之间都会有所体现。许多企业在选址时，就会考虑这一差异。例如：丰田汽车把总部从大城市迁移出来，把品牌培养成"乡巴佬"的样子，因为它热衷于英国和美国的乡村俱乐部的风格；世界上最大的轮胎制造商米其林公司，把总部设在家乡——以谦逊、简朴和实用著称的小城克莱蒙费朗，而不是首都巴黎，因为公司要摒弃"浮于表面和趋于时尚"的巴黎；日产进军美国时，入驻田纳西州，因为日产认为，那里强调工作道德，有着和睦相处的氛围，这些对于日本企业来说至关重要。

6.2.6　外来文化

严格地说，从其他国家、民族、地区、行业、企业引进的文化，对于一个特定企业来说都是外来文化，企业在长期的经营管理中，与众利益相关者打交道，这些外来文化在潜移默化地影响企业文化。

随着全球经济一体化进程的加深，各国经济关系日益密切，不同国家在文化上的交流与渗透也就日益频繁。例如，第二次世界大战后，日本不仅从美国引进了先进的技术和设备，也接受了美国现代的经营管理思想、价值标准、市场意识、竞争观念等，特别是美国的个人主义观念对日本的年轻一代产生了非常大的影响，连日本企业长期以来行之有效的"终身雇佣制"和"年功序列工资制"也因此受到了极大的冲击。可以这样认为，日本企业文化之树既有以中国儒家思想为中心的根，又有美国文化的叶。

中国自改革开放以来，从发达国家引进了大量的先进技术和管理经验、竞争意识、环保意识、创新观念、效率观念、质量观念、企业社会责任观念等，为中国企业文化注入了新鲜血液。

在与国内其他民族、地区、行业或企业进行经济合作、技术交流的过程中，企业文化也明显地受到外来文化的影响。例如，在建设中国大西部的过程中，军工企业向民用生产的技术转移，军工企业的严肃、严格、严密、高质量、高水平、高效率、团结、自强等优良的企业文化对民营企业的企业文化建设产生了十分积极的作用。又如，新兴的信息技术产业重视技术、创新、人才等许多因素的观念也已经对其他行业的企业文化产生了很大的积极影响。当然，即使同行业内的企业之间由于地区、环境及其他原因也会有相当大的差距，因此地区、行业、企业之间的合作与交流是非常必要的，过程中自然会伴随着企业文化的渗透和变迁。

还有国内外企业文化理论与实践对企业文化的影响。企业文化理论在总结世界优秀企业成功经验的基础上，与时俱进，不断提出现代企业管理的新理念，如，以人为本、追求双赢、创新、学习型组织、企业社会责任等。这些理念将被越来越多的企业所理解、接受和实践，从而成为企业文化中的新组成部分。

优秀的企业文化应该是开放型的，能够吸收、兼容外来文化的精华。但在借鉴外来文化过程中，必须根据企业自身独特的条件，坚持博采众长、融合提炼、自成一派的方针，有选择地吸收、消化、融合外来文化中有利于本企业的文化因素，拒绝或抵制对本企业不利的文化因素。

本章对企业文化影响因素进行了系统分析，这对于企业文化实务有两点重要启发：

其一，在剖析某一具体企业的企业文化时，只有考察企业文化的各种影响因素，才能更清晰地梳理其发展脉络；

其二，在企业文化诸多影响因素中，绝大多数因素是企业自身无法控制和改变的，只有内部因素中的领导者因素、员工因素和企业制度因素，是企业可以有所作为的。因此，在企业文化培育过程中，必须重点把握这3个关键性因素，提高企业领导者和企业员工素质，加强企业制度建设。

本 章 小 结

本章对企业文化诸多影响因素进行了系统分析，企业文化影响因素如图6.1所示。

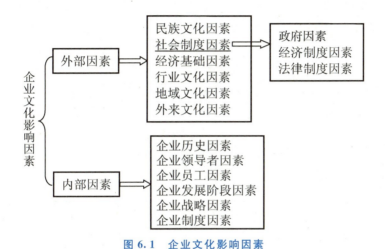

图 6.1　企业文化影响因素

习　　题

（1）影响企业文化的内部因素有哪些？
（2）企业领导者是怎样影响企业文化的？
（3）企业员工素质对企业文化有着怎样的影响？
（4）企业战略和企业文化是怎样一种关系？
（5）企业制度对企业文化有何影响？
（6）影响企业文化的外部因素有哪些？
（7）以中国、日本、美国为例，分析不同民族文化对企业文化的影响。
（8）以自己熟悉的某一企业为例，分析其企业文化的特征并剖析其成因。

【吸管大王】

讨论题

1. 请分析双童吸管公司创始人的企业经营理念。
2. 结合案例,分析公司创始人的个性如何影响企业文化。

第 7 章

企业文化的地位与功能

学习目标

1. 企业文化的地位;
2. 企业文化的功能。

导入案例

【导入案例——小米 10 年】

认识、把握、实现企业文化的功能，是研究企业文化的根本目的。优秀的企业文化构成的核心竞争力，是企业持续发展的内驱力，而落后、病态的文化则阻碍着企业的创新和发展。企业文化是一把"双刃剑"，既有正向功能和作用，也有负向功能和作用。本章主要探讨两个问题：企业文化在企业中居于怎样的地位？具有哪些功能？

7.1 企业文化的地位

每个企业都有自己的企业文化，事实上，企业文化也在默默地决定着企业命运的走向。正如哈佛大学教授特伦斯·迪尔和艾伦·肯尼迪指出的那样：每个企业都有一种文化。不管企业的力量是强还是弱，文化在整个企业中都有着深刻的影响，影响着企业中的每一件事，从某个人的晋升到采用什么样的决策，甚至员工的穿着和他们所喜爱的活动。企业文化具有极强的渗透性，它无处不在，深刻地影响着企业运行的每个层面和环节。在企业中，企业文化居于非常特殊的重要地位。

7.1.1 企业文化是企业的灵魂

企业文化是无形的，但会在整个企业中产生深刻的影响。它是企业的基因，根植于企业之中；是企业的灵魂，影响着企业中的每件事，大到企业的战略选择和制度安排，小到企业成员的一言一行。这在美国著名的管理咨询组织麦肯锡公司的"7S 框架"（图 7.1）中得到了充分的体现和印证。

据麦肯锡公司研究：决定企业经营管理成败的，主要有相互关联的 7 个要素，即"7S 框架"。其中，战略是指企业获取和分配有限资源的行动计划，结构是指企业的组织方式，制度是指信息和决策在企业内部的传递程序和系统，风格是指企业管理风格和人员的行为方式，人员是指企业人员的构成和素质，技能是指企业和其中关键人物的特长，以及竞争

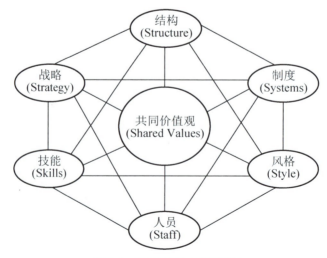

图 7.1 麦肯锡的"7S 框架"

对手所没有的卓越能力，共同价值观是指能够将员工个人与企业目标真正结合在一起的信念和目标。在"7S框架"中，前3个要素，战略、结构和制度，是决定企业经营管理成败的"硬件"；后4个要素，技能、人员、风格和共同价值观，是决定企业经营管理成败的"软件"，其中，作为企业文化核心的共同价值观处于中心地位，它把其他6个要素聚合成一个整体，是决定企业命运的关键性要素。

企业文化对于一个企业的成长发展来说，不是最直接的影响因素，但却是最根本、最持久的决定因素。企业文化全面、深刻、持久地影响着企业。先进的企业文化成为企业持续发展的内驱力，而落后、病态的企业文化则阻碍着企业的成长和发展。

7.1.2 企业文化是实现企业战略的思想保障

企业战略是以全局为对象，综合考虑供应、生产、技术、销售、服务、财务、人事等各方面因素，根据总体发展的需要而制定的企业经营活动的行动纲领。企业战略最重要的是要解决"选择正确的路"及"如何走"的问题，文化则是要找对方向，实现"上下同欲一起走"，为企业员工提供哲学之道和精神激励。

首先，企业文化引领企业战略的制定。在企业外部环境复杂多变的条件下，企业战略的选择非常困难，但是如果回到原点，立足企业使命去思考，以企业愿景为指导，选择也便有了基准。企业文化的核心要素：企业使命和企业愿景，是进行企业战略选择的逻辑起点，战略是愿景的具体化。企业战略必须与文化一脉相承，例如，日本松下公司的"自来水哲学"和以仿制概念为主的"后发制人策略"相匹配，长期保持了优质低价的竞争优势，因而最终成为家电行业里的"超级大国"。而日本的另一家企业太阳集团则奉行"大则死，小则活"的哲学，用见缝扎根的"蒲公英精神"和化整为零的经营方式，在激烈的市场竞争中得以发展壮大。

其次，企业文化决定企业战略的执行。企业战略的制定仅是企业战略管理的第一步，企业战略还需要企业全体员工去贯彻执行，否则再完美的战略也只是纸上谈兵。企业战略目标的成功实现，30%依赖于正确的战略选择，70%依赖于战略的正确执行，而企业战略的正确执行需要适宜的企业文化氛围。纵观世界上成功的企业，都有先进的企业文化作为支撑，正如美国《财富》杂志指出的那样：没有强大的企业文化与卓越的企业价值观、企业精神和企业哲学信仰，再高明的企业经营战略也无法成功。企业文化以其所营造的企业整体价值取向、经营观念和行为方式潜移默化地引导企业全体成员去贯彻、执行企业既定的战略，以保证战略目标的实现。

企业成功源于优秀的文化和战略，企业文化决定企业战略的制定和执行，是企业战略成功的思想保障。

7.1.3 企业文化是企业的原动力

优秀的企业文化以企业愿景激励人，凝聚起强大的集体意志和团队精神，为企业持续发展提供内驱力。世界上任何物质资源都可能耗尽，唯有文化生生不息，成为企业活力的原动力与内在源泉。

从组织成员个体层面看，优秀的企业文化强调员工的目标认同和行为自律，是员工活力的内在根源。企业活力最终来自组织细胞的员工，只有员工的积极性被激发和调动起来，才能使企业充满活力。只有当人主观上愿意去做事时，才会有内在的积极性，否则，只能是被动地应付。企业文化作为成员所信奉的价值观，它能让企业中的每个人都积极主动地参与企业活动，共同追求价值目标的实现。

从组织整体层面看，优秀的企业文化倡导创新，是企业创新的思想基础。人的选择及行为是受人的思想观念支配的，行为变化首先源于思想和观念的改变。在企业的运行中也是如此，企业的各个方面创新，包括制度创新、技术创新、产品创新、市场创新等，都首先起源于企业成员观念和思想的创新，即企业文化层面的创新。企业文化的创新是企业创新的先导，它为企业其他方面的创新奠定了思想基础。

企业文化是企业创新能力的原动力，是企业活力的源泉。如果一个企业形成了"倡导创新意识，运用创新思维，学习创新之道，敢于创新竞争，鼓励尝试风险"的企业文化氛围，那么，这种良好的企业文化氛围不仅有助于新思想的产生，而且也能使这些新思想迅速而有效地转变成实际运用。知识经济时代的创新特征是团队创新。倡导创新的企业文化不仅会激发企业成员个体的创新潜能，而且还会把企业内富有创新精神的个体力量凝聚、整合为团队创新的合力。

7.1.4 企业文化是企业行为规范的内在约束

在企业运营过程中，有两种约束：一种是企业制度约束，是外在约束；另一种是企业文化约束，是内在约束。两者存在的显著不同，具体如下所述。

（1）从性质看，企业文化属于"软约束"，而制度则是"硬约束"。企业文化对人的约束是建立在员工自觉基础上的自我约束，是一种"软约束"。这种约束产生于企业文化氛围、群体行为准则和道德规范中。群体意识、社会舆论、共同的习俗和风尚等精神文化内容，会产生强大的群体压力，使企业成员产生一致看法和心理共鸣，继而达到行为的自我约束。

（2）从规范操作看，企业文化是"自操作"，而制度是"他操作"。"自操作"又叫作"自控"，"他操作"又叫作"他控"。也就是说，企业文化对人们行为的规范，是赋予人们以规范，使人们自己操作，达到行为自我调节和自我控制的目的，而不需要他人的督促、指导和干预。

（3）从行为情境看，以企业文化规范人们的行为，其情境可以是模糊的、弹性的，允许人们根据基本价值观权变；而以制度规范人们的行为，其情境则必须是明确的、清晰的，制度要求人们在什么情境下应该怎么做人们就应该怎么做，不允许权变，权变行为被视为"犯规"或"失范"行为。

（4）从行为方式看，企业文化诱发的行为是自动、自觉、自愿的行为，而制度规定的行为是强制的，甚至是被逼迫、不情愿的。前者是"我想"或"我要这样做"，而后者则是"我不想，但我不得不这样做"。

（5）从行为者的感受看，企业文化所包含的价值观、作风、习俗和礼仪使人们自然而然做出符合这些规范的行为选择，行为者感受到自由、满足、轻松、自豪、自尊和自我价值；而按制度规定去行动，人们往往会体验到压力、不安、压抑、不自主和无价值。

制度约束作为一种强制性的、被动的、外在的硬约束，所起的作用往往是很有限的，它会因为企业成员的抵触而大打折扣，只有制度要求内化为员工价值观时，才能形成自我约束行为。企业文化就是一种内在的约束，它像一只看不见的手，使成员自觉自动地执行企业制度。

7.1.5　企业文化是核心竞争力的关键元素

企业核心竞争力能使企业保持长期竞争优势，是核心资源、核心知识和核心能力的组合，其最根本的特征是价值性、难以模仿性和不易替代性。

（1）价值性。核心竞争力具有经济价值，能为企业带来垄断的超额利润。企业凭借其核心资源、核心知识和核心能力能为顾客创造更有价值的产品和服务。

（2）难以模仿性。核心竞争力是企业长期积累的核心资源、核心知识和核心能力的有机综合体，是竞争对手难以模仿的。

（3）不易替代性。核心竞争力应当在较长的时间内不易被其他能力所替代，否则，其价值性就会降低，无法再继续保持企业的竞争优势。

优秀的企业文化作为企业软要素具备下述三大特征。

首先，企业文化具有价值性。优秀的企业文化塑造了令员工认同的共同目标，企业使命、愿景凝聚企业精神，激发员工的积极性和创造性，同时，优秀的企业文化具有强烈的使命感，注重客户利益和社会效益，使企业能更好地适应外部环境，在市场竞争中形成长期优势。

其次，企业文化具有难以模仿性。企业文化作为企业长期发展过程中形成的企业价值观和经营哲学，是企业所独有的，具有较强的稳定性，很难被竞争对手和其他企业所模仿。

最后，企业文化具有不易替代性。企业文化是企业组织的灵魂，是企业诸多要素的基石，它直接或间接地影响着企业的所有要素，决定着企业的发展方向和命运，是无法被其他要素或能力所替代的。

兰德公司的研究结果认为企业文化是构成核心竞争力的关键元素。他们把企业竞争力分为3个层面。第一层面是产品层，主要包括企业产品生产及质量控制能力、企业的服务、成本控制、营销、研发能力，这是表层的竞争力。第二层面是制度层，包括各经营管理要素组成的结构平台、企业内外环境、资源关系、企业运行机制、企业规模、品牌、企业产权制度，这是平台的竞争力。第三层面是核心层，包括企业文化及由企业文化决定的企业形象、企业核心专长和创新能力，这是最核心的竞争力。在第三层面的诸多内容中，企业文化是最深层次的因素。

企业要谋求核心竞争优势，必须在企业文化上下功夫。资金、技术，甚至人才都可以引进，但企业全体员工共同认同的价值理念、彼此共鸣的内心态度、众志成城的士气却是很难移植和模仿的。从这个意义上说，企业文化才是最终意义上的第一核心竞争力。因此，管理大师约翰·科特认为，企业文化在下一个十年很可能成为决定企业兴衰的关键因素。埃德加·沙因在《企业文化生存指南》一书中也指出，在企业发展的不同阶段，企业文化再造是推动企业前进的原动力，企业文化是核心竞争力。

总之，从上述内容可清楚地看出：企业文化是企业管理中一个极为关键的要素，它深刻、全面、持久地影响着企业。

7.2　企业文化的功能

企业文化是企业的灵魂，它深刻、全面、持久地影响着企业的发展，而这种深刻、全面和持久的影响又是通过企业文化对企业全体员工的潜移默化实现的。企业中任何目标、任何任务都只有通过员工的活动才能完成。员工是企业的能动要素，是企业活动的主体。企业文化就是通过影响企业中的每一个员工，从而对企业发展产生深刻、全面和持续的影响。因此，对企业文化基本功能的分析，主要就从企业文化对员工思想行为的影响角度入手。

企业文化是把"双刃剑"，因此企业文化的影响可能是积极的，也可能是消极的。

7.2.1　企业文化的积极功能

1. 导向功能

企业文化的导向功能是指它对企业整体及企业成员个体思想行为的方向所起的显示、导向和坚定的作用。企业文化反映了企业整体的共同追求、共同价值观和共同利益。强有力的文化，能够对企业整体和企业每个成员的价值和行为取向起导向作用。由于企业文化是一种集体无意识，因此这种导向功能大多在潜移默化中实现了。具体体现在两个方面。

第一，企业文化能对企业整体的价值取向及行为取向起引导作用。企业文化规定着企业发展的战略方向，企业做什么、不做什么以及怎么做。

方太公司的战略选择

宁波方太公司在 2008 年全球经济危机之后，做出了一个战略选择：砍掉 OEM（贴牌加工）业务，成立海外事业部，培育自主品牌。全球经济危机中大多企业苦于外贸订单的减少使企业生存陷入困境。而方太逆向操作，主动砍掉 OEM 板块。为此，公司要损失一成的利润，决策层意见出现了分歧，选择异常艰难。这时，公司创始人茅忠群先生回归创业初心——"创立中国自主的家电品牌"，以公司使命、愿景的高度说服决策层，最终在战略选择上达成共识。（详见第 8 章导入案例）

第二，企业文化对企业成员个体的价值取向及行为取向起引导作用。随着企业文化的形成，企业价值观和规范标准逐渐完善，如果企业成员在价值和行为取向上与企业文化的标准不一致，企业文化凭借群体压力会将其纠正并引导过来。特伦斯·迪尔和艾伦·肯尼迪在《企业文化》一书中反复强调：我们认为员工是公司最伟大的资源，管理的方法不是直接用计算机报表，而是经由文化暗示，强有力的文化是引导行为的有力工具，它能帮助员工做到最好。

国内外许多优秀企业都有明确而坚定的企业方向。因此他们不论在企业顺利、取得成功的情势下，还是在企业处境恶劣、遭遇重大挫折的情势下，都不曾发生过迷失前进方向的情况。

IBM 的服务文化

IBM 的目标是：要为顾客提供世界上最优质的服务。

他们不仅向客户提供各种机器租赁，还提供各种机器相关服务；不仅提供设备本身，还提供公司人员随叫随到的咨询服务。他们以实际行动"保证在 24 小时内对任何一个客户的意见和要求做出答复"。在服务过程中，他们也遇到过刁难与攻击，但 IBM 始终设身处地考虑客户的立场，因为他们的目标是"优质服务"，并且在任何时刻都不忘记服务这个目标。

经过长期的努力，"优质服务"几乎成了 IBM 的象征。

2. 约束功能

约束功能是指企业文化对企业员工的思想、心理和行为具有约束和规范作用。企业成员的个人目标与企业目标不可能完全相同，个人的价值观与企业的价值观也不可能绝对一致，这就决定了员工实际行为与企业要求的行为之间必然存在差距，企业应对其成员进行约束。在企业管理中有两种手段完全不同的约束：企业制度约束与企业文化约束，见表 7-1。

表 7-1　企业制度约束与企业文化约束

约束手段	企业制度	企业文化
性质	硬约束	软约束
操作	他操作	自操作
情境	明确的、清晰的、刻板的	模糊的、弹性的、权变的
方式	被动、强制、外在	自动、自觉、自愿
感受	压力、不安、压抑 无奈的、无价值状态	自由、满足、轻松、自豪 自尊和自我价值

若无规矩不成方圆。企业制度明确了底线，公正、明确、客观地保证组织基本秩序。但制度约束作为一种外在的、被动的硬性约束，有其自身无法突破的局限：如缺乏温度的制度之下员工缺乏主动性、因制度不完善可能存在的漏洞等。而企业文化以群体意识、舆论、习俗和风尚等构成个体行为从众化的群体心理压力和动力，使成员产生心理共鸣，或者因为将企业的目标、价值观和行为方式内化为员工自己的目标、价值观和行为方式，达到行为的自我约束，甚至实现管理的无为而治。因此，企业文化的约束功能可以有效弥补制度约束的不足。

3. 激励功能

激励功能是指企业文化能激发员工的动机与潜能，具有使企业成员从内心产生一种高昂情绪和奋发进取精神的效应。

优秀的企业文化强调以人为本，在管理中尊重和信任员工，对其授权赋能，从而激发员工的积极性。

优秀的企业文化强调以文化人，以企业使命、愿景、信念、企业精神引领和激发员工，将员工职业理想、工作热情融入集体事业之中，共同成长，共同发展，让员工与企业结成命运共同体。

优秀的企业文化营造公平公正的组织环境，员工的能力、付出和贡献能得到及时客观的评价和科学合理的奖励，使员工产生满足感、成就感，从而具有责任心。

人的潜力是惊人的！
电影《永不言弃》中布洛克在教练的激励下，实现了自我超越。

优秀的企业文化提供给员工多重心理需要的满足，员工以主人翁姿态关心企业发展，充满工作热情，贡献自己的聪明才智，并使自身积极性和潜能得到最大发挥。企业文化的激励功能使企业产生一种取之不尽的精神力量，不断推动企业成长，不断地为企业带来活力。

4. 凝聚功能

企业文化的凝聚功能是指当企业的价值观被企业员工认同后，就会形成一种精神黏合力，从各个方面把其成员聚合起来，从而产生一种巨大凝聚力。

（1）企业文化为企业凝聚提供了坚实的精神基础。企业如果没有坚实的精神基础，就想把全部团体和广大员工长期凝聚在企业组织内，这是根本不可能的。物质利益可能会暂时把人们笼络在一起，但它经不住时间的考验。随着时间的推移，利益的冲突会使人们分道扬镳。唯有以精神和信念为基础，才能使人们长期凝聚在一起，形成一个坚强的命运共同体。而企业文化正是企业团结的精神基础，它不仅赋予人们以共同目标、理想、志向和期望，使人们心往一处想，劲往一处使，而且赋予他们共识和同感。所谓共识，是指人们对事物的共同认识；同感是指人们对事物的共同感受体验。共识和同感是人们一致行为的前提。在企业生活中，人们只有达成共识并形成同感，才能顺利沟通，相互理解。在企业凝聚问题上，企业管理者与员工关系起着关键作用，有些企业管理者与员工关系不和谐，甚至经常处于冲突状态。究其原因，最主要、最直接的就是企业管理者与员工之间缺乏共识和同感，企业管理者的决策得不到员工的理解，员工的感受得不到管理者的共鸣，从而使管理者与员工之间产生矛盾，并由此引发整个组织的涣散。在过去，克服企业涣散状态，一般采取调换管理者、整顿纪律等措施，而忽视了企业文化建设，因此效果都不理想。现在看来，治理涣散状态的根本方针应该抓住企业文化这个主题。只有把企业文化建设好，企业员工有了共同目标，有了共识和同感，才能紧密地团结起来，使企业从根本上摆脱涣散状态。

（2）企业文化为有效解决企业内部的矛盾和冲突提供了正确的准则。对于一个企业组织来说，矛盾和冲突是不可避免的。但更重要的是及时地解决这些矛盾和冲突，促使其向有利方向转化，使之成为组织进步和团结的契机。但是，及时正确地解决企业内部矛盾和冲突并不是一件容易的事。困难的关键在于缺乏正确判断与评价是非、善恶、美丑和爱憎的准则，归根结底在于缺乏一种强大的企业文化。有了企业文化，人们就掌握了一套价值标准，知道怎样做是正确的，怎样做是错误的——这不仅能避免某些矛盾发生，防止冲突，而且即使出现矛盾和冲突时，人们也会主动、积极地寻求解决办法，而不是使矛盾和冲突经过积累，变得复杂、尖锐，致使关系紧张，损害团结，削弱组织的凝聚力。

（3）企业文化提供给员工多方面的心理满足，从而增强企业向心力。组织凝聚力可以从3个心理层次构建。第一层次是人际关系的情感联系层次，它使企业成员在互动过程中建立和谐的情感关系。第二层次是人际关系的价值取向层次，在情感层次上更进一步以价值取向为共同活动纽带："我也是这么看的""我也是这么想""要是我，也会这么做的"，价值取向的一致性强化企业内部的人际联系，增强凝聚力。第三层次是目标内化层次，企业成员将个人目标与组织目标相连接，进而将组织目标内化为个人目标，个人与组织融为一体。企业成员从情感的相互适应，到价值观的一致认同，再到企业目标内化，这是一个建立共识的过程，也是企业凝聚力由弱变强的过程。

优秀企业文化强调人本管理，注重企业内部人际关系的协调、企业成员共同价值观的塑造，以及企业共同愿景的构建，从而使企业成员从情感的相互适应到价值观的一致认同，再到企业目标的内化，企业凝聚力逐渐增强。企业文化就是通过3个关键因素——情感和谐、价值共识与目标认同提供给员工多方面的心理满足，强化企业的凝聚力。它使企业成员个人的行为、目标、思想、感情、信念、习惯与整个企业有机地统一起来，从而形成相对稳固的文化氛围，凝聚成一股无形的合力。

日本公司的"家"文化

"在日本，最成功的公司是那些通过努力与所有雇员建立出一种共命运情感的公司。"日本索尼集团董事长盛田昭夫这样总结。把每个员工视为企业不可替代的存在，理解人、尊重人、同心同德、齐心协力，这才是企业成功之道。企业内部的这种凝聚力是由企业文化所营造的氛围。

在许多日本公司，当新员工入职时，公司就对他们灌输"必须与企业同存在"的观念；当员工过生日时，公司都会有生日卡和生日蛋糕及总经理的亲笔祝福："公司为能有你这样的员工而自豪，祝福生日快乐"；当员工家庭遇到困难时，公司也会送上关怀和帮助。

盛田昭夫曾说过："对于日本最成功的企业来说，根本就不存在什么诀窍和公式。没有一种理论或者政府政策会使一个企业成功，但是，员工本身却可以做到这一点。一个日本公司最重要的使命，是培养公司和员工之间的良好关系，在公司中创造一种家庭式的情感，即管理者同所有员工同甘共苦、共命运的情感。"

日本企业以大和民族团队精神来影响员工，大大增强了企业的凝聚力。

5. 辐射功能

优秀的企业文化有自己独特的个性，这种个性在企业与外界的交流过程中得以体现、传播和扩散，从而对其他企业文化和社会文化起着改变、影响和同化作用，这就是企业文化的辐射功能。企业文化的辐射功能其实就是通过企业文化对企业外部人员的思想行为的影响来实现的，是优秀企业文化的溢出效应。

辐射功能是任何有生命力的文化都具有的功能，这一点从人类历史的文化传播现象中可以得到佐证。无论是6世纪的印度佛教文化传入中国，还是8世纪的中国儒家文化东渡日本，抑或当代西方文化的全球扩散，无一例外地说明了文化的辐射功能。企业文化也是如此，企业文化一旦形成较为固定的模式，不仅会在企业内部发挥作用，对本企业成员产生影响，也会通过各种渠道对社会文化起着改变、影响和同化作用。优秀的企业就是在自身文化的辐射过程中完成了与外界的有效沟通，树立了良好的企业形象。

企业文化的辐射有多种渠道，主要有以下5种。

（1）理念辐射，如企业名言的广泛传播。名言在文字表达上富有个性特色，内容上浓缩了企业精神、企业价值观、企业哲学。

（2）产品辐射，即企业以产品为载体对外传播企业文化。

（3）人员辐射，通过企业领导者和广大员工的语言和行为传播企业文化。

（4）媒体辐射，通过各种媒体宣传企业文化，比如广告媒体、书籍、自媒体等。

（5）组织辐射，通过企业的事件、项目、行动自觉地传播企业文化。

7.2.2 企业文化的消极功能

企业本身是一个开放的系统，必须和外界不断地交换信息、资源和能量。企业文化也一样，它促进和强化企业的某种行为，也阻碍企业的另一种行为，同时它必须与时俱进。企业文化就是一把"双刃剑"。好的企业文化，会给企业管理和发展带来诸多好处，能让企业健康持续发展；而落后、僵化的企业文化，是一剂慢性自杀的"毒药"，让企业走进充满"阴霾"的管理地带。

企业文化的消极功能，是指企业文化在其发展到成熟阶段时，所表现出来的文化惯性。当企业环境发生根本变化，企业文化落后、僵化时，这种文化惯性往往使企业抵制市场环境和产业生态施加给企业的变革压力，对企业的变革与创新起阻碍作用，这个阻碍过程主要表现在以下3个方面。

1. 变革创新的阻碍

企业文化是长期沉淀，经过多年潜移默化而成的，具有长期的稳定性。当企业面对的环境比较稳定时，企业文化所包含的共识价值观、思维方式、行为方式对企业而言很有价值，是企业众志成城的基础；但当企业所处的环境发生根本变化时，企业内部根深蒂固的企业文化就变成一种可怕的惯性，它会束缚企业成员的思想，使其不敢或不愿进行变革和创新，最终延误企业发展的时机。

当今世界变化日新月异，企业战略处于不确定环境之中。当企业环境发生巨大变化，企业战略转型之时，需要评估企业文化和战略发展的协同程度，在文化的内涵、导向和尺度上必须准确识别、剔除其中不能与当下发展战略协同的潜规则、亚文化，不断优化、丰富、校准，使企业文化始终能起到航标和指示灯的作用。否则，企业文化就会成为企业发展的阻碍，此时企业文化的力量越强，其文化惯性越大，对企业发展的阻碍也就越大。

2. 多样化的阻碍

随着经济全球化与一体化的发展，企业进入国际市场的速度加快，面临着单一同质化文化环境向多元异质化文化环境的转变，其经营活动越来越多地渗透着多样化的文化色彩。企业的管理人员和员工也来自不同的文化背景，在经营活动中会产生文化冲突与摩擦。而且企业文化越强势，这种文化冲突越激烈。

企业聘用多元文化的员工，是希望多元化员工带来的差异可以激活整个企业，为企业注入新鲜的血液，促进企业的活力。但由于企业文化强调服从、适应，企业文化的力量越强，它对员工施加的压力也就越大，也就越要求新进员工服从原有的企业文化。换言之，处于强有力的企业文化环境下，员工往往会尽力去适应原有企业文化的要求，参照大多数成员的标准调整自己的行为，以缩短企业与自己的距离。这时，消除的不仅仅是差异，那种多元化个体所带来的多样化优势也往往随之丧失。

所以，一旦强有力的企业文化抹杀了不同背景、各具特色的多元化员工所带来的独特优势，企业文化也就成了企业的文化多样化的一个巨大阻碍。

3. 并购重组的阻碍

并购重组是企业发展壮大的重要手段。近几年，国内外企业间并购重组涉及的行业、区域和规模不断扩大，收购、兼并浪潮风起云涌，而在这众多的并购案例中，真正取得成功的比例并不高。统计数据表明，只有1/4的并购企业能够取得成功，而导致并购失败最主要的原因，既不是企业外部生态环境的恶化，也不是自身战略调整的失误，而是企业文化之间的冲突。

一般而言，并购后的新企业都要进行业务整合，包括有形整合和无形整合。有形整合主要包括资产债务整合、组织结构整合、经营战略整合、员工整合等；无形整合主要是企业文化整合。许多企业在并购前会仔细调查被并购方的财务、市场和管理状况，而对企业文化方面的情况却极少考虑。企业文化是企业发展的内动力，每个企业在其发展历程中都会形成自己独特的文化，独特的企业文化是企业成功的基础，但如果发生企业并购，两个或多个企业重新组合，企业文化的差异很可能会引发文化冲突。

企业文化的冲突主要表现在以下几方面。

（1）经营理念的冲突。不同企业具有不同的经营理念，优秀企业往往着眼于长远，有清晰的企业愿景，制定适宜的远景战略规划；在激烈的市场竞争中，诚信经营，追求"双赢"或"多赢"。而有些企业只注重短期利益，忽视长期发展；在生产经营过程中，热衷于一次性博弈，目光短浅，较少顾及企业信誉，更谈不上企业品牌的创建。因此，企业并购后，可能出现经营理念上的不一致，从而产生冲突。

（2）决策管理方面的冲突。不同的经营理念导致的企业决策机制迥异。有的企业长期以来习惯于集体决策、集体论功过以及集权管理；有的企业则强调分层决策、独立决断和个人负责，以适应市场快速多变的要求。这种决策机制的冲突在来自不同的管理体制的领导层中表现得尤为突出。

（3）价值观方面的冲突。价值观方面的冲突往往表现为更深层次和更广泛的矛盾。价值观具有极强的主观性，决定着人们的行为准则。不同企业有着不同的价值判断标准、思维方式、行为标准和行为习惯。企业并购实施时，由于具有不同企业文化的人共事，每个个体都出于本能极力维护自身长期形成的价值观，排斥他人的价值观，必然会产生冲突。

（4）选人用人方面的冲突。基于经营理念和价值观的差异而导致用人制度的不同，也会成为冲突的因素。一些企业在选人用人上强调政治素质、职务对等、个人历史、人际关系等。而另一些企业则更多地强调创新素质、贡献、成就和企业管理能力，认为只有这些素质才是企业发展所需要的。由此形成的观念冲突，不仅给企业重组后的管理本身带来矛盾，也给员工造成巨大的心理压力和困惑。

因此，企业并购中的文化整合及管理，是解决并购双方文化冲突、减少并购风险的关键。

本 章 小 结

摆正企业文化的位置、实现企业文化的功能是研究企业文化的根本目的。本章分析了企业文化在企业管理中的重要地位，认为企业文化是企业的灵魂，是实现企业战略的思想保障，是企业的原动力，是企业行为规范的内在约束，是企业核心竞争力的关键元素。企业文化深刻、全面、持久地影响着企业的发展。这种影响作用是通过企业文化对人的潜移默化实现的。企业文化对员工的思想行为具有导向功能、约束功能、激励功能、凝聚功能，同时，企业文化作为社会文化的亚文化，还对企业周围的组织和个人具有辐射功能。落后、僵化的企业文化也会产生消极功能，主要表现为变革创新的障碍、多样化的障碍、并购重组的障碍。

习　　题

（1）企业文化在企业中居于怎样的地位？
（2）为什么说企业文化是企业的灵魂？
（3）企业文化与企业战略是什么关系？
（4）企业文化何以构成企业的核心竞争力？
（5）企业文化与企业活力是什么关系？
（6）企业文化具有哪些基本功能？
（7）企业制度约束与企业文化约束有何不同？
（8）企业文化通过哪些渠道辐射出去？
（9）企业文化的消极作用表现在哪里？
（10）你认为企业文化在企业管理中应置于怎样的地位？
（11）企业文化对企业战略管理、人力资源管理、品牌管理会产生怎样的影响？
（12）结合你所熟悉的某一企业，谈谈如何发挥企业文化的功能。

小米公司独特的企业文化

小米公司成立于2010年4月6日，最初的三大业务分别为MIUI手机系统、小米手机和米聊。经过10多年的发展，现已成为一家专注于高端智能手机、互联网电视以及智能家居生态建设的创新型科技企业，市值超过1000亿元。而小米公司优秀的企业文化已成为核心竞争力。

一、小米公司的企业文化特征

1. 持续创新

创新是小米公司发展的重要动力。在战略模式上，小米公司异于传统手机行业，走的是"高配置、低价格"战略。在生产模式上，小米公司创业初期的设计由摩托罗拉团队完成，生产完全外包以节省成本。在销售模式上，小米公司改变传统的分销模式，利用网络、论坛、电子商务平台，加上适当的饥饿营销，砍掉了中间商环节，既实惠了消费者，又增加了自身盈利空间。总之，创新一直贯穿小米公司的成长发展，持续创新成为小米文化的显著特征。

2. 用户参与

小米公司"以用户为中心""用户驱动创新"的理念广受用户称赞。公司坚持把用户作为推动发展的动力，在日常生产和设计上均注重用户的参与，很多产品，如MIUI系统的设计都有"米粉"的参与，还经常举办线下"米粉"见面会。通过强调用户参与，提高了用户黏度和用户交流频度，让用户变为朋友，增强品牌知名度。

3. 人性化氛围

小米公司主张建立自由、平等、轻松伙伴式的工作方式，没有KPI考核指标，以用户驱动员工创新的方式，降低沟通成本，提高员工的创造性、归属感和成就感，进而加强员工的稳定性。正因为小米公司注重人性化需求，所以小米员工的积极性远高于传统企业，也因此能建立更加深厚的用户关系。

4. 专注极致

小米公司具有极强的使命感和责任感，在系统测试和产品设计方面极其专注，极客精神体现得淋漓尽致。比如，在包装盒设计上，为了让包装盒上的LOGO有美感，设计师绞尽脑汁做了无数次尝试，直至发布会前还不放弃最后修改的机会；包装盒用料也非常好，上面站一个成人都不会变形。"用户的惊喜"是小米团队工作的动力。正是因为小米公司的极致文化，使得小米的产品质量、设计质量不断提高。

5. 终身学习

学习是创新的基础。小米公司强调树立终身学习观念，通过学习不断提高管理水平、技术水平、创新能力，真正做到与时俱进，以适应市场发展需求。小米公司的目标是"成为中国的苹果"，而终身学习观念是让小米公司努力成为一家伟大企业的必要因素。

二、小米公司企业文化构建过程

互联网时代给企业文化的建设和管理带来了新的挑战，小米公司明确自身的价值观，坚持以人为本的企业文化理念，充分发挥新媒体、自媒体的作用，从理念层、制度层和物质层出发，构建具有自身特色的企业文化。

1. 理念文化建设

(1) 使命愿景。小米公司的使命是"让科技改变生活，造福人类"，愿景是"让每个人都能享受科技的乐趣，和用户交朋友，做用户心中最酷的公司"。小米公司创造了用互联网模式开发手机操作系统、发烧友参与开发改进过程的模式，用极客精神做产品，用互联网营销模式干掉中间环节，致力让全球每个人，都能享用来自中国的优质科技产品。小米公司的核心价值观是"真诚和热爱"。

(2) 用户理念。小米公司将"让用户参与，为用户创造价值"的理念贯穿到公司的整个价值观体系中。从组织结构、员工绩效评估到日常的工作内容，都体现着这一原则。倡导和用户做朋友，每年举行零距离接触会，深入一线开展社群活动；通过各种活动让用户参与其中，满足用户内在的社交需求、价值需求、荣誉需求和参与需求。小米公司的价值观成就了今天的小米公司，小米公司与用户之间的良性循环关系也成为小米公司最大的资源。

(3) 产品理念。小米公司始终坚持做"感动人心，价格厚道"的好产品；坚持"为发烧而生"，以苛刻的态度对待产品设计，倡导极客文化；同时注重与发烧友和用户的互动，真正让用户成为生产者。小米公司发布第一款产品MIUI时功能与设计都是由社群投票产生，还收到很多社区志愿者的意见和建议，用户深度参与其中。

（4）服务理念。小米公司旨在打造企业文化，其服务体系覆盖了很多线上互动渠道，包括微博、微信、米聊、论坛等，后期还推出了小米线下体验店，加强互动交流。为了更好地打造企业文化，服务小米的粉丝和用户，将每年4月8日定为"米粉节"与用户线下互动，还不断推出"爆米花""金米兔"等活动，让用户真正走进企业。本着对服务的高度重视，建立了完善的服务体系，极大提升了用户的归属感和荣誉感。以极强的服务理念指导一系列活动，积累了宝贵的品牌发烧友，为企业的后续发展奠定了良好基础。

2. 制度文化建设

（1）组织架构。小米公司采用了扁平化组织结构，上下沟通不超过3级，分别为创业合伙人、部门主管、公司员工。讲究团队作战，灵活高效，小团队之间可以形成良性竞争，有助于创造力迸发。扁平化结构减低了公司内部沟通成本，提高了沟通效率，为公司营造了自由、平等、轻松的工作氛围。

（2）管理制度。最重要的考核指标是用户满意度。小米公司内部并没有采用KPI考核体系，甚至连打卡出勤都没有，完全依靠员工的自觉。工作中很少开会。衡量工作的指标是"用户对产品是否超出预期，用户是否自愿把产品推荐给朋友"。

（3）激励制度。小米公司从物质层和精神层激励员工。物质层面，公司实行"全员持股，全员投资计划"，并提供了持股门槛较低且灵活的股权和薪酬组合供员工选择。精神层面，公司一方面对于优秀员工给予一定荣誉，另一方面培养员工责任感和使命感。还有用户激励制度，即将用户的认可也作为一种精神激励持续鼓励小米员工成长。

3. 物质文化建设

（1）企业形象方面，企业LOGO采用了汉字"米"的拼音"MI"，M和I也分别是英文单词Mobie和Internet的首字母，表明小米公司的定位是一家移动互联网公司。而当把小米公司LOGO 180°旋转后又会发现它很像汉字的"心"。这其中有两层寓意，第一层是企业用心，第二层是用户放心。小米公司的企业形象体系还包括一个专属的吉祥物——米兔，体现出其"努力奋斗，积极向上"的状态，给人一种靠谱专注又有亲切感的直观印象。

（2）办公环境方面，前期环境比较中规中矩，后期办公室风格有了很大变化。例如小米公司打造的清河总参办公区域，以画廊为环境背景，用艺术名作装饰墙面，用伟大艺术家的名字命名会议室，希望每个在这里的员工都能像艺术家一样热爱自己的工作，做到极致和专注。

（3）产品与服务方面，小米公司以极客精神为用户提供超出预期的产品，力求精益求精打造"爆品"。作为一个用户导向型公司，小米公司的服务更是注重用户的感受，为服务好庞大的用户群体，小米公司办公室大部分是客服部门。

（资料来源：肖丽娜，徐强强，林睿婷，等，2019. 互联网时代优秀企业文化构建——以小米公司为例 [J]. 科技创业月刊，32（10）：68—70．[2022—12—13].)

讨论题

1. 小米公司的企业文化有哪些独到之处？
2. 结合案例分析：互联网时代给企业文化的建设和管理带来了怎样的挑战？

实务篇

学习目标：

(1) 正确理解企业文化建设的目标、主体、时机、基本原则、一般步骤。
(2) 掌握企业文化测量的内容、特点、维度、方法。
(3) 理解企业文化挖掘与提炼的内容和要求。
(4) 掌握企业文化培育塑造的基本流程、基本原则、路径和方法。
(5) 领悟企业文化"落地生根""化虚为实"的艺术。

本篇探讨的主题是如何进行企业文化建设，即如何有效地培育和优化企业文化，目的在于探讨培育企业文化的途径，为企业文化建设提供富有成效的方法和技巧。

显然，本篇建立在上篇所学的理论基础上，是企业文化基本原理和规律在企业文化建设实践中的运用。企业文化建设是一项有目的、有计划的系统工程，需要企业全体上下共同参与，需要选择合适的时机、确立明确的目标、遵循一定的原则、按照一定的程序、运用一定的方法去组织和实施。因此，实务篇在第8章阐述了企业文化建设的定义、目标、主体、时机、基本原则和一般步骤。企业文化建设过程是非常复杂、漫长而艰辛的，要经历企业文化的测评与诊断、挖掘与提炼、培育与塑造、巩固与传播4个阶段，前3个阶段是企业文化建设系统工程的重要阶段，本教材最后3章分别进行了深入探讨：第9章重点探讨企业文化测量的内容、特点、维度、方法；第10章探讨企业文化的培育，即企业文化挖掘与提炼、培育与塑造的内容与方法；第11章探讨企业文化"落地"的艺术，即让企业文化"落地生根""化虚为实"的方法。

第 8 章

企业文化建设

学习目标

1. 企业文化建设的定义;
2. 企业文化建设的基本目标;
3. 企业文化建设的主体及角色;
4. 启动企业文化建设的时机;
5. 企业文化建设的基本原则;
6. 企业文化建设的一般步骤。

导入案例

【导入案例——方太文化建设】

所有企业都有企业文化，但并非所有的企业都有企业文化建设。企业文化建设是在一定的文化自觉之下，为丰富、改善和强化企业文化而进行的一种活动过程。作为一种自觉行为，塑造和培育企业文化必须选择合适的时机、配置相应的资源、遵循一定的原则、按照一定的程序、综合运用各种方法。本章将探讨企业文化建设的具体定义、目标、主体、时机和原则等。

8.1 企业文化建设的定义和目标

8.1.1 企业文化建设的定义

所谓企业文化建设，即企业所进行的一种有目的、有计划地培育具有自身特色的企业文化的活动过程。具体地说，就是挖掘、提炼一套符合企业实际，有利于企业生存和发展的价值观，并在企业内部采用各种行之有效的方法，使这一套价值观得到全体员工或大多数员工的认同和接受，逐渐沉淀为全体或大多数员工的心理习惯和整个企业共同的价值判断标准、行为准则，形成企业共有的价值观，即形成其共同的做人做事的原则和方式，充分发挥每个员工工作的主动性、积极性和创造性，形成团队精神。

通常情况下，人们常常将企业文化建设与企业文化塑造、企业文化培育等几个概念等同起来。为了准确把握企业文化建设概念，必须注意下列3组概念的区别，即企业文化与企业文化建设、企业文化建设与企业文化积淀、企业文化建设与企业文化变革（或称企业文化创新）的区别。

（1）企业文化与企业文化建设的区别。

企业文化是一种客观现象，而企业文化建设则是一种自觉行为。企业文化是企业全体人员所共同认同的价值观念和自觉遵循的行为准则的总和。它是无形的，但却是企业中客观存在的一种软性要素，如企业人员的心理习惯、思维方式、行为方式及企业传统等，它体现于企业人员的言行中，体现于企业的氛围中。企业文化作为企业组织中存在的一种客观现象，是任何企业都有的。而企业文化建设作为一种自觉行为，不是任何企业都有的。企业文化建设的目的是要塑造和培育企业文化，这种自觉的行为往往是建立在对企业文化的功能有比较充分认识和理解的基础上。没有文化自觉的企业，不可能进行企业文化建设活动。

（2）企业文化建设与企业文化积淀的区别。

企业文化积淀是一种内生式的文化形成和发展过程，基于长期实践积累成功经验，通过企业内部人员自然传承，达成共识并形成行为习惯，这是企业文化形成的自然过程。

而企业文化建设则往往是从愿望出发创建价值观念体系，然后导入和宣传这套价值观体系，使之内化于心、固化于制、外化于行。与企业文化积淀的内生式特点不同，企业文化建设的特点是导入式的，它更侧重于从理想状态中总结出价值体系，为企业员工提供一个理想和规范框架。当然，这种导入也是以挖掘和提炼企业原有的文化基因为基础的。

（3）企业文化建设与企业文化变革的区别。

一般情况下，人们常把这两个概念等同起来使用，不会刻意地区别两者的不同。但严格地说，这两者是有区别的。企业文化建设着重强调企业文化的"立"，而企业文化变革则强调企业文化的"先破后立"。企业文化建设的目的在于使企业文化由模糊到清晰、由分散到统一、由自发到自觉、由弱势到强势，其实质就是培育企业的主导文化，并促进这一主导文化的"化人"功能——教育与塑造员工。而企业文化变革则是打破原有的企业文化结构并建立新文化的过程，是一个更复杂、更艰难的"先破后立"过程，包括解冻、变革、再冻结3个步骤（见第5章图5.7）。

企业文化建设和企业文化变革的内涵各有侧重，但限于篇幅，本章对此不做区分。

8.1.2 企业文化建设的目标

企业文化建设是一项系统工程。在进行企业文化建设时，必须着眼于未来，立足于企业战略，顺应企业的发展趋势。同时，必须把企业文化作为整合企业资源、全面提高企业整体素质的重要手段。

企业文化建设的目标必须根据企业的历史、企业面临的现实环境、发展战略等确定，保证企业文化建设的目标与企业的战略目标相一致，并通过企业文化建设促进企业战略的贯彻和企业的发展。企业文化建设的总体目标是：培育先进文化，提升员工素质，内强企业灵魂，外塑企业形象。详细来说，包括以下4点。

（1）构建一个有个性特色的、积极向上的企业文化体系。
（2）实现企业成员对企业价值理念的认同，提升员工素质，促进员工全面发展。
（3）通过价值共识内强企业灵魂，持续增强企业凝聚力、竞争力和创新力。
（4）外塑企业形象，塑造良好的企业品牌形象，提升企业无形资产。

企业文化建设不仅要有总体目标，在相应阶段还应有具体目标。这样在开展企业文化建设时，就可以目标明确、稳步推进、层层深入。

8.2 企业文化建设的主体

人是企业的主体，企业的一切存在都是由人创造的。在企业文化建设中，主体同样是人。但这里所要讨论的关键问题是：企业文化建设主要依赖于谁？是企业内部人员还是外聘专家？企业中处于不同岗位的人，在这一过程中究竟该扮演怎样的角色，起什么作用？

先来看下面的案例。

企业文化究竟由谁来建设

案例一

甲公司准备开展企业文化建设的消息传出后，多家咨询公司参与了此次项目竞争。经过竞标，甲公司的企业文化部聘请了知名度较高的一家咨询公司，该咨询公司在项目建议书中开列了一份人员名单，包括咨询公司老板A、一名有10年咨询经验的B和多位知名专家。

甲公司付了首付款后，项目组一行7人进驻了甲公司，7人中除了名单中的老板A、B和一名专家，其他4人都是年轻人。项目组进驻当天，老板A、B、专家和两名助手对甲公司的董事长、总经理分别进行了90分钟的访谈。次日，甲公司按计划召开了"企业文化项目启动誓师会"，由专家进行了120分钟的专题报告，老板A进行了"企业文化建设"的讲座。据甲公司企业文化部部长讲，两位的报告内容，他已经在不同场合听过多次。午餐过后，因有其他要务，老板A和专家启程奔赴机场，B和其他4个年轻人继续访谈。

接下来，甲公司企业文化部不断收到各方对咨询人员水平的质疑，部长开始坐不住了，经过一番打听后得知，留下的5人中，B的年龄是32岁，在大学本科毕业设计时，参与了一个小公司的人力资源管理软件实施，工作5年后考取MBA，毕业后进入咨询行业，主要从事人力资源咨询，所谓10年咨询经验是从毕业设计开始计算的。其他4人中，有2人是MBA应届毕业生，1人是人力资源专业在读研究生（那位专家带的研究生），1人是新闻专业本科毕业生。

部长开始着急了，频繁地和老板A联系，希望调整咨询人员，但老板A说，一线人员只是负责收集资料、进行初步分析，结论还是会由专家和他自己把关，让部长放心，配合好咨询组的工作。

一个月后，诊断报告出来了，将公司的问题点说得很清楚，并得到了董事长的肯定，部长开始有些欣慰，还特意请咨询组一起吃饭。

又一个月过去了，咨询组提交了一份企业文化设计报告，可看着这份文字华丽、引论古今中外的企业文化的设计报告，部长却感觉怎么也和自己的企业挂不上钩。

报告在讨论、修改、提交、再讨论、再修改、再提交中反复了多次，部长感觉咨询组的每一次修改其实只是按照甲公司反馈意见在改动文字，对于一个新的价值观能够在企业中带来什么反馈以及在企业的经营实际中是否联系得上似乎没有考虑。项目开始3个月后，企业文化理念体系还没有确定，甲公司董事长在和B进行了一次交流后决定终止项目。

案例二

乙公司是一家国有公司。公司在决定开展企业文化建设后，专门成立了由公司党群工作部、宣传部、市场部组成的企业文化建设小组，开始建设企业文化。

企业文化建设小组首先在全公司开展了大规模的企业文化问卷调查，并派出了多批人员参加各类企业文化培训和论坛。在经过了半年的工作后，小组向公司高层提交了企业文化体系规划草案。

公司高层很认真地研究了这份草案，书记、总经理等8位公司领导班子成员提出了非常具体的修改意见。拿到这些意见，党群部部长开始头痛了，由于意见都提得很具体，而且书记和总经理在一些关键理念上理解还不一致，意见很难统一。

第一次修改历经了3个月，第二稿提交后，有5位班子成员向党群部要来自己上次的修改意见进行对照，总经理还专门找党群部部长谈了一次，最后汇集的意见不但没有减少，反而使矛盾更加尖锐。部长向书记建议，是否在班子开会时研究一下，书记当即表示："意见没有统一，怎么研究？"

时间一天天过去，第三稿还是没有出来，企业文化小组已经不再开会了。

试结合案例分析：甲公司聘请企业咨询公司专家组进行企业文化建设失败了，乙公司专门设立企业文化建设小组，独立自主地建设企业文化也失败了，原因何在？企业文化该由谁来建设？

在企业文化建设中，主要涉及的是企业领导者、企业文化建设领导小组、企业文化处或企业文化部、企业中层管理者、企业员工和外聘专家6类重要主体，下面分别进行探讨。

8.2.1 企业领导者

企业文化建设是自上而下进行的，要建设强有力的企业文化，首要的因素是企业领导者的决策。企业领导者应把企业文化建设放在重要战略地位，予以高度重视，并在企业文化建设的不同阶段扮演好不同的角色。美国管理学家埃德加·沙因认为，领导者所要做的唯一重要的事情就是创造和管理企业文化，并具备影响文化的能力。因此企业领导者在企业文化建设过程中发挥着核心作用，扮演着以下3种角色。

(1) 企业价值观的缔造者。企业价值观是企业在经营管理、追求成功的过程中逐步建立起来，并为员工所推崇、奉行的一种共同的价值取向、心理定势和行为准则。作为企业核心的企业领导者，他的价值判断和事业追求必然会通过企业的市场定位和发展战略等经营管理过程中的细节体现出来，这些价值观通过经营管理过程影响员工的思想观念，最终形成具有特色的企业价值观。企业领导者是企业文化的活水源头。例如，惠普公司的联合创始人比尔·休利特和戴维·帕卡德的一整套企业经营管理思想后来被称为"惠普之道"，由此还催生出一种"强力型企业文化"。这种企业文化之所以形成，一方面是因为比尔·休利特和戴维·帕卡德在公司创立之初就怀有一些一致的核心价值观，另一方面则是两位创始人选拔聘用了许多具有共同价值观的管理人员，这为惠普经营策略、经营思想的建立打下了坚实的基础。

(2) 企业观念转变的带头者。随着社会、科技的发展，企业面临的环境迅速地发生变化，企业领导者必须克服惯性思维，把观念调整、转变到适应市场经济和时代发展的高度上。企业观念的转变带来企业机制的更新，企业领导者应带领全体员工不断打破僵化的和固有的旧机制，在动态中追求开放的和富有生机的新机制，同时，企业文化也必然随之做出调整和更新。在 GE 历史上最年轻的 CEO 杰克·韦尔奇执掌 GE 期间，带领公司"一路飞奔"，并因此连续 3 年在美国《财富》杂志的"全美最受推崇公司"评选中名列榜首。他的成功之处在于从根本上改变了 GE 的经营观念：将 GE 从一家制造商变为服务商并定位公司"生产"的是人才。杰克·韦尔奇也自认他一生中最大的成就莫过于培育人才。GE 正是因为有优秀的 CEO 的带领，凭借观念的转变引领整个公司文化的变化，才使得这个最大、最复杂的公司具有持久的生命力。

(3) 企业文化的实践者。企业领导者是企业的龙头，其行为是一种无声的号召，对员工起着重要的示范作用。企业领导者只有在自觉地实践企业文化的过程中，将这份集体智慧的结晶与员工一起分享，号召大家共同学习和探讨，才能让员工感到企业的亲和力、向心力和凝聚力。只有领导者和员工共同融入企业文化的实践中，企业文化才会逐步完善、定型和深入。

日本企业管理大师土光敏夫曾说，没有沉不了的船，没有垮不了的企业，一切取决于自己的努力，员工要 3 倍地努力，领导者要 10 倍地努力。在玛氏公司有这样一则故事，公司领导人福里斯特·马尔斯，夏日一天到一个巧克力工厂去视察。当他走上三楼，发现最大的巧克力机就在那里，楼内闷热难当，员工汗流浃背。他问工厂的总经理："你们怎么不在这里装上空调呢？"经理说他没做预算。弗雷斯特·马尔斯并未多说，而是走到附近的一架电话机前，给楼下的维修人员拨了个电话，请他们马上到楼上。他说："请你们到楼下把经理办公室里所有的东西搬到这台巧克力机旁。"然后他对经理说："空调什么时候装好，你就什么时候搬回自己的办公室。"玛氏公司的领导人的行为，深刻地向员工展示了公司重视员工的文化内涵。

8.2.2 企业文化建设领导小组

企业文化建设领导小组是企业文化建设的最高决策机构。它能决定企业文化发展方向，使企业选择企业文化类型，控制企业文化建设进程。因此，在决定进行企业文化建设以后，组建企业文化建设领导小组尤为重要。

企业文化建设领导小组的职责为：决策，计划，指挥，组织和协调人、财、物、时间、信息等资源，对企业文化的实施进行全员、全方位、全过程的领导和管理。其作用主要是从思想、组织、氛围上为企业文化的建设进行充分的铺垫。具体来说就是在思想上吹响文化建设的号角，在组织上建立文化建设的团队，同时在企业中营造一个适合文化建设的氛围。建立强有力的领导机制，通过广泛宣传和有效培训，让企业内部的所有成员认识到企业文化建设的来临，引发组织成员的思考，才能使企业文化建设顺利进行。

企业文化建设领导小组的构成人员往往地位较高。一般来说，组长由总经理或书记担任，副组长由副书记、副总或企业文化职能部门负责人担任。这样配置人员可以确保企业决策层中有专人负责企业文化建设工作，确保把企业文化建设的任务列入重要议事日程。领导小组成员的数量可视企业的具体情况而定，在企业文化建设初期可能只有几个人，随着建设工作的展开，领导者要有意识地对其进行扩充，除了最高领导群体外，还应包括企业各管理层级的人员和非正式管理者，以形成约翰·科特所说的"领导联盟"。

需要提醒的是，企业文化建设是一个长期、渐进、不断完善的动态的过程，领导小组作为一个决策和协调机构，不承担具体执行的职能。

8.2.3 企业文化处或企业文化部

企业文化处或企业文化部是企业文化建设的常设执行机构，承担着企业文化建设的具体执行职能，即按计划组织落实企业文化建设各阶段的具体工作，如建立企业文化的传播网络、组织企业文化培训、策划组织各种活动、组织企业文化建设绩效评估等。

在企业文化建设实践中，对于这一机构如何设置、如何运作，不同企业有不同的特点。一些大中型企业可能会设置专门的企业文化管理机构——企业文化处或企业文化部，或改组和细分人力资源部的职责。而小型企业无须专门设立一个部门，但应由人力资源部设专职或兼职岗位负责企业文化建设工作，避免组织臃肿。

在企业文化处的人员配置上，除了宣传人才外，还应该增加一些熟悉企业生产经营和工作流程的人才。因为企业文化建设不仅仅要促使人们思想意识的转变，更要引导企业在经营理念、管理模式、管理制度和行为规范等方面的变革和贯彻。

8.2.4 企业中层管理者

企业组织的中层结构比较繁杂，包括子公司、分部、事业部及总部的职能机构。岗位角色有子公司经理、分部经理、事业部长及职能部、处、室、科的负责人等。他们在企业中起着承上启下的作用，他们对待企业文化的态度不仅关系到中层管理者本身的文化认同，而且还影响到高层人员对企业文化建设的信心，以及基层员工建设企业文化的积极性。因此，在企业文化建设中，企业中层是很重要的一类主体。企业中层管理者是企业文化处（部）的配合者，同时又是各部门亚文化建设的领导者，没有他们的配合和参与，企业文化建设活动也就无法实施。他们的认同与执行是整个企业文化建设活动实施得以成功的关键因素之一。

因此，在企业文化领导小组的指挥下，由企业文化处（部）牵头，要通过强有力的培训来取得企业中层管理者的支持，使他们承担起各部门企业亚文化建设的领导责任。只有各部门密切配合、分工合作，才能将倡导的价值理念渗透到企业运作的每个环节，使企业文化建设得以切实推进。

经验表明，在企业文化建设中涉及中层的最突出问题是落实。为此，应从以下两个方面下功夫解决这个实际问题。

1. 具体化

只有具体细化的目标、要求和行为，才是可操作的、可落实的。企业中层要密切联系实际，与本部门职能、业务流程、员工岗位职责相结合，把企业文化的要素渗透到员工的工作中，落实到日常的具体工作行为上。努力把企业的理想落实为员工的具体工作目标，把一般口号转变为员工的行为指南，切实贯彻执行规章制度和员工行为规范。

2. 和谐化

企业组织中层的位置在结构上处于纵横交叉点。纵向的有上司和下属；横向的有各职能业务部门。由于地位、角色及责任压力不同，不同层级的人员之间可能会因工作意见、主张不同而发生矛盾冲突，特别是由于部门利益导致的小团体主义，使部门之间经常发生矛盾冲突。这种矛盾冲突常常使简单的关系复杂化，容易的工作困难化，使本来顺理成章应当落实的事情长期束之高阁、无人问津，严重地阻碍了企业文化建设。因此，只有协调关系、化解矛盾、消除冲突，做到各个方面和谐化，才能从根本上把企业文化建设的每一步都落到实处，扎扎实实地把企业文化建设在夯实的基础之上。

要做到和谐化，就是要以企业使命、愿景和核心价值观为纲领，顾全大局，消化冲突。首先要明确各部门的职责、权限，用规章制度形式加以牢固；其次要批判小团体主义，限制小团体利益膨胀；最后要营造协作、合作、协商的组织氛围，发扬以集体为本的团队精神。

8.2.5　企业员工

企业员工在企业文化建设中扮演着双重角色：他们既是企业文化建设的主体，即推动者和参与者，又是企业文化建设的客体，即接受者和被改变者。离开了员工，就失去了推行企业文化建设的根本意义。因此，企业员工是企业文化建设的根本力量。

企业文化建设是自上而下进行的，越到后期，企业员工的重要性也就越发突显。在企业文化建设的前期，员工更多作为被改变的客体，对企业文化建设的参与并不广泛和深入。而到了企业文化建设的核心阶段——企业文化培育阶段，员工则应该是变革的主体，要主动扭转思想认识、思维方式和行为习惯。没有员工主动参与的企业文化建设没有生命力，也是不可能成功的。

员工的参与和转变不可能轻易实现，因为员工受到惯性思维、传统情结和既得利益的影响，不会主动去认同和接纳新企业文化理念。因此，需要对员工进行系统的宣讲培训、充分的沟通互动，取得员工的理解与支持，激发员工的主动性与积极性。同时，还要将新理念渗透进员工的绩效考核中，促使员工去实践新理念，成为企业文化变革的参与者与实践者。只有这样上下齐心，才能使企业文化建设落到实处，取得良好的效果。

8.2.6　外聘专家

企业文化建设可借助专家力量。专家掌握着丰富的专业知识与经验，有专家指导，会使企业文化建设少走弯路。如果聘请了专家，那么这种指导应贯穿于企业文化建设的全过程。在企业文化建设的不同阶段，专家承担着不同的工作任务。一般来说，在企业文化测评阶段，要求专家对企业文化进行深入的考察调研后完成企业文化诊断报告；在企业文化设计阶段，要求专家和企业文化领导小组反复研究后完成企业文化设计方案；在企业文化实施阶段，要求专家提供切实可行的企业文化实施方案，给企业文化建设提供全方位的指导；在企业文化实施的导入阶段，要求专家制作企业文化培训方案，指导企业文化的培育；在企业文化建设实施了一段时间并取得了阶段性成效时，专家要提供企业文化建设考核、评估方案，对企业文化建设工作进行系统的考核、评估和总结。

外聘专家作为企业文化建设的顾问和指导，其作用是显而易见的。但必须强调的是，企业文化建设的真正主体不是外聘专家，而是企业内部人员。因为企业内部人员是最了解企业历史、现状和未来发展的人，也是与企业利益、命运休戚相关的人。在企业文化建设的漫长过程中，必须靠企业内部人员的参与、践行，内化于心，外化于行。

综上所述，企业文化建设涉及企业领导者、企业文化职能部门、企业中层干部、企业员工和外聘专家等重要主体。这些主体分别扮演着不同的角色，只有充分调动各主体的力量和积极性，明确彼此的分工，各司其职、相互配合，才能真正实现企业文化建设的目的，达到"随风潜入夜，润物细无声"。

8.3　企业文化建设的时机

企业文化建设是一个漫长、费事、彻底而吃力的程序，往往历时几年才初有成效。那么，这个程序在什么时机，在怎样的情况下启动才比较合适呢？本节的主要内容就是探讨企业文化建设的时机选择。

系统科学理论认为：系统内部具有稳定性要求，会对外来干扰产生自觉抵抗。只有系统处于临界点时，各种因素涨落很活跃，系统原有的结构才会丧失稳定性。而企业文化实际上就是不断与内外环境发生作用的系统，因此，企业文化建设可认为是系统的演化。系统论观点给出一个启示：企业文化建设不能蛮干，要学会辨别系统演变的临界点，在该点上"发力"可以事半功倍。否则，在临界点前"使劲"，就会受到系统本身的抵抗。

基于许多成功企业的经验分析得出下列6个时机往往是企业文化系统演变的临界点，即启动企业文化建设的最佳选择。

8.3.1　陷入危机时

企业危机状态可能包括财务困境时、公关危机时、失去重要客户时、竞争对手取得重大技术突破时等。按照斯蒂芬·罗宾斯的组织行为理论：在危机时刻，企业成员会更加关注企业命运，产生强烈的焦虑感和不安感，开始对企业传统文化产生怀疑，从内心产生对文化变革的需求和动力。所谓"穷则思变"，企业领导者要善于发现、利用甚至创造危机状态，传递危机感，激发文化建设的需求，使企业趋近系统演变的临界点，并在该点上把握契机，启动企业文化建设，取得"四两拨千斤"的效果。根据约翰·科特教授的研究：员工保持一定危机感，可降低变革阻力，提高变革效率。过高或过低，都可能使变革效率下降。当公司管理层75%的人，真正意识到企业状态非改不可时，变革更有可能成功。

8.3.2 战略转型时

企业在战略转型期，无论是由于战略目标的调整、经营模式的改变还是核心竞争力的重构，都可能导致企业和各部门工作目标发生改变，导致企业价值链发生改变，导致各级部门、各岗位员工的职责发生变化等。然而，由于管理体系、员工思维与行为的惯性等原因，员工的理念、思维滞后于转型战略的目标、过程和方式要求，原有企业文化与新战略下的新渠道、新模式、新技术、新市场存在种种不和谐、不协调，甚至蕴藏着文化冲突的危机。因此，必须高度重视战略转型与文化变革的协同。在企业战略转型时，启动企业文化变革，一虚一实，两手抓，让企业文化变革为企业战略转型奠定思想基础。

8.3.3 管理变革时

管理变革往往指企业的组织结构、管理制度、管理体制等发生重大调整时，从组织架构、责任机制、激励机制和约束机制等方面建设新的管理机制，改变传统的管理模式。管理模式的改变势必引起企业人员观念、心态和行为的变化，因此，要趁企业管理制度重大调整即管理变革时，不失时机地启动企业文化的变革和创新，让两者相互促进。

8.3.4 并购重组时

每个企业在其发展历程中都会形成自己独特的企业文化。如果企业并购重组导致两个企业重新组合，企业文化的差异很可能会引发文化冲突。能否妥善处理文化冲突是影响并购重组成败的决定性因素。因此，企业并购重组时，必须重点解决双方企业文化的融合问题。

8.3.5 领导更替时

企业领导者是企业文化的核心人物，是企业文化的活水源头。当企业领导班子人事更替，发生重大变化时，往往是企业文化建设的良机。所谓"新官上任三把火"，有作为的新领导者往往对企业发展有新谋划、新思路，因此，可以抓住新官上任的时机，适时地推进企业文化建设，把充满生机的新理念导入和渗透企业经营管理之中。

杰克·韦尔奇和 GE 的企业文化

1981 年，杰克·韦尔奇正式接替雷吉·琼斯，成为 GE 公司近百年历史中最为年轻的董事长兼首席执行官。他上任后最为重要的一大贡献就是重塑了 GE 的企业文化，引入了"群策群力""没有界限"等价值观。他指出："毫无保留地发表意见"是 GE 公司企业文化的重要内容，每年有数万名员工在"大家出主意会"上坦陈己见。

杰克·韦尔奇还在 GE 实行"全员决策制度"，令平时少有交流的同事，得以坐在一起讨论工作。总公司鼓励各分部管理人员在集体讨论中做决策，不必事事上报，把问题推给上级。随着"全员决策制度"的实施，公司的官僚主义作风遭到了重创。更为重要的是，此项举措对员工产生了良好的心理影响，增强了他们对公司经营的参与意识，打破了旧有的观念和办事风格，促进了不同层级之间的交流。杰克·韦尔奇也经常深入一线了解情况，在公司中，所有人都直呼其名，亲切地叫他"杰克"。

在 GE，认同企业价值观被看成头等大事，甚至新员工参加培训后是否被录用，主要就是看其能否接受公司的价值观。对此，杰克·韦尔奇的观点就是：如果你不能认同该价值观，那么你就不属于 GE。

（资料来源：https://wiki.mbalib.com/wiki/杰克·韦尔奇．［2022－12－13］.）

8.3.6　环境突变时

外部环境突变包括企业遇到重大自然灾害、生产资料的枯竭、技术的重大进步、政策的重大变化、顾客需求的重大变化等事件。一般来说，企业外部环境的重大变化会倒逼企业以变应变。如果企业不能及时调整自己的行为模式和习惯，就会失去生存、发展的机会。在这种背景下，企业应该革新企业文化，主动引领企业变革以适应环境的新要求。

企业文化变革是一个异常艰难的过程，在开启这一过程时，必须审时度势，把握时机。当企业陷入危机、战略转型、管理变革、并购重组、领导更替和外部环境突变时，是启动文化变革的好时机。企业文化变革切忌凑热闹、赶时髦、人云亦云。

8.4　企业文化建设的基本原则

在企业文化建设中，必须遵循下列基本原则：以人为本，铸造和谐；诚信为基，创新为魂；打造特色，彰显个性；积极引导，逐步推进。

8.4.1　以人为本，铸造和谐

企业的经营活动是与顾客、员工、竞争者、政府机构、社会组织等利益相关者互动的过程，企业的发展离不开这些内外利益相关者的支持和信赖。以人为本，铸造和谐是企业持续健康发展的必要前提。

文化以人为载体，人是文化生成与承载的第一要素。企业文化中的人不仅仅是指企业家、管理者、企业员工，还包括企业顾客。企业文化建设必须坚持人本导向，尤其是以员工为根本，以顾客为核心。企业文化建设中要强调关心人、尊重人、理解人、信任人和发展人。企业团体意识的形成，首先是企业的全体成员有共同的价值观念，有一致的奋斗目标，才能形成向心力，成为一个具有战斗力的整体。企业文化建设要始终坚持以顾客为导向，企业的所有经营活动以创造顾客价值为根本目标。

利益相关者理论认为：企业的生存和发展与利益相关者密切相关。这些利益相关者中有的分担了企业的经营风险，有的为企业的经营活动付出了代价，有的对企业进行监督和制约，企业的经营管理必须考虑他们的利益或接受他们的约束。企业的经营管理者要综合考量各个利益相关者的利益要求，正确处理企业与内外各种利益相关者之间的关系，使企业真正成为一个公共关系良好的和谐组织，成为和谐社会的一员。

8.4.2　诚信为基，创新为魂

诚信是优秀传统文化的重要组成部分，也是市场主体实现公平交换的底线。企业只有诚信，才能赢得利益相关者的信任和支持，失去了诚信的企业将寸步难行。所以企业文化建设中必须坚守诚信，以诚信为基。

当今社会，变化日新月异。企业要想活下来，必须学习、创新。彼德·圣吉认为，对企业而言，未来唯一持久的优势是有能力比你的竞争对手学习得更快。要持续全面创新，其中包括理念创新、体制创新、技术创新、管理创新、组织创新、文化创新等，不仅要进行改进性的创新，还要把原始创新、集成创新和消化吸收再创新结合起来，努力掌握自主知识产权的核心技术和关键技术；不仅要实现创新，还要保护好创新成果。因此，企业文化建设必须高度重视创新，以创新为魂。

8.4.3 打造特色，彰显个性

独特性是企业文化的一个重要特征。企业文化本来就是在组织发展的历史过程中形成的。每个企业都有自己的历史传统和经营特点，都有自己特定的内外环境，企业文化建设要依据这些特殊性，建设具有自己特色的文化。只有量身定做的独具个性的企业文化才有生命力。一旦富有特色的企业文化，被顾客所理解、相信和公认，企业就能在市场中独树一帜，品牌就具备了核心竞争力。

当前，不少企业在企业文化建设中企图通过照搬现有模式和简单模仿其他企业文化的办法，在短期内"打造"出企业文化体系，并以此来"装扮"企业形象，这注定是与企业文化建设目标背道而驰的。

8.4.4 积极引导，逐步推进

企业文化建设首先要构建一个企业文化目标体系，作为一个方向来积极引导，要把企业文化引导到正确的、健康的、积极向上的方向上。同时，企业文化建设是一个系统的过程，企业所期望的目标文化不会轻易迅速地形成，必须经历一段漫长的积累和沉淀。在这一过程中，应系统有序，在决策上以理念层为中心，从制度层、行为层到物质层立体推进；在岗位上从决策层、管理层到操作层逐步推进，尤其是制度层的建设，包括制度的修订完善和贯彻执行。人们思想观念的树立与相关制度的调整应是相辅相成的。其中，用人制度和薪酬考核制度是最能直接反映企业价值导向的制度，因此必须作出调整。如果一面强调创新，另一面仍然强调规避风险，又不愿提拔任用勇于开拓的干部，不愿改变原来强调资历的工资制度，那么这种创新价值观是不可能成功培育的。因此，在企业文化建设中一定要对整个企业管理和经营的系统重新审视，并积极引导、逐步推进，使新的价值观渗透于企业运作的每个层面与环节，最终体现于每个成员的言行中。

8.5 企业文化建设的一般步骤

企业文化建设一般要经历企业文化的测评诊断、设计提炼、培育塑造、巩固传播4个步骤。企业文化建设的步骤及各阶段的目标、方法和程序是本教材下篇最重要的内容，因此，将在接下来的第9～11章分别予以讨论。

本 章 小 结

企业文化建设就是指企业所进行的一种有目的、有计划地培育具有自己特色的企业文化的活动及其过程。本章主要讨论了企业文化建设的目标、主体、时机、基本原则和一般步骤。

企业文化建设的总体目标是：培育先进文化，提升员工素质，内强灵魂，外塑形象。在企业文化建设中主要涉及企业领导者、企业文化建设领导小组、企业文化处或企业文化部、企业中层管理者、企业员工和外聘专家等 6 类重要主体，他们分别扮演不同的角色。企业领导者是领袖、核心人物；企业文化建设领导小组是决策机构；企业文化处是组织机构；企业中层管理者是企业文化建设的执行者，他们响应企业文化处的组织号召，贯彻落实公司文化，同时又是本部门亚文化建设的领导者；企业员工是文化建设的终端，最终决定了企业文化建设的成败；外聘专家是指导和顾问，不能越俎代庖。

企业文化建设是一个漫长而艰辛的过程。文化建设不能凑热闹、赶时髦，必须把握时机。当企业陷入危机时，战略转型时，管理变革时，并购重组时，环境突变时，领导更替时，往往是企业文化系统演变的临界点，即启动企业文化建设的最佳时机。

企业文化建设必须遵循"以人为本，铸造和谐；诚信为基，创新为魂；打造特色，彰显个性；积极引导，逐步推进"的基本原则。

企业文化建设一般要经历企业文化的测评诊断、设计提炼、培育塑造和巩固传播 4 个步骤。

习　　题

(1) 什么是企业文化建设？
(2) 企业文化建设的总体目标有哪些？
(3) 企业文化建设涉及哪些主体，他们分别应该担任怎样的角色？
(4) 在什么时候启动企业文化建设比较有利？
(5) 企业文化建设应遵循哪些基本原则？
(6) 企业文化建设过程包括哪几个步骤？
(7) 企业文化建设是怎样的一个过程？
(8) 结合某一企业，分析其企业文化建设时机的把握。
(9) 对照企业文化建设的基本原则，结合某一企业，分析其企业文化建设存在的主要问题。

# 案例分析

传承中创新，方太的企业文化修炼之道
——茅忠群专访

"法无定法，塑造企业文化不在方法上，主要是在'理'上，只有自己学明白了，才可以灵活运用。"面对台下中小企业家的互动提问，方太集团董事长兼总裁茅忠群这样开始他的回答。这是方太集团为企业家学员精心打造的"文化体验营课程"的第三天，茅忠群的出现像一颗定心丸，让学员对前两天的课程有了更深的感悟。

改革开放以来，方太集团经历了中国民营企业发展的黄金时期。在其成长曲线上，几乎没有典型意义上的大起大落，甚至被称为从未遇到过真正对手的百亿企业。"不上市、不贴牌、不打价格战"的原则贯穿方太的发展历程。在众多浙商企业中，方太集团像一个修道者，在喧嚣的商界中盘腿而坐，静心修炼。是什么原动力，支撑方太始终淡然屹立于中国家电市场？茅忠群接受了记者的专访，讲述了近十年来方太集团企业文化的发展和探索历程。

二十余年完成了两件事

茅忠群神采奕奕而清瘦儒雅，在一副无框眼镜后面的是一张比实际年龄更显年轻的脸，像一颗"定心丸"，给人以信心。经过十几年来对中华传统文化的学习精进，这种深邃沉稳的气质在茅忠群身上愈发明显。作为文化管理之道的践行者和推动者，茅忠群自2008年开始向方太集团导入中华优秀传统文化，经过10年探索与践行，初步形成了"中学明道、西学优术、中西合璧、以道御术"的方太文化体系，该体系不但驱动了方太集团健康高速发展，还以优秀成绩打造了中国企业管理的新标杆。

作为国内顺利实现传承与转型的范本，方太集团的创办历程缔造了一段业界佳话。20世纪90年代，刚从上海交通大学毕业的茅忠群和父亲茅理翔一起跳出原本所在的电子点火枪业务领域，另起炉灶创办了一个全新的品牌——方太。"当时点火枪营业额就5000万元人民币，即使做好了又怎样，市场太小。"茅忠群在课堂上，与学员分享他的创业初心。经过半年的市场调研，茅忠群发现当年的家电行业高端市场清一色都是"洋品牌"。当时，这位看上去温文尔雅的年轻人表现出近乎固执的信念：方太集团要么不做，要做就做家电行业第一个中国人自己的高端品牌。

2017年，方太集团宣布厨电销售收入突破100亿元，成为国内首家突破百亿的专业厨电企业。这不仅是方太集团自身发展的关键节点，更是整个厨电行业的里程碑。创业至今，茅忠群总结方太集团获得的两点成绩：一是打造了家电行业第一个中国人自己的高端品牌，实现了创业初心；二是在过去十多年探索实践中，以高度的文化自信导入中华优秀传统文化，初步形成了具有中国特色的方太文化体系，成为了把中华优秀传统文化跟西方现代管理模式相结合的经典企业。

一个"文化企业"的进阶之路

1996—2002年，方太一直以"党建为特色，三品合一，诚信经营，以人为本，勇于创新"的企业文化为消费者打造高品质的产品。2002年，茅忠群再次亲自梳理方太文化，确立了方太的使命和核心价值观，并在2006年提出了"让家的感觉更好"的使命和"成为一家受人尊敬的世界一流企业"的愿景；同时提出著名的人品、企品、产品"三品合一"的企业核心价值观。

如果说，2008年之前的方太集团是在科学管理下，扎扎实实地打好了根基；那么2008年后的10年，则是这家文化企业的"灵魂进阶"阶段。2008年，方太集团正式导入中华优秀传统文化，将文化战略贯彻到企业发展的各个层面，用10年时间让全集团员工吸收中华优秀传统文化，把仁爱之心贯穿于研发、制造、销售及售后服务等每一个环节，初步形成独特的方太文化体系。

"从2008年到2018年，我们一直在实践、探索、总结、完善，并调和传统文化与西式管理的冲突。"茅忠群回顾，10年间，方太文化经历了五六个版本的升级迭代，直到2018年年初，才初步形成了比较

完善的一整套文化体系。这套体系具有一定的系统性、可复制性、可推广性。同年8月份开始，方太文化体系被整理成一门企业文化管理课程，分享给来自全国各地的企业家。

在2018年的年度发布会上，茅忠群提出了方太的新使命——为了亿万家庭的幸福。这个新使命一方面针对用户，即在10年内助力1000万个家庭提升幸福感；另一方面针对企业家，即在10年内助力10万名企业家成就伟大企业。如今，他将自己10年间在企业导入优秀传统文化的实践经验形成系统的理论，通过方太文化体验营传递、分享给其他企业。

用教育熏化的方式让企业文化走进员工心里

事实上，在企业中推行中华优秀传统文化并不简单，因此方太推进传统文化的速度并不快，尤其是推行的前5年，中国企业大环境还不是很接受将传统文化作为现代企业文化。

茅忠群总结，在企业推进传统文化的过程中，一定要把握好节奏。"修己以安人、修己以安员工"，企业家首先要先修炼自己，先学习传统文化，提高自身修养，才能将传统文化逐步推广到整个企业，以更优质的产品和服务让顾客安心。学习传统文化不能只是"学"，还要"习"，只有在实践中总结学习，以自己的不断精进影响周围的人、家人、员工和企业才会变得更好。"方太2008年刚开始导入传统文化的时候，我自己也是学得很粗浅，就是去上了几个国学班而已。靠着边学习边导入，取得了真正的进步。"茅忠群回顾道。

考虑到传统文化与西式管理的差异，茅忠群并没有以激进的手段推动传统文化落地。起初，他甚至绕过企业高管，直接面向普通员工宣贯传统文化。"因为高管多接受的是西式教育，可实际上学历越高，往往越难接受传统文化。"茅忠群和体验营内的企业家们分享经验：推动文化落地，针对不同的群体要采取不同的方式。比如，方太集团的一线员工学习《弟子规》，中高层干部学习《论语》《大学》《中庸》和阳明心学。

"这是一个慢慢熏化的过程。就像古人用熏香熏衣服，衣服上渐渐就会自然带上熏香的味道，推行中华优秀传统文化也是一样。"在推行的过程中，茅忠群采用的方式比较柔和，以润物细无声的方式潜移默化地将传统文化传递到企业中。此外，方太集团还会营造快乐学习的氛围，让员工能够更欢喜地去学、自觉地去学，不是用灌输式的教学计划，而是通过打动式的方法，通过打动人心的教材、视频，让员工真正感受到中华优秀传统文化对人生的益处，进而用到工作中。

茅忠群常告诉体验营内的企业家，在企业导入传统文化前，企业家要问自己3个问题：我是真的想导入中华优秀传统文化吗？是真的没有私心吗？是真的秉着利他的发心吗？只有从有利员工、客户和社会的角度去发心，以此导入传统文化，才会真正感染员工。

茅忠群认为方太企业文化是一种教育。教育和培训不一样，培训是开发知识和技能的工程，而教育是开发心性、开发心灵的工程。

与更多企业家分享传统文化

由于包含了方太文化的系统讲解、方太集团总部实地参观、茅忠群亲身讲解方太文化体系推进的10年经验的内容，上百名来自全国各地的企业家聚集在方太集团总部，参加这个名为"方太文化体验营"的课程。将10年实践总结的方太文化体系装进这个为期3天的文化体验营中，与各位企业家分享"方太儒道"。

每个企业所处的行业、发展阶段和规模各有不同，对于企业文化的需求也不同。方太文化体验营仅以方太自身为案例，分享方太导入优秀传统文化的经验，让前来学习的企业能够从中吸收适合各自需要的部分。"希望企业家对传统文化有一种全新的体验和理解，产生对传统文化的向往和信心，这是一个起步。"茅忠群说。

（资料来源：https：//www.tedschool.cn/manual/fotile/a67j16fn.html. ［2022—12—13］.）

讨论题

1. 在方太企业文化的形成过程中,茅忠群起了怎样的作用?
2. 在方太企业文化中有哪些值得借鉴的点?你对方太企业文化中感触最深的是什么?

第 9 章

企业文化测量

学习目标

1. 企业文化测量的意义;
2. 企业文化定性测评方法;
3. 企业文化测量的方法;
4. 企业文化测量工具;
5. 企业文化测量维度;
6. 企业文化测量量表。

> 导入案例

企业文化测量诊断是企业文化建设过程的第一步。20 世纪 90 年代以来,企业文化测量一直是企业文化理论和实践中十分重要的课题。西方在定性测评基础上又提出了定量测量的模型、工具和量表,而国内相关研究和实践还显得比较滞后。本章将介绍企业文化测量的意义、企业文化测量的方法及实施步骤、企业文化测量工具。

【导入案例——三招看企业文化】

9.1 企业文化测量的意义

有效地对企业文化进行测量是进行一切与企业文化相关的实践与研究的基础。它的意义体现在以下三个方面。

9.1.1 企业文化测量为企业文化诊断提供工具

企业文化的核心是企业价值观。企业价值观是企业在生产、管理、经营活动中所体现的判断标准和价值取向,它是一种主观性的状态。基于此,一些学者认为:对某个企业进行文化诊断的最佳方法是实地考察,采用观察、访谈甚至参与企业活动等方式来了解和分析该企业的文化内涵和文化状态。不过,这种"质"的诊断方法存在着周期长、调查面窄(尤其对大企业而言)、不便于比较分析等不足。于是在 20 世纪 80 年代中期,在对企业文化概念和结构进行探讨之后,学者便提出了用于企业文化测量、诊断和评估的模型,进而开发出一系列量表,从而实现了对企业文化进行可操作化的、定量化的深入诊断,并迅速应用于世界各地的企业。进入 20 世纪 90 年代,"量"的诊断方法,即采用企业文化量表进行大规模施测的诊断方法逐渐兴起,将它与"质"的诊断方法结合使用,既能保证文化诊断的全面性和深刻性,又能反映出特定企业环境下的文化个异性,因此受到学界的普遍认可。

事实上,从企业文化研究的发展过程来看,它走的是一条理论研究与应用研究相结合、定性研究与定量研究相结合的道路。

9.1.2 企业文化测量为企业文化变革提供依据

企业文化的变革是一个"先破后立"的过程,漫长而艰辛。企业文化测量和诊断要解决的主要问题并不仅仅是对于文化现状的评估,更重要的是应当将这样的现状置于未来发展需要的前提下进行审视对比,通过未来与现状的对比找出文化的差距或进行优劣性分析,从而确定支撑管理变革的文化创新方案。"破什么、立什么?怎么破、怎么立?"这些问题都必须建立在弄清企业传统文化老底的基础上。基于企业所面临的问题,企业传统文化究竟是怎样的?哪些是导致问题的文化根源?哪些理念和行为是落后于新环境的?哪些构成了变革的障碍?哪些仍是优秀的基因?解决问题需要怎样的新理念新思维?为解决这些问题,必须对企业文化进行测量,全面调查企业成员的价值观和行为,为企业文化变革提供事实依据。这是进行企业文化变革不可或缺的环节。

9.1.3 企业文化测量为企业文化实证研究提供科学基础

在企业文化测量的研究界一直在试图解决一个问题:"企业文化到底是什么?"在多年的

研究过程中，人们围绕这一问题的争论从来没有停止过。例如，当人们在讨论企业文化时，往往指的是企业内人们所共享的价值观。在西方传统中，习惯于使用"风气"的概念来描述团体或组织成员所共享的信念，并且形成了相应的测量工具，以至于20世纪80年代企业文化盛行之时，很多研究者也把组织风气与组织文化概念混合使用。尽管两个概念从问题的提出到内涵都不相同，但是由于组织文化测量研究的基础不够完善，使得很多人至今认为企业风气的测量可以替代企业文化的测量。因此，从学术角度来看，企业文化测量的研究实质上是为"企业文化"这一属于心理学范畴的概念寻找管理学范畴的科学解释。

9.2　企业文化测量的方法与实施步骤

自企业文化理论产生以来，企业文化测量是研究的重点之一。学者们基于企业文化理论的发展，充分运用现代管理学、统计学、心理学以及行为学等领域的理论，提出了若干测量方法，试图帮助企业找到优秀文化因子，促进企业发展、创新。对企业文化测量的研究基本沿着定性和定量两条路径发展，最终形成这两大研究阵营。

9.2.1　企业文化定性测评方法

埃德加·沙因是企业文化定性测评的代表人物。他认为组织文化是多层次的、感性的、潜在的，故而无法量化测评。文化不能通过问卷调查来评测，因为并不知道应该问什么，也不能确定回答的可信性和有效性；同时，问卷难以挖掘潜藏在人们内心深处的价值观和基本假设；另外，泛泛而谈不可能触及深层价值观。埃德加·沙因认为，企业文化测评应从文化的层次和要素出发，针对具体问题或具体事件，通过个人访谈、小组面谈等方法进行定性分析。

但在企业文化定性测评实践中，除了埃德加·沙因强调的访谈法外，还往往会综合运用资料分析法、现场考察法，甚至问卷调研法，大概方法与流程如图9.1所示。

（1）访谈法。围绕有关事件和问题，与企业领导人和部分代表性人物，以单独或小组方式进行探究式访谈，挖掘现象和事件背后的价值观和基本假设。

（2）资料分析法。阅读企业历史资料、规章制度、总结报表、重要文件、内部报刊、公司人员基本情况、先进个人材料、员工奖惩条例、宣传资料、媒体报道以及行业标杆企业资料，发现有效信息和问题、及时记录。

（3）现场考察法。直接深入企业现场进行观察和调研，从企业硬件、工作环境、业务流程到企业员工的行为态度与方式，掌握第一手的资料。必要时与员工直接进行接触访谈，从交往中获取员工对企业文化的态度和评价，发现管理问题。

（4）问卷调研法。基于企业实际设计专业的问卷，调研公司发展过程中沉淀的文化基因、企业个性特征及员工对文化的认知和期望。

埃德加·沙因建议评测企业文化的步骤如下：组建一个包括组织成员和专家的小组；提出企业的问题，聚焦于可以改善的具体领域（问题）；确保小组成员理解文化的层次模型；确定组织文化的表象；确定组织外显价值观；研究价值观与组织表象的匹配度，从不匹配处探查深层次的潜在假设；如果探查效果不理想，则重复以上步骤，直到理想为止。最后，评测最深层的共享假设，发现哪些假设有助于或阻碍问题的改善。

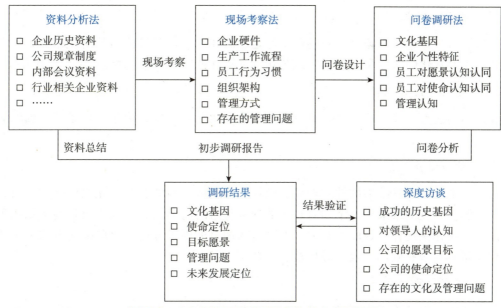

图 9.1　企业文化定性测评实践中的方法与流程

企业文化定性测评的特点是嵌入具体情境中，需要精心的解释。其优点是：获取的信息详尽、深刻和直接，特别适合个案研究或小规模的测评。其缺点是：费时费力、主观性强。企业文化评估和诊断的有效性取决于测评者的专业经验和洞察能力。

9.2.2　企业文化定量测评方法

西方学者在定性测评基础上又提出了定量测评，开发出了若干企业文化测量的模型和量表，并将取得的成果在实践中进行了检验。其中影响较大的是罗伯特·奎因的竞争性文化价值模型、丹尼尔·丹尼森的企业文化测量模型（详见9.3.2）。罗伯特·奎因认为，组织文化可以通过一定的特征和不同的维度进行研究和测量，并且认为用逻辑的、数理的方法，通过量表和问卷进行客观的测量和评估，才是真正的测评。

企业文化测量最重要的是：测量的维度框架和量表，即解决从哪些方面来测量、描述和评价企业文化特征。测量的维度必须达到3个要求：①能够反映企业文化特征，这是最基本的要求；②能够反映不同企业之间的文化差别，具有代表性；③维度相互独立，能够满足统计检验的要求。

而企业文化测量的步骤大致如下：①预先确定标准；②设计企业文化量表；③选择对象施测；④数据处理；⑤将测量数据和标准进行比对，得出测量结论。

定量测评方法的特点是通过量表和问卷收集数据、与标准比较而量化测评。其优点是：省时省力、能较好地反映员工的认同度、适合于大规模的测试和比较研究。其缺点是：量表设计要求比较严格、测试对象的态度难以把握与控制、沟通程度不够深入。

9.2.3　企业文化测量的实施步骤

企业文化的定性测评和定量测评各有千秋，在企业文化实践中，应把两种方法有机地结合起来。具体而言，企业文化测量分为以下7个步骤。

1. 前期了解阶段

通过资料分析、现场考察、问卷调研等定性测评方法，调研公司的文化基因、企业个性，及员工对文化的认知和期望，发现公司管理存在的问题及文化根源。

2. 测量模型设计阶段

通过前期接触，选择适合某企业特点的企业文化测量模型，确定测量维度，编制企业文化量表。

3. 测量模型检验阶段

为了保证最终测量结果的针对性和有效性，在进行正式的企业文化测量之前，可以安排一次预测量。预测量采用一个相对较小的样本量对之前形成的量表进行填写，回收后只进行简单的描述性统计，目的主要在于通过对预测量的因子分析，检验前期形成的文化测量模型与量表是否有效，并及时做出适当的调整。

4. 正式测量阶段

经过预测量得到修正的测量模型之后，便可扩大样本量进行正式的企业文化测量。这一阶段是企业文化测量最关键的环节，其实施质量将直接影响到样本分析的信度。根据企业的实际情况，最好的方式是确定全部样本名单后，统一时间和地点进行一次性统一测评。但很多企业由于实际情况难以落实，则可采取分批方式进行测评，不过各批次应当统一时间和地点。并且，测评现场必须有两至三人进行纪律监督，以保证测评的有效性。

5. 统计分析阶段

正式测量的问卷回收以后，先经过认真筛选将不符合统计要求的问卷剔除，否则将严重影响整体数据的一致性，导致无法获得结论或得到错误的结论；然后运用 SPSS 等专业统计分析软件对调查结果进行统计，得出结论并对其进行解释，完成定量测评报告。

6. 定性评估阶段

定性评估是定量测评的重要补充。定性测评由企业文化专业人员嵌入情境中，围绕着有关事件和问题，进行个人访谈和小组讨论，挖掘和洞察现象和事件背后的价值观和基本假设。

7. 测量结果应用阶段

企业文化测量是个系统工程，阶段的成果必须以报告的形式提交，其中包括第一阶段的定量测评报告，第二阶段的定性分析结果以及第三阶段的最终诊断报告。诊断的结果是对企业文化现状的评估，更要应用于建设有特色的企业文化。基于测量诊断结果，便可对核心理念进行梳理和提炼，推动企业文化建设进入第二阶段。

9.3 企业文化测量工具

基于对企业文化本质与特征的深入把握，西方学者研究开发了若干测量工具，包括理论模型、分析维度和测量量表，并得到实践检验，具有较强的稳定性。例如上节提到的罗伯特·奎因的竞争性文化价值模型、丹尼尔·丹尼森的企业文化测量模型等。而国内相关研究比较薄弱，至今还没有一个具有普遍应用价值的企业文化测量模型。下面介绍几种常用的企业文化测量工具和测量维度。

9.3.1 竞争性文化价值模型

竞争性文化价值模型最初的开发源于对高效率组织的主要经济指标的研究，共涉及39个能够综合地评价组织经济效率的指标。美国的罗伯特·奎因和金·卡梅隆将这些指标综合为2个方面4个维度（图9.2），以组织关注的工作内容（内部运营、外部发展）和组织采取的工作方式（灵活自主、过程控制）分析组织的价值导向。

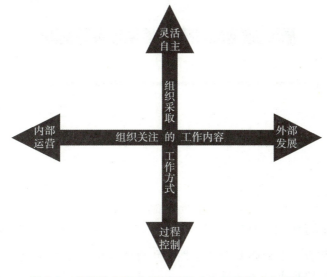

图 9.2　竞争性文化价值模型的 2 个方面与 4 个维度

根据组织关注的工作内容的不同，可将企业文化划分为组织内部取向文化和外部环境取向文化两种类型。根据组织采取的工作方式的不同，可将企业文化划分为过程控制型文化和灵活自主型文化两种类型（图9.3）。

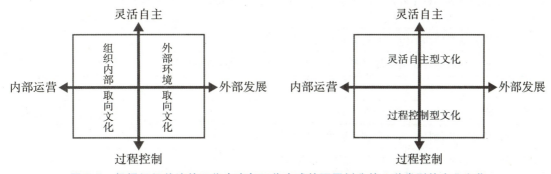

图 9.3　根据组织关注的工作内容与工作方式的不同划分的 4 种类型的企业文化

组织内部取向文化的组织往往把工作重点放在组织内部，解决战略规划和落实，解决内部的管理问题，比如IBM。外部环境取向文化的组织则提倡与外部的顾客、供应商、股东、社区、政府加强联系，设置专门的部门、工作小组协调各种外部关系，对环境、市场、资源、对手的变化密切关注，比如TOYOTA。

灵活自主型文化的组织表现为架构进一步扁平化、决策权下放、工作专业化程度降低，比如Intel、微软。与此相反的是过程控制型文化的组织，其架构等级森严、权力中心化程度很高、工作专业化程度也高，比如各个大学、政府机构。

综合组织关注的工作内容和采取的工作方式，可将企业文化划分为人本支持导向型文化、灵活创新导向型文化、目标绩效导向型文化和规范控制导向型文化4种（图9.4）。

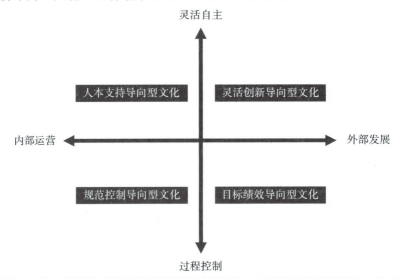

图9.4 综合组织关注的工作内容和采取的工作方式划分的4种类型的企业文化

罗伯特·奎因和金·卡梅隆基于竞争性文化价值模型，从主导特征、员工管理、领导风格、组织凝聚、战略重点和成功准则等6个维度构建了OCAI量表，见表9-1。

表9-1 OCAI量表

1. 主导特征（Dominant Characteristics）	现在	将来
A. 公司像个大家庭，存在人性化空间，员工和部门之间能够顺畅沟通		
B. 公司充满创新活力和开拓意识，领导、干部和员工愿意表现自己，并承担相应的责任与风险		
C. 公司注重目标管理和工作结果，员工看重竞争和成就		
D. 公司组织结构明确，控制系统完善，工作能够按照规章制度有效地执行		
总分	100	100
2. 员工管理（Management of Employees）	现在	将来
A. 公司的管理是以团队、参与管理和取得共识为主		
B. 公司的管理风格倡导个性、自由、创新和独特性		
C. 高度竞争、高要求、高绩效是公司管理的特点		
D. 公司寻求员工关系的稳定性、员工行为的统一和可控制性		
总分	100	100

续表

3. 领导风格（Leadership Style）	现在	将来
A. 公司领导是员工工作的指导者、培养者或促进者，像伙伴或导师一样		
B. 公司领导是开拓者、创新者或冒险家		
C. 公司领导是实用主义者、实干家，并以工作结果为导向		
D. 公司领导是资源整合者、组织者和稳定运营效率的人		
总分	100	100
4. 组织凝聚（Organizational Glue）	现在	将来
A. 忠诚和相互信任是公司凝聚力的来源，员工能够主动承担义务		
B. 公司凝聚力来自注重革新和发展，关注点是消除各种边界，融为一体		
C. 完成目标和重视结果形成公司凝聚力，竞争和获胜是公司的主调		
D. 公司凝聚力来自正式的规定和政策，重视企业的平稳运行		
总分	100	100
5. 战略重点（Strategic Emphases）	现在	将来
A. 公司重视员工的发展、员工高度信任、员工持续参与和保持开放态度		
B. 公司重视获得新资源和创造新的挑战，鼓励员工为寻找机会而尝试新事物		
C. 公司强调竞争性行动和成就，最重要的是达到目标和在市场中获胜		
D. 公司重视持久和稳定，强调效率、控制和平稳运行		
总分	100	100
6. 成功准则（Success of Criteria）	现在	将来
A. 只有重视员工发展、团队建设、员工承诺，关注员工，公司才会成功		
B. 成功意味着公司有最新或独特的技术和产品，是技术、产品的领导者和创新者		
C. 成功就是公司在市场上获胜，超过竞争对手，成为市场竞争的领导者		
D. 效率是公司成功的基础，提升效率的关键是强有力的执行力和成本控制		
总分	100	100

根据 OCAI 量表收集数据，从主导特征、员工管理、领导风格、组织凝聚、战略重点和成功准则 6 个方面计算出 ABCD 4 种类型的平均值，测量企业文化导向，并根据现在和将来的数据测评企业文化从现状认知向期望认知的文化变革方向。

经过对世界 1000 多家企业、14000 多名管理人员的测试，证明了基于竞争性文化价值模型的 OCAI 量表可以有效地测量组织的价值导向，具有很高的效度及信度。这种方法也得到了中国许多企业管理咨询公司的借鉴与运用。

每种文化类型都有各具特点的价值观和行为方式，不同企业文化都有这 4 种文化导向，但强弱结构不同。优秀成熟的企业文化在这 4 种导向上表现的更为和谐均衡。下面具体介绍 4 种企业文化导向的典型特征。

1. 灵活创新导向型文化

灵活创新导向型文化（图 9.5）的典型特征是：这种文化强调变通性和变革性，组织最关心的是能否迅速适应环境，因此在结构和人员安排上都敞开与外部的联系。组织高度重视员工创新与资源获取，持续寻求合适的供应商、了解顾客的需求、招聘有特长的员工、开拓融资的渠道、观察对手的活动。组织领导具有企业家精神，敢冒风险，能提出未来发展愿景并让员工理解。灵活创新导向的目标是建立一种灵活、机敏、外部取向、创造性的文化，实现增长并不断获取资源。其基本假设为：革新和先驱式的创始能够引领成功，组织的主要事务是开发新产品和服务，并为未来做好准备，管理的主要任务是培养企业家精神、创造力，适应和革新能够获得新的资源和更大利润，重点是创造未来的愿景。灵活创新导向文化的领导类型是：革新者、企业家、幻想家。成效标准是：创造力、增长、尖端产品。

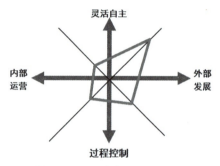

图 9.5　灵活创新导向型文化

2. 人本支持导向型文化

人本支持导向型文化（图 9.6）的典型特征是：员工的工作满意度和心理健康水平都很高；鼓励员工发展技能，开发潜能。管理过程中提倡员工参与，采用开放式沟通，领导关心和支持下级工作，用团队方式工作。这种文化重视所有员工的培训和发展，其核心价值观是归属感和信任感。目标是通过增强凝聚力、提高士气、全面培训以达到人力资源开发的目的。人本支持导向型文化的基本假设是：通过团队合作和员工发展，组织环境能够得到很好的管理，顾客被认为是组织的合作者，组织的事务是营造一个仁爱的工作环境，管理的主要任务是授权给员工并推动员工参与，保持员工的承诺和忠诚。其领导类型是：推动者、导师、父母。成效标准是：凝聚力、士气、人力资源开发。

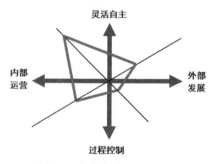

图 9.6　人本支持导向型文化

3. 规范控制导向型文化

规范控制导向型文化（图9.7）的典型特征是：具有这类文化的组织一般都已完善了信息和控制系统、规章制度、操作规程，技术规范齐备。培训的目的是让员工了解和遵从上述内容和标准。下级要向领导定时汇报工作进展情况，领导对投入比对产出更重视，在决策时往往偏于保守而拘谨。组织提倡的文化氛围是安全、稳定和秩序。组织通过信息管理达到稳定均衡发展的目的。此类的典型组织如麦当劳。规范控制导向型文化的基本假设为：层级体制是理想的组织形式，因为它能够实现稳定、高效、连续的产品和服务。在相对稳定的环境中，能够协调、整合任务和职能，保持产品和服务的统一，控制工人和岗位。清晰的决策制定机构、标准化的规则和程序以及控制和责任机制被看作此类型文化成功的关键。其领导类型为：协调者、班长、组织者。成效标准为：效率、及时、平稳运行。

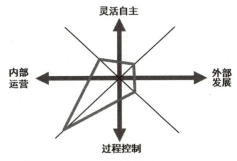

图9.7　规范控制导向型文化

4. 目标绩效导向型文化

目标绩效导向型文化（图9.8）的典型特征是：强调生产率和实现组织目标。该文化的特征是规划详尽、目标明确，领导关心的是如何满足顾客的需求，特别是准时交货，保证质量，从提高生产率和盈利率的目标出发组织生产，考核绩效。领导行为是指导的、务实的与目标取向的。组织结构以职能制为主，信息沟通按层级开展，决策集中在高层领导，组织内人人争先完成任务，在岗培训目标就是要提高员工的绩效。这种文化通过计划和设置目标取得较高生产率、效益和盈利率。此类文化的典型组织有GE（通用公司），其基本假设为：外部环境不是良好的而是敌对的，顾客是挑剔的并且对价格敏感，组织的事务是提高竞争地位，管理的主要任务是驱动组织朝着产量、结果、利润的目标努力。清晰的目标和侵略性的战略能够导致高的产量和利润。该文化的领导类型为：驱动者、竞争者、生产者。成效标准是：市场份额、目标实现与击败竞争者。

图9.8　目标绩效导向型文化

9.3.2 丹尼森企业文化测量模型

丹尼森企业文化测量模型是由瑞士洛桑国际管理学院的著名教授丹尼尔·丹尼森创建的。丹尼尔·丹尼森通过大量研究得出对企业业绩产生重大影响的4个文化特征，它们是参与性（Involvement）、一致性（Consistency）、使命性（Mission）和适应性（Adaptability）。

（1）参与性：参与性特质是指员工的参与程度、责任感、对自身岗位职责的重视情况、员工自主意识的评估，所有的企业文化都必须有员工的参与，参与性的高低反映了企业文化有效性的高低。参与性体现在授权、团队导向、能力发展三个方面。参与性文化特质中的"授权"是指员工接受授权，具备相应的主人翁意识、责任感、决策能力以及自主意识，主动完成岗位职责中规定的任务；"团队导向"即公司更加关注立足内部资源提高工作成效，高度重视公司内部团结友善的氛围；"能力发展"即公司高度关注员工专业技能，同时加大培训力度，致力于提升员工能力，并始终把提升员工能力作为在竞争中脱颖而出的主要方式。

（2）一致性：企业文化一致性特征指企业文化能够在企业中发挥的凝聚作用，具体体现是员工是否拥有了统一的价值观，面对矛盾是否能协调达成一致，实现组织的共同目标，一致性主要包括协调与整合、核心价值观以及配合。其中，"协调与整合"即公司内部各个部门之间的交流协调，避免因部门和团队的界限产生阻碍而影响合作开展，应当致力于达成统一目标；"核心价值观"即公司员工共同认可并接受的价值理念，价值理念便构成了企业文化，同时也确定了企业战略目标，促使内部员工团结一致，形成向心力；"配合"即公司决策者具备让所有员工在核心问题以及重大决策面前可以保持意见统一的能力，也就是决策者具备较强的协调能力。

（3）使命性：企业文化的使命性特质所体现的是公司和内部所有员工对公司使命的高度认同，通过制定公司战略目标以及战略发展方向等，明确公司未来发展方向，为员工指明前进方向，使命性包括了愿景、战略导向和意图、目标。使命性文化特质中的"愿景"即公司未来发展蓝图和职工对此的认可程度；"目标"即公司在短时间内需要达成的目标，通常来说目标应当比较详细并且符合实际；"战略导向与意图"即公司长远发展战略，能为员工指明努力方向。

（4）适应性：企业文化适应性特质即公司按照不断改变的外界环境来对公司内部适应进行调整的能力，并由此来促使公司内部创新改革，适应性通常涵盖客户至上、创新改革、组织学习。在这之中，"客户至上"即明确客户以及市场的实际需求，确保客户的期望得以满足，促使公司通过创新改革的方式来满足市场需求；"创新改革"即公司在面对不断变化的外界环境时所表现出的快速适应能力和勇于尝试新方法与理念的意愿；"组织学习"即公司重视自身失败经验，将其作为未来学习以及优化的机遇，然后通过激励创新的形式，加速公司整体学习能力的提升。

同时丹尼尔·丹尼森指出，以上每个文化特征各自对应3个子维度，因此丹尼森企业文化测量模型一共包括了12个维度（图9.9）。

丹尼尔·丹尼森以图9.9中的12个维度为基础，设计包含了60道题目的测试来集中考察企业文化，统计得分情况，然后结合764家企业的高管人员的具体情况，以假设方式展开研究，并通过假设的论证，形成了大量的数据结论，并以此构建了OCQ量表。

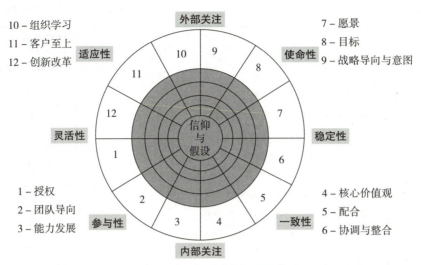

图 9.9 丹尼森企业文化测量模型

运用基于丹尼森企业文化测量模型的 OCQ 量表（表 9-2）对公司员工进行大约 20 分钟的问卷调查，根据结果进行计算，就能确定公司在 4 个文化特征 12 个维度中的得分。这些得分对公司市场份额和销售额的增长、产品和服务的创新、资产收益率、投资回报率和销售回报率等业绩指标产生着重要的影响，有助于管理者采取相应的行动来调整组织，实现战略目标。目前，OCQ 量表是衡量组织文化测量中最有效、最实用的工具之一。

表 9-2　基于丹尼森企业文化测量模型的 OCQ 量表

序号	企业文化现状	判断标准				
		非常不同意	不同意	说不好	同意	非常同意
1	绝大多数同事都高度投入他们的工作中					
2	公司的决策通常是在能最好地处理信息的层面上做出的					
3	公司信息广泛共享，员工可方便地得到自己所需的信息					
4	公司里每个人都相信他能产生积极的影响					
5	公司商业计划在制订中每个人都不同程度地参与进去					
6	公司积极鼓励不同部门之间的合作					
7	员工像团队成员那样工作					
8	团队是为了更好地完成工作而不是为了增加管理层级					
9	团队是基本的工作单元					
10	公司的工作组织得不错，每个人都知道自己的工作和公司目标之间的关系					
11	公司赋予员工权限，使得大家能够自主行事					
12	公司员工的能力正不断得以提升					
13	公司为培养提升员工的技能持续进行投资					
14	公司视员工能力为竞争优势的重要源泉					

续表

序号	企业文化现状	判断标准				
		非常不同意	不同意	说不好	同意	非常同意
15	我们常因为没有掌握必需的工作技能而出问题					
16	公司领导及管理层如同他们倡导的那样做事					
17	公司的管理风格富有特色，管理实践也与众不同					
18	公司有一套明确一致的价值观体系以指导我们从事商业活动					
19	忽视公司的核心价值观将使我们陷入困境					
20	公司有一系列行为准则，告诉我们如何分辨是非					
21	当内部发生分歧时，我们努力寻求双赢的解决方案					
22	公司有很强势的文化					
23	即使在困难问题上，我们也容易达成一致意见					
24	在关键问题上，我们经常难以达成共识					
25	公司内部对于什么样的做事方法是正确的或是错误的有明确共识					
26	我们做事情的方式非常一致和可预见					
27	公司不同部门的人有共同的看待问题的方式					
28	对公司不同职能单元之间进行协调很容易					
29	和公司其他部门的人一起工作感觉就像在和其他公司的人一起工作一样					
30	公司不同层级的目标是协调一致的					
31	公司有良好的应变性					
32	公司对竞争对手及商业环境的其他变化有很好的应变能力					
33	公司持续采用新的、更好的工作方式					
34	公司变化、变革的努力通常遭遇阻力					
35	公司的不同部门经常联合进行变革					
36	客户的意见和建议常会导致公司进行变革					
37	客户对我们的决策有直接影响					
38	公司所有成员对客户的需要有深入理解					
39	公司的决策常常忽略最终客户的利益					
40	公司鼓励员工直接接触客户					
41	我们把失败看成学习和成长的机会					
42	公司鼓励创新，并对承担风险的人给予回报					
43	公司很多事情是经过失败做成的					
44	学习是日常工作的重要目标和任务					
45	我们明确知道我们要学习什么					
46	公司有长远的目标和方向					

续表

序号	企业文化现状	判断标准				
		非常不同意	不同意	说不好	同意	非常同意
47	我们公司的战略正引导其他竞争对手做出变革					
48	公司明确的使命为我们的工作赋予意义和方向					
49	公司对于将来有清晰的战略					
50	公司的战略方向对我来说是不清晰的					
51	我们对于工作目标有广泛的共识					
52	公司领导设定的目标是高标准的,也是现实的					
53	公司领导阶层公开表达了我们要追求的目标					
54	我们根据既定的目标不断地检查工作进程					
55	大家知道为了完成工作目标应该做什么					
56	我们对于公司未来有共同的愿景					
57	公司领导眼光长远、立足长远					
58	公司里的短期想法通常服从于公司的远景					
59	公司远景激励着我们员工					
60	在不与公司远景冲突的情况下,我们能够满足短期的需要					

为了证明组织文化模型的跨文化适用性,丹尼尔·丹尼森又在俄罗斯选取 179 家公司进行了实证研究,结果表明该模型同样适用于俄罗斯的文化特征。后来,丹尼尔·丹尼森又收集了加拿大、日本、巴西、牙买加、澳大利亚、美国、南非等国家的公司数据,调查样本覆盖了美洲、亚洲、大洋洲、欧洲、非洲等。研究结果均发现企业文化特质在各个国家都有体现,不同的国家文化特质仅表现在得分情况上的差异。

9.3.3 莱恩与蒂斯特芬诺的六文化维度系统

加拿大学者莱恩和蒂斯特芬诺经过对亚洲、非洲、拉丁美洲许多发展中国家进行观察与调研,开发出六文化维度系统。这 6 个文化维度是:人与自然的关系、时间导向、人性观、活动导向、人际关系导向、空间导向。

下面采用表格形式来陈述莱恩与蒂斯特芬诺的六文化维度系统。表格中先表明了每一维度的三种典型价值形态(或价值导向),即两种相互对立的极端形态和一种中间形态;然后,说明了不同的价值观对实践中若干重要管理活动的影响。

1. 人与自然的关系

人与自然关系的典型价值形态及其对若干重要管理活动的影响,见表 9-3。

表 9-3 人与自然关系的典型价值形态及其对若干重要管理活动的影响

文化维度	表现形态		
人与自然的关系	臣服型	和谐相处型	主宰型
	对管理活动的影响		
重要的管理活动	对应的具体特点		

续表

文化维度	表现形态		
目标设置	定性手段、迟疑不定、含糊不清	权变的、按外界条件调整的	具体、充满信心、明确、高水准
预算编制	无效的、结果是事先定妥的	练习、只有实际成果才是真的	真实、有关、有用的

2. 时间导向

时间导向的典型价值形态及其对若干重要管理活动的影响,见表9-4。

表9-4 时间导向的典型价值形态及其对若干重要管理活动的影响

文化维度	表现形态		
时间导向	面向过去	面向现在	面向未来
对管理活动的影响			
重要的管理活动	对应的具体特点		
计划制订	过去做法的延伸	短期	长期
决策标准	按过去的情况决定	考虑目前的影响	考虑希望取得的结果
奖酬制度	照老规矩办	按现有合同规定办	取决于工作绩效

3. 人性观

人性观的典型价值形态及其对若干重要管理活动的影响,见表9-5。

表9-5 人性观的典型价值形态及其对若干重要管理活动的影响

文化维度	表现形态		
人性观	不可改变的	可改变的	
	性恶	中性或混合性	性善
对管理活动的影响			
重要的管理活动	对应的具体特点		
监控制度	严密的、以怀疑为基础	适度的以经验为依据	松弛的、以信息为基础的
管理风格	紧密监督专断型	中性程度监督协商型	放任参与型
组织氛围	对立性的、按章行事的	中间型、混合型	合作性的、非正式性的

4. 活动导向

活动导向的典型价值形态及其对若干重要管理活动的影响,见表9-6。

表9-6 活动导向的典型价值形态及其对若干重要管理活动的影响

文化维度	表现形态		
活动导向	自在型	自制与自控型	自为型
对管理活动的影响			
重要管理活动	对应的具体特点		
决策标准	感性的	理性的	务实性的
奖酬制度	以感情为基础	以逻辑为基础	以结果为基础
对结果的关心	自发的	目的均衡的	强制性的
信息测评制度	含糊的、以感情为基础的、直觉的	复杂的、定性的、广阔的	简单的、操作性的、指标甚少的

5. 人际关系导向

人际关系导向的典型价值形态及其对若干重要管理活动的影响，见表9-7。

表9-7 人际关系导向的典型价值形态及其对若干重要管理活动的影响

文化维度	表现形态		
人际关系导向	等级型	群体型	个人型
对管理活动的影响			
重要的管理活动	对应的具体特点		
组织结构	重视纵向差别	重视横向差别	非正规行为灵活可变、不大受组织结构制约
沟通与影响模式	以权威为基础	重点在群体内部	多层次、多方向的、按照需要进行的、开放的
奖酬制度	以地位为基础	以群体为基础	以个人为基础
群体内合作关系	有规定制度约束的、正规的	规范化的、例行的	自愿的、非正规的

6. 空间导向

空间导向的典型价值形态及其对若干重要管理活动的影响，见表9-8。

表9-8 空间导向的典型价值形态及其对若干重要管理活动的影响

文化维度	表现形态		
空间导向	私有型	混合型	公有型
对管理活动的影响			
重要的管理活动	对应的具体特点		
沟通与影响模式	一对一、秘密性	有选择、半私下的	广阔、公开的
办公室布局	强调设障碍（关门、大办公桌等）	专业区域（非正规家具与正规办公桌相邻）	按分开性、概念性布置
交往模式	相隔较远、一对一、逐个地	相距中等、人数适度、有组织地	靠的较紧、频繁接触、多方面关系（有时是同时的）

6种文化维度价值形态的完整矩阵，见表9-9。

表9-9 6种文化因素不同价值形态的完整矩阵

文化维度	表现形态		
人与自然的关系	臣服型	和谐相处型	主宰型
时间导向	面向过去	面向现在	面向未来
人性观	不可改变的	可改变的	
	性恶	中性或混合性	性善
活动导向	自在型	自制与自控型	自为型
人际关系导向	等级型	群体型	个人型
空间导向	私有型	混合型	公有型

9.3.4 中国学者提出的企业文化测量维度

心理学教授郑伯埙开创性地设计了完全中国本土化的量表——组织文化价值观量表（Values in Organizational Culture Scale，VOCS），是中国组织文化测量的奠基之作。他认为，组织文化可用来引导组织成员的个体行为，而以往组织文化测量研究缺乏相应的理论框架。他在埃德加·沙因研究成果的基础上设计了VOCS量表，包含科学求真、顾客取向、卓越创新、甘苦与共、团队精神、正直诚信、表现绩效、社会责任和敦亲睦邻9个维度。郑伯埙对这9个维度进行因子分析后，发现可得到两个高阶维度：外部适应价值（包括科学求真、顾客取向、社会责任、敦亲睦邻）和内部整合价值（包括卓越创新、甘苦与共、团队精神、正直诚信、表现绩效）。他还应用VOCS量表，通过不同的契合度计算方式，考察组织价值观和个体结果变量之间的关系。

此外，其他中国学者也在尝试开发组织文化测量工具，使之更符合具体的国情背景。清华大学经管学院较早地开展了相关研究，其企业文化测量项目组对中外企业文化的量化管理做了较系统深入的研究。在前期研究的基础上，他们提出了由8个维度：客户导向、长期导向、结果导向、行动导向、控制导向、创新导向、和谐导向和员工导向，40多道测试题组成的测量量表。北京大学光华管理学院因循国外组织文化量化研究的思路，在案例实证分析的基础上，开发了一个由7个维度（人际和谐、公平奖惩、规范整合、社会责任、顾客导向、勇于创新和关心员工成长），34道测试题组成的测量量表，后又简化为6个维度。

可以说，目前，中国不同的企业文化测量模型还停留在探索和验证阶段，这个阶段可能还有很长的路要走。原因有两个：一是中华民族文化太深厚，可能难以仅用一个模型准确概括；二是中国现有不同的企业文化测量模型的应用时间不长，还没有充分的实证材料来证实模型的稳定性，即企业文化测量模型的信度和效度都还没有得到充分的证实。

总结当前中国不同的企业文化测量模型，常用的维度有以下14个。

1. 领导风格

领导风格指企业中上级指挥、监督、协调、管理下属的方式。在儒家文化中，领导代表着权威，命令、控制与协调下属，这与西方的领导理论有很大的差异。

2. 能力绩效导向

能力绩效导向就是能者得其职，通过内外开放的职位竞争，使有能力的人走向关键职位和核心职位。以工作业绩为导向，即薪酬制度的设计、激励制度的构建，和个人的工作业绩考核挂钩。只有建立一个以能力和工作绩效为导向的激励制度，才可能真正形成强大的工作动力，推动组织整体发展战略目标的实现。

3. 人际和谐

讲究和谐的人际关系是东方国家企业文化的一个重要特征。个人之间、个人与群体、群体之间都需要传递和交流情感、思想、信息，和谐的人际关系是成功的关键。但在现实生活中，人际间的沟通往往会有障碍，跨越这条鸿沟，人们的工作效率和竞争力都会大大提高。

4. 科学求真

讲求科学求真精神指不做表面文章，实事求是。在工作中尽量相信统计数据，运用科学方法，强调数据与量化分析，通过系统实证的方式来达到一种客观的标准，而不仅仅依靠直觉来进行判断。

5. 凝聚力

企业的凝聚力是衡量企业成员为实现企业目标而相互合作的程度，它是企业成员对企业表现出来的向心力。企业凝聚力的大小反映了企业成员相互作用力的大小。凝聚力越强，企业成员之间的关系越融洽，企业的整体目标和成员的个体目标越容易实现。

6. 正直诚信

正直诚信是衡量企业成员的一项重要的品质。诚实正直，信守诺言，言行一致，不受利益和压力的影响。不徇私舞弊，不靠关系、走后门，任人唯贤，诚实纳税、不拿回扣、不送礼、不搞小团体等。勇于承认错误，敢于承担责任；客观反映问题，严厉制止损害企业利益的不诚信行为。

7. 顾客导向

顾客导向是重要的营销理念，它贯穿整个企业的生产、运营、管理等方面。这种企业非常强调创造顾客价值。企业的环境分析、市场研究、经营决策、战略战术、生产制造、销售和服务等都以顾客为出发点，建立围绕顾客的业务体系。

8. 卓越创新

现如今，追求卓越、开拓创新的精神日益得到社会的倡导，在企业中具有首创精神的员工也越来越受到重用。在这种价值观影响下，员工有强烈的自我超越意识和求胜意识，在工作中积极负责、自我要求严格，以期望达到一流的业绩标准。而企业则扮演着为员工提供相互竞争、不断成长的舞台的角色，坚持优胜劣汰，不断改善、精益求精，使得产品技术不断创新，保持领先。这种价值观在高科技企业中尤为常见。

9. 组织学习

组织学习是一个持续的过程，是组织通过各种途径和方式，不断地获取知识、在组织内传递知识并创造出新知识，以增强组织自身能力，带来行为或绩效的改善的过程。学习型文化对于保持企业活力和可持续发展来讲是必不可少的。

10. 使命与战略

企业使命是指企业对做什么和为什么有清晰的界定，有明确的事业定位和价值定位。而企业战略指对如何实现企业愿景所进行的全局性、系统性的谋划。企业使命、愿景是制定战略的逻辑起点，战略是愿景的具体化策略。

11. 团队精神

企业是一个组织，团队精神是组织的集体意志与精神动力，是组织实现协同效率的保障，是优秀企业文化的重要特质。企业的发展及员工个人自我价值的实现，都有赖于员工之间的相互协作。一群人同心协力，集合团队的智慧，共同创造一项事业，其产生的群体智慧将远远高于个人智慧。

12. 发展意识

发展意识指员工对企业未来发展前景的认识和态度。员工的发展意识是企业前进的原动力，而与发展意识紧密相连的是危机感。在市场竞争中，必须让员工清楚企业所面临的机遇和挑战、企业自身的优势和不足，从而激发员工的危机感和紧迫感，使他们自动自觉地思考企业未来的发展问题，不断前进，永不满足。

13. 社会责任

企业作为社会成员，在谋求自身利益的同时，必须保护和增加社会利益。企业对于社会责任的理念、行为、绩效及管理机制是企业文化的一条重要内容。

14. 文化认同

文化认同指企业领导者和管理层所提倡的价值观、行为规范在员工中得到认同的程度。只有员工认同才是真正的文化，文化一定是内化于心，外化于行的，未达成共识的口号不是文化。

本 章 小 结

企业文化测量为企业文化诊断提供工具，为企业文化变革提供依据，是企业文化建设的第一步，是一切与企业文化相关的实践与研究的基础。本章着重介绍了企业文化测量的意义、方法、流程、维度及量表。

企业文化测评有定性与定量两种方法。企业文化定性测评方法主要有访谈法、资料分析法、现场考察法，问卷调研法等。企业文化定量分析，基于企业文化测量模型、测量维度和量表，收集数据，通过定量分析，来测量、描述和评价企业文化特征。两种方法各有千秋，在企业文化测评实践中，应把两种方法有机地结合起来。

企业文化测量的重点是企业共同价值观与基本假设。企业文化测量的核心是编制企业文化量表。为此，先要构建企业文化测量的理论框架，设计适合企业特色的测量维度，然后再针对各个维度编制量表。竞争性文化价值模型和丹尼森企业文化测量模型是两种常用的企业文化测量工具，二者均有理论框架、测量维度和量表，并得到实践检验，具有较强的稳定性，也得到了中国许多企业管理咨询公司的借鉴运用。国内目前企业文化测量的相关研究比较薄弱，至今还没有一个具有普遍应用价值的企业文化测量模型。

习　题

（1）企业文化测量有哪些意义？
（2）企业文化定性测评有哪些方法？
（3）企业文化测量的大致流程是什么？
（4）比较企业文化定性测评和定量测评的优劣。
（5）企业文化测量的基本步骤有哪些？
（6）竞争性文化价值模型有哪些测量维度？
（7）请解释丹尼森企业文化测量模型的测量维度。
（8）试比较东西方企业文化测量维度的不同。
（9）请评价竞争性文化价值模型。
（10）请评价丹尼森企业文化测量模型。

东方能源公司的企业文化测量

东方能源公司是一家集能源、化工、贸易、工程技术为一体的大型综合性工业集团公司。自1998年起，集团公司内部进行了大规模的资产重组和改制上市，经过分立、分离、分流，于2000年成立了股份有限公司，并于年底在香港上市。由于集团公司生存条件发生了巨大的变化，企业内外部环境日趋复杂，竞争日益激烈，不确定性因素增多，企业领导层决定实施一系列变革措施，其中一项重要内容为企业文化变革。为此，公司责成企业文化部在近期提交一份企业文化变革实施建议书。

文化部部长杨卓在东方能源公司工作20余年，对公司的发展了如指掌，他深信此次的企业文化变革是适应集团公司发展战略的必要步骤。"我们首先要对集团公司现有的文化材料进行盘点，再决定需要干什么。"杨卓的脑海里渐渐形成了一个计划。

1. 东方能源公司企业文化传统的宏观描述

东方能源公司白手起家，克服一个个困难，"手拉肩扛"，为中国实现能源自给做出了贡献，形成了优秀的企业传统和丰富的文化内涵，主要有以下5个。

（1）形成了"艰苦奋斗，爱国创业"的八字企业精神。
（2）涌现出许多在全国产生巨大影响的英雄人物和先进团体。
（3）形成了独特的"五过硬"企业作风和"有红旗就抗，有排头就站"的进取意识。
（4）形成了"一切为了祖国富强"的共同理想和人生价值观。
（5）拥有良好的业绩形象和实力形象，曾经被权威杂志评定为"年度最佳交易股票""中国最佳新上市公司"等。

2. 所处行业的文化特征描述

能源行业几十年的文化底蕴对东方能源公司产生了深刻影响。首先，能源行业所体现出的民族文化特征明显：以仁化人，以道教人，以德立人，重视思想教育，重人伦；"天人合一"，讲伦理道德，强调整体意识和大局观；"重义轻利"，社会责任感强，有强烈的为国争光、为民族争气、自立自强的进取意识。其次，受到能源行业中的准军事化作风影响，使命感强，纪律严明，崇尚艰苦奋斗、集体主义的精神。最后，整个能源行业也受到改革体制、转换机制的大环境影响，带有深刻的时代精神烙印，商品经济意识灵活，经营意识、市场竞争意识和效益意识正在复苏，呈现出价值观多元化的倾向。总而言之，整个能源行业中民主意识与家长制观念并存、个性发展与大一统观念并存、创新和竞争意识与中庸保守之道并存、改革开放意识与封闭保守意识并存、法治观念与人治现象并存、效率观念与平均主义思想并存、现代经济利益与重仕轻商观念并存。

3. 东方能源公司的企业文化测量

为了更全面深入地了解集团公司的企业文化状况，杨卓专门组织了一次企业文化问卷调查，共发出问卷 1000 份，回收有效问卷 961 份，样本覆盖了集团公司所属的能源生产、加工、运输、销售、科研、事业等各类企业 71 家，调查对象包括工人（占 35%），各级管理干部（占 35%），科研人员（占 20%），后勤、事业、服务人员（占 10%）。问卷采用标准化问题与开放式问题相结合的形式，设计单选题 33 道、多选题 9 道、开放式问答题 3 道。整个调查问卷的结构如下。

①员工对企业文化更新的需求；②员工对企业形象的认同；③企业理念需要更新的内容；④企业理念的宣传；⑤员工对企业理念的认可；⑥员工对企业的忠诚度；⑦员工对企业改进的期望；⑧企业制度的制定与执行状况；⑨员工对企业的信心；⑩员工积极主动性的发挥状况；⑪员工培训与素质提高状况；⑫企业民主管理与民主参与状况；⑬决策与协调状况；⑭企业创新意识；⑮组织风气状况；⑯企业文化建设状况。

以下为调查问卷当中的一些题目。

(1) 您认为本单位的企业民主作风、民主管理工作情况属于？
①很好；②良好；③一般；④较差。

(2) 您认同下面哪些观点？（多选题）
① 成本控制是企业成功的关键；
② 培养国际化视野是走向世界的前提；
③ 诚实守信是企业经营之本；
④ 学习与创新是应对入世后国际竞争环境的根本手段。

(3) 您认为现有的企业精神哪些需要继承下来并进一步发扬？（开放式问题）

4. 东方能源公司的企业文化测量结果分析

所有的问卷结果都采用百分数的方式进行分析。例如，您认为当前制约东方能源公司经济效益提高的主要原因是：①管理理念落后；②体制机制僵化；③发展战略不明确；④人才流失严重。企业文化测量结果见表 9 - 10。

表 9 - 10　企业文化测量结果

管理理念落后	体制机制僵化	发展战略不明	人才流失严重
48.6%	19.5%	11.8%	20.1%

经过分析，杨卓认为已经初步得到了东方能源公司企业文化的大致特征。

1. 文化变革优势

(1) 有着优良的文化传统，企业精神至今影响深刻。
(2) 员工对企业的忠诚度高，士气高昂，凝聚力强，关注企业发展。
(3) 组织风气正，先锋模范作用明显，民主作风、民主管理状况较好。
(4) 制度执行比较彻底。
(5) 员工思想素质高，自律意识强，积极上进。
(6) 员工愿意从事创造性工作。
(7) 员工有更新理念的意识和需要。

(8) 企业正处于转型期,有利于人们建立文化变革的心理准备。

2. 文化变革劣势

(1) 企业形象、标识的认同感差。
(2) 员工对企业以人为本、规范管理方面并不满意,对福利待遇存在不满。
(3) 企业理念较落后,时代感不足,市场意识、效率意识、质量意识、创新意识不足。
(4) 存在粗放管理、成本过高的现象。
(5) 员工积极主动性没有得到充分发挥。
(6) 企业战略和经营理念的沟通不够。
(7) 存在企业文化与企业管理机制之间的冲突。

"有了这些,明天终于可以动手写集团公司企业的文化变革建议书了"杨卓长长地叹了口气。

(资料来源:张德,2003.企业文化建设[M].北京:清华大学出版社。)

讨论题

1. 作为一个传统大型国有企业,你认为应该从哪些维度来分析东方能源公司的企业文化?杨卓的测量维度和测量题目的设计合理吗?

2. 如果你是东方能源公司企业文化部的成员,会就企业文化测量这项工作向部长杨卓提出哪些建议?

第 10 章

企业文化的培育

学习目标

1. 企业文化挖掘、提炼的内容与方法；
2. 企业文化挖掘、提炼应遵循的原则；
3. 企业文化培育的基本流程；
4. 企业文化培育的基本原则；
5. 目标文化的认同过程；
6. 企业文化培育的一般方法。

【导入案例】

【导入案例——董明珠与格力】

在企业文化测量诊断的基础上,挖掘、提炼企业文化的核心要素,构建企业的目标文化,并使目标价值观自上而下渗透企业的业务运行和日常管理之中,内化于心、外化于行、固化于制。这是企业文化建设的核心环节。本章着重探讨企业文化建设的实施过程,即企业文化的挖掘、提炼和培育、塑造。

10.1 企业文化的挖掘与提炼

10.1.1 企业文化挖掘、提炼的内容与方法

在企业文化挖掘与提炼阶段,企业领导者要带领企业的中高层管理者一起,深入思考下列有关企业的根本性问题。

(1) 我们是谁?究竟要做什么?我们的企业为什么可以存在?

(2) 我们要到哪里去?我们期望企业未来是怎样的?

(3) 我们关键的成功因素何在?秉承什么?反对什么?

(4) 我们存在哪些问题?实现理想的道路上还缺什么?

(5) 怎样才算成功?成功标准是什么?

一起探讨,深入挖掘,反复提炼,达成共识。必要时,可引入外部咨询团队帮助企业进行挖掘和提炼。但外部专家只是顾问,往往只是起辅助作用,帮助企业领导者坚定其已有的想法、唤醒其潜在的意识、理清其烦乱的思维。最终起决定作用的还是企业领导者自己的愿景和思路。在上述问题的回答达成共识后,还需要斟酌表达的文字和方式。注意使用简明扼要的独具特色的文字和方式,清晰表达企业的核心价值观(包括使命、愿景、信念)和企业精神等,构成企业文化的理念体系,作为企业文化建设的方向和目标。在目标文化挖掘、提炼时,切忌堆砌庞杂、繁多的理念,避免造成员工认知的困惑。

10.1.2 企业文化挖掘、提炼应遵循的原则

企业文化的形成和变迁受诸多因素影响,在挖掘、提炼时要考虑企业文化的一些关键影响因素,如企业的经营领域、领导者的特质、员工素质及需求特点、企业的优良传统等。企业文化的挖掘、提炼应遵循以下 6 个基本原则。

1. 历史性原则

文化没有沉淀就没有厚度。企业文化建设离不开企业传统,无法与企业历史割裂。企业文化的挖掘、提炼过程,就是回顾、梳理企业历史,从中挖掘企业的关键成功因素,寻找员工和企业的优秀精神传统,从企业醇厚的文化底蕴中发现优秀文化基因的过程。

每个企业都有其特定的发展历程,会形成企业自身的许多优良传统,许多信念已经在员工心目中沉淀下来,潜移默化地影响着他们平时的各项工作。这些优秀的文化传统和文化基因对企业未来发展具有非常积极的作用。因此,在提炼企业文化时必须尊重企业历史,尊重企业传统。

2. 社会性原则

在社会环境之中，企业与社会的关系是"鱼水关系"，坚持企业文化的社会性原则，有利于企业的生存和持续发展。但这并不是要放弃企业的主体性，去迎合公众。企业的经营活动要围绕"顾客第一"的思想，同时，还要体现服务社会的理念，树立良好的公众形象，顺应社会历史潮流，才能使企业持续发展。

3. 个异性原则

企业文化的挖掘、提炼要突出企业自身特色，体现企业的历史特点、人员特点、行业特点、地域特点，要让员工强烈感受到企业文化所具有的独特魅力，是与众不同又倍感亲切的。在挖掘、提炼过程中，可借鉴、吸收他人之长，但绝对不能简单地复制。即使价值理念的内容差不多，表达理念的文字和形式也可以独具个性。

案例 10-1

阿里土话

阿里土话，是阿里巴巴公司发展过程中沉淀出来的管理精华，是阿里人提炼概括的公司管理理念，表达非常独特，极有个性，张贴在阿里巴巴公司墙上。王建和，是阿里巴巴公司的文化布道官，是《阿里巴巴管理三板斧》的作者，他曾总结了 102 句阿里土话。这里分享一下其中的一些精彩片段，体味一下"阿里味"。

（1）If not now, when? If not me, who?（此时此刻，非我莫属）

——舍我其谁的承担，洋溢着阿里人的斗志和士气！

1999 年 11 月 11 日，阿里巴巴高调发布人才招聘信息。当天阿里巴巴在《钱江晚报》第八版上发布招聘广告，第一次发出"If not now, when? If not me, who?"（此时此刻，非我莫属）的英雄帖，这句豪言壮语响当当地说出了"舍我其谁"的使命感和责任感，让阿里人听来热血沸腾，成为阿里人的经典土话。

（2）今天最好的表现是明天最低的要求。

——时常用这句自信和进取的话鼓励个人和团队，相信我们能做到，相信明天会更好！

（3）快乐工作，认真生活！

——阿里人是一群有梦想、有激情，能实干但很会生活的人！他们能每天把工作后的笑脸带回家，第二天能把生活的快乐和智慧带回阿里！时间是挤出来的，把握好工作和生活的平衡，给生活时间越多的人，工作上也会做得很好。

（4）梦想不足以让你到达远方，但是到达远方的人一定有梦想！

——喜欢阿里同事有梦想，有什么样的梦想？梦想别太大，假大空的没有意义。年轻人梦想：我想有点钱、我想做成事、我想买个房子、我想买辆车、我想讨老婆、我想嫁人、我想生孩子，这是实实在在的。

（5）想不等于做，做不等于做到，做到不等于得到，更不等于成功。

——想清楚了就要去做，不做永远不会有结果；做了就要尽量做到最好，做到满足期望；做到了还要有所领悟，有所收获，并总结经验教训以供他人学习。

(6) 没有过程的结果和没有结果的过程都是浪费。

——过程和结果都一样很重要,而且这两者密不可分,好的过程带来好的结果,而好的结果源于好的过程。

(7) 不要给失败找理由,要为成功找方向。

(8) 做发动机,不要做飞轮。

——飞轮靠别人推动,发动机推动别人。所以阿里巴巴曾经有过一个"推车"项目,把飞轮变成"发动机"。

(9) 公司要为员工创造环境,但员工的成长最终是靠自己。

(10) 今日因,明日果。

——今天的结果不是今天造成的,只有未来的结果才是今天决定的。不要纠结于已成的事实或追究过去的缘由,更应该重视今天的每一个过程和决定,把握现在。

(资料来源:王建和,2019.阿里巴巴管理三板斧[M].北京:机械工业出版社.)

4. 一致性原则

企业文化是一个庞大、完整的体系,企业文化的一致性表现在企业目标、思想、观念的统一上,只有在一致的企业文化指导下,才能产生强大的凝聚力。文化的统一是企业灵魂的统一,是企业成为一个整体的根本。其中,最为核心的问题是所挖掘提炼的理念需要内在统一,相互呼应,并与企业战略保持一致。如果挖掘提炼的理念过于烦琐分散,或者与企业战略相违背,那么,势必会造成认知困难,影响企业战略的实现。

5. 前瞻性原则

企业文化的挖掘、提炼必须站得高、看得远,着眼于企业的发展方向,提出先进的、具有时代性的文化建设方向,而不仅仅盯着眼前的利益。只有这样,才能使企业有更深远的目光、更长远的考虑,从而挖掘提炼出具有前瞻性的文化理念,以指导新战略的制定和执行,确保企业的可持续发展。

6. 可操作性原则

企业文化不是给外人看的,而是重在解决企业存在的问题。企业文化挖掘、提炼的过程,就是企业发现自身问题、探究深层原因的过程。新的文化理念要引导员工的行为方向、约束员工的工作行为,解决实际问题。企业文化建设必须为企业的经营目标、经营活动服务,为企业提升核心竞争力服务。因而在提炼企业文化时,必须强调文化的实用性和可操作性,确保从实际出发,又略高于实际,对各种业务工作产生实际的指导和促进作用,使企业文化建设成为日常管理工作的基础工作,而不是搞"花架子"、喊口号。不切实际的文化理念只是一个空中楼阁,无法渗透到企业的业务运营与日常管理实践之中,不能产生实际价值。

10.2 企业文化培育的流程

无论一个企业提炼的目标文化看起来多么优秀、多么先进,它并不会自发地起作用。从目标文化到引发员工自觉的行为、营造企业浓郁的气氛,往往需要经历一个漫长的过程。企业文化培育阶段的主要任务就是完成这个过程,使目标文化得到自上而下的

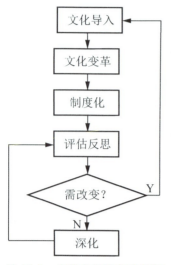

图 10.1　企业文化培育的流程

认同和全面实践，最后成为行为习惯。一般来说，企业文化培育的流程包括文化导入、文化变革、制度化、评估反思等关键环节，如图 10.1 所示。这是企业文化建设的核心阶段。

10.2.1　文化导入

严格地说，经过挖掘、提炼的"企业文化"并非是真正意义上的企业文化，而是企业的目标文化，是企业所倡导的文化。企业人员由于受到惯性思维、传统情结和既得利益的影响，往往不会主动地去认同和接纳目标文化。因此，需要一个文化理念导入的过程。文化导入就是要通过一定的形式和载体将目标文化传递给企业员工，让员工结合工作实践一起学习、一起思考、一起行动，建构相应的认知。导入期的主要任务是从思想上、组织上、氛围上做好企业文化变革的充分准备。具体来说要做好以下 4 点工作。

（1）思想动员。通过宣传、动员、讲话等途径在思想上吹响文化建设的号角，让企业内部的所有成员认识到企业文化建设工程的启动，理解企业文化建设的重要性和迫切性，了解企业文化建设的内容和步骤，号召员工积极主动地参与企业文化建设。这一环节主要由企业文化领导小组来实施。

（2）组织保证。根据企业文化培育的实际需要，充实和壮大企业文化领导小组，吸收一些熟悉企业生产经营和工作流程的中层干部加入。在企业文化领导小组的指挥下，由企业文化处（部）牵头，取得各部门中层干部的密切配合，建立企业文化培育的执行机制。由于中层干部在企业中起着承上启下的作用，他们的认同与执行是整个企业文化培育成功的关键，所以要通过强有力的培训来取得他们的支持。对于拒绝新文化的人，在必要的时候可以进行相应的人员调整。中层干部的认同、支持是导入阶段的工作重点。

（3）网络传播。建立全方位的传播网络，包括正式传播网络和非正式传播网络，保证纵向和横向的信息畅通。构成传播网络的渠道包括企业微信群、宣传板报标语、闭路电视、局域网、企业报刊、员工座谈会、总经理信箱等多种形式，企业可根据具体情况和条件选择使用。通过网络把企业目标文化传达给企业的全体员工，辐射到整个企业，从而全方位地引导、潜移默化地影响员工。

（4）全员培训。要分高层领导、中层管理者和基层员工 3 个层次先后培训，确保目标文化自上而下、层层推动。在培训前要编制培训手册，包括企业文化理念（企业使命和愿景、企业核心价值观、企业经营理念、企业精神），员工行为规范，企业重要制度等。可采取多种培训方式，如专家授课、中层宣讲、员工自学、小组讨论等。通过有效的培训，不仅要将目标文化传达给员工，而且要调动员工的积极性，吸引员工主动参与到企业文化建设中来。

案例 10-2

A 公司企业文化培训教材的基本框架

（1）A 公司的发展历程介绍。
（2）企业文化基本知识。
① 企业文化的内涵、特征；
② 企业文化的功能、作用；
③ 文化管理的内涵及意义。
（3）A 公司企业文化综述。
① A 公司企业文化建设的目标和任务；
② A 公司企业文化的体系结构介绍。
（4）A 公司文化核心价值观。
① 企业使命；
② 企业愿景；
③ 企业信念；
④ 企业精神；
⑤ 员工行为准则。

10.2.2 文化变革

在文化导入环节完成了自上而下的目标文化的传递和灌输，为文化变革进行了铺垫。文化变革主要是指企业人员认知和行为方式的改变，其核心是让企业人员通过实践实现对目标文化的认同和内化，进而改变认知方式和行为方式。这是整个企业文化培育过程中最为重要和艰难的一个环节。

为了实现文化变革，企业要在理念层、制度层、行为层、物质层 4 个层面进行全面的建设。理念层经过宣传培训，企业员工之间深度沟通、互动，实现自上而下的观念更新；制度层通过修订完善，确立新的行为标准，对员工行为加以调控和激励；行为层通过领导垂范、榜样带动、制度规范、活动参与和岗位实践，员工自觉地践行新文化，创新行为方式；物质层通过精心的设计和应用，彰显目标文化，营造良好的企业文化氛围。在企业文化建设的立体推进中，企业员工发自内心地认同、拥护和实践新文化。于是，企业所期望的文化变革就逐步实现了。

文化变革是一个由内而外的塑造工程，历时较长，并非一日之功，也非一蹴而就。新认知的建构、新习惯的养成需要内外合力的科学运筹，需要企业上下一致的持久耕耘，需要企业文化先进理论的支撑，需要科学方法和路径的指导。新文化的植入、践行、渐成风尚，是一个循序渐进、逐步深化、心行统一的系统工程。

10.2.3 制度化

要想改变人们的价值观、思维方式及行为模式，不是一朝一夕可以解决的，它需要一个相当长的时间，中间还不免会有反复。为了确保文化变革效果的稳定性，必须用制度来调控和强制企业成员的观念、态度和行为。具体地说，就是用一种带有某种强制性的手段

（比如价值观考核）来保证企业价值观在全体员工中得到贯彻，并逐步养成按照企业价值观进行思考和行为的习惯。这种带有外在强制性的贯彻方式是一种比较低级，但又不可缺少的方式，特别是对于素质不高的企业员工来说，是一种最为有效的手段。企业文化的制度化就是指利用必要的强制方法使新的态度和行为方式固定下来，使之持久化。

需要制定的制度主要包括企业管理制度及针对企业文化的各项制度，如价值观考核制度、企业文化先进单位和个人的表彰制度、企业文化传播制度、企业文化建设预算制度等。在具体的企业文化建设实践中，制定和出台制度需要根据企业的实际情况来全盘考虑。但其中价值观考核和奖惩制度必不可少。让新价值观进入考核指标，进入奖惩条例，就是要提醒和督促员工遵循和践行新价值观，使"软管理"硬化。价值观的践行会直接影响考核成绩，影响薪酬和奖惩，从而使员工重视价值观渗透和落地。

管理制度的确立和执行对价值观有着极大的强化作用：一方面，通过对制度的执行加深了员工对价值观的理解；另一方面，价值观在制度化之后就自然地上升为企业的主流意识形态，也就结束了在价值观问题上的分歧和争议。

10.2.4 评估反思

企业文化的评估反思就是在基本完成企业文化建设的主要工作之后所进行的阶段性总结，主要对企业文化培育塑造的绩效进行评估，总结得失，并进一步反思文化建设的本质和方向：企业文化是否由抽象的口号转变为现实的行为？落实得怎么样？在企业文化"上墙"的同时，是否也深入了人心？当初提炼的新价值观是否还需要调整？企业文化建设对企业发展究竟产生了怎样的影响和效果？这都是企业文化的评估反思所涉及的问题。

具体来说，企业文化评估包括以下两个方面。

1. 落实评估

落实评估主要考量的是目标文化落实得如何，这是一种硬性的评估，有明确的评估指标。评估的重点是企业文化培育塑造行为的结果和效率。落实评估尤其需要注意以下几个问题：目标文化的落实是否受环境因素影响；培育塑造过程中，组织资源的供应是否充分、是否及时有效；目标文化的提炼和培育是否基于一种因果关系；这种因果关系是否清晰和明确；是单一机构实施还是机构协作实施；实施机构和个人责任是否明确；相关机构能否进行充分的沟通和协调；企业主管和机构的权威是否受到充分尊重；目标文化是否需要微调。

2. 作用评估

作用评估主要考量的是企业文化建设对推进企业发展的作用。由于企业文化的作用体现在企业文化观念和精神导向上，难以用有形或物质上的状态和效果进行评估。同时，企业发展又受各种因素的影响，因此，这种评估只能是一种柔性的评估。但作用评估却是企业文化建设的根本落脚点和最终意义。

那么，究竟什么是企业文化作用评估的根本标准呢？在第7章探讨企业文化的地位与功能时，本教材曾阐明了这样一个观点——企业文化是核心竞争力的核心元素。优秀的企业文化为企业提供了正确的指导思想和经营哲学，以优秀的价值观和强大的精神动力来增强企业内部凝聚力，并形成企业独特的竞争优势，即企业核心竞争力。可以说，企业核心竞争力不仅是企业文化建设的目的，还是企业文化成功与否的标志。因此，一般认为企业核心竞争力就是企业文化建设作用评估的根本标准。

在企业文化评估过程中，企业文化建设相关主体应对评估中反映出来的问题进行深刻的反思，剖析其中的原因，并积极探讨改进对策。

万通的"回头看"和"前瞻式反省"

对企业文化建设进行反思，可以学习万通的做法。北京万通地产股份有限公司将每年9月13日定为企业的"反思日"。这一天，全公司所有人都有一个工作任务——对万通的价值、战略、业务与管理进行反省。在2000年以前，公司采用的是"回头看"的反省方式，即在该日对上年度的公司业务发展与管理等进行反省和自我检讨，同时进行行业内的横向比较，以资改进。在2000年以后，公司顺应网络时代的发展特点，改进为"前瞻式反省"，即站在未来反省现在，以审视万通的战略、业务、价值与管理。通过这样的深刻反思，万通企业文化得以强化和升华，更加固化在员工的思维之中，从而更有效地推动了企业的发展。

（资料来源：https://i.globrand.com/2010/380091.html.［2022-12-13］.）

10.3　企业文化培育的原则

10.3.1　系统有序原则

企业文化建设是一项事关企业发展大局的战略工程和系统工程，因此，一定要把企业文化建设列入企业发展的总体规划，与企业战略、资源配置、组织结构、管理体制、管理过程、人力资源等诸多方面共同配合、相互协调。同时，企业文化建设本身也是一个系统的、立体的工程，它涉及企业内部自上而下各层面的人员，涉及企业运作的各个部门和各个环节。因此，企业文化培育塑造需要在系统思考下，有序推进，全面贯彻，如图10.2所示。只有这样，才能使企业文化渗透到整个组织之中，融入整个管理流程。

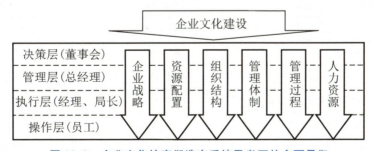

图10.2　企业文化培育塑造在系统思考下的全面贯彻

10.3.2　团队领导原则

管理大师彼得·圣吉在《变革之舞》中提出，领导力是指塑造未来的能力，更是持续不断地进行必要变革的能力。他还指出，我们应该更关注领导者群体而非单个英雄式的领导人。企业的所有重大变革，开始时总是由一两个主要领导者操作，但要取得成功就必须成立一个领导联盟，并随着时间的推移不断壮大领导联盟。企业文化的建设更是这样，它需要全体员工共同参与。因此，在企业文化培育与塑造过程中，应积极寻找合作伙伴，尽可能地扩大文化变革的领导团队，不断吸收和配置文化变革所需的核心人才，形成领导联盟，为企业文化培育与塑造造势。

10.3.3 全员参与原则

企业文化建设贵在自觉与自律。员工在企业文化培育塑造过程中，既是被改变的客体，又是变革的主体。领导团队要激发员工的主动性，变"要我改"为"我要改"，才能取得变革的成功。这是企业文化建设的核心部分，也是重要的指导原则。在企业文化培育塑造的每一步工作中，一定要强调这条原则，并且时刻加以运用。这是企业文化建设不同于其他改革措施的地方，没有员工主动参与的企业文化建设是没有生命力的，也是不可能成功的。

10.3.4 持之以恒原则

企业文化建设是一个长期、渐进、艰苦的过程，一种优秀的企业文化的形成往往需要几年，甚至十几年，需要企业几代人共同努力的积累与沉淀。纵览世界各大公司企业文化变革所用的时间，见表10-1，从中可以看出，即使是中型企业的文化变革也需要4年时间。在企业文化建设中，目标文化的落实一定会在原有组织内部兴起一场变革，有时甚至是革命性的，它必然会因影响到现有员工的既得利益而遭到一定的阻碍甚至抵抗。因此，在企业文化培育与塑造中，管理者不要期望企业文化的变革可以很快完成，相反，应该树立长期渐进的观点，并且要有克服各种阻力和困难的心理准备，以持之以恒为原则有计划、分阶段地完成企业文化建设。

表10-1 世界各大公司企业文化变革所用的时间

公司名称	企业规模	重大变革经历时间
通用电气公司	超大型	超过10年
帝国化学工业公司	超大型	6年
日产汽车公司	超大型	超过6年
施乐公司	超大型	7年
银行信托投资公司	大型	8年
芝加哥第一银行	大型	10年
英国航空公司	大型	4年
斯堪的纳维亚航空公司	中型	4年
康纳格拉公司	中型	4年

10.4 企业文化培育的基本路径

企业文化培育的实质就是目标文化得到自上而下的认同和全面实践的过程，如图 10.3 所示。这一过程的基本路径是，在企业文化理念层通过宣传培训、讨论沟通来实现对目标文化的基本认知；在行为层通过领导垂范、英雄人物榜样示范、活动参与和岗位实践，实现对目标文化的认同和内化，并在此基础上改变认知方式和行为方式；在制度层承载文化并严格执行通过价值观考核等制度，确立新的行为标准，对员工行为加以规范、引导、调控、强化，使新的认知方式和行为方式固定下来，成为一种习惯和风俗；在物质层进行精心的设计和应用，处处彰显目标文化，烘托良好的企业文化建设氛围。

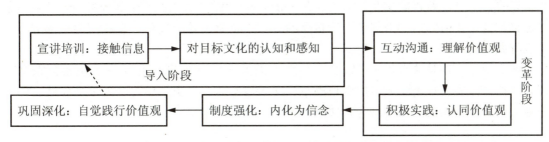

图 10.3　企业目标文化得到自上而下的认同和全面实践的过程

10.4.1 理念层：宣传培训、讨论沟通

通过宣传培训、讨论沟通，使员工对目标文化形成基本的认知是企业文化导入阶段的重要任务。

1. 宣传培训

建立全方位的传播网络，采取教师授课、中层宣讲等多种培训方式，大张旗鼓地宣传目标文化，系统有序地灌输目标文化，在企业内部形成良好的学习氛围和变革态势。经过宣传培训，员工对企业目标文化有了基本的认知和初步的感知，但是由于以下原因，也有可能无法达到理解、认同和接受的程度。

（1）受培训质量的影响。其主要表现在：目标文化中有些内容在培训中并没有讲透，员工尚未形成相应认知，形成了所谓的"空白"；在员工认知的文化中，有些内容并不是企业所倡导的，而是由于员工理解的偏差和企业不当的培训，使员工认识产生了一些误区。

（2）受员工个人因素的影响。由于在动机、态度、接受能力和文化适应能力上的不同，员工对目标文化相关信息的加工具有某种选择性，他们更愿意听自己想听的信息，以至于他们对企业目标文化的认知也存在较大的差异。即便是在同一地点、同一时间接受了相同的培训，不同员工对"本企业文化的核心是什么？""怎样在行动中体现本企业文化？""怎样才能在产品和服务上体现本企业的文化？"等问题的理解和回答依然是多种多样的。

正是由于上述因素，企业所倡导的目标文化、员工认知的文化与员工感知的文化三者之间并不完全重合，如图 10.4 所示。

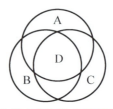

图 10.4　企业目标文化与员工认知和感知的文化之间的关系

注：圆 A 表示企业倡导的目标文化；圆 B 表示员工认知的文化；
圆 C 表示员工感知的文化；交集 D 表示圆 A、B、C 三种文化的交集

员工认知与感知的有机结合，形成了员工对本企业文化的综合认识，即圆 B 与圆 C 的交集。一般情况下，员工的具体行为会以综合认识为指导，即形成文化的践行。从图 10.4 中可以看出，员工践行的文化中只有交集 D 是企业所倡导的，而其他部分虽不是企业所倡导但也是被企业内部的"潜规则"所接受的。对于企业倡导的文化，有相当大一部分是员工没有做到的。

客观地说，这是非常正常的现象。因为企业文化的认同和内化是一个艰难复杂的过程，它往往需要通过企业成员广泛地参与、深入地沟通、自觉地学习、反复地实践，需要企业人员之间长期的互动和磨合来实现。

2．讨论沟通

经过宣传培训之后，企业要精心组织研讨会、辩论会、民主管理活动等，营造公开、坦诚、民主的氛围，引导和发动员工积极主动地思考和探讨企业文化，鼓励员工结合他们的业务和岗位职责，与企业领导层、管理者积极地沟通和探讨，对文化建设的具体问题提出意见和建议。领导层虚心听取员工的意见，广纳良言、诤言，对员工提出的问题要及时处理、及时反馈。深度沟通和互动可以弥补单向宣讲和灌输的不足，有助于缩减员工对目标文化的认知误区，提高企业文化的认同度，扩大交集 D 的范围，促进文化变革。

10.4.2　行为层：榜样示范、岗位实践

行为层面的文化建设主要是把目标文化体现于企业领导风格与管理方法的改变之中，体现于企业英雄人物的塑造之中，渗透于各种活动的精心设计之中，贯彻于日常的管理活动、经营活动之中，让企业人员在日常工作和生活中就能感受到企业的文化内涵，并形成可感知的文化。特别需要注意以下 4 种方式。

1．领导身先士卒、积极垂范

企业领导者要树立文化建设的信心和决心。一方面，加强自身修养，以身作则、积极倡导，在工作实践中要积极宣传、示范，身体力行，让员工看到企业提倡什么、反对什么，以及应以什么样的准则和规范从事工作；另一方面，推动领导作风和工作作风的改进，有效约束和改进领导的不良行为，对违反企业价值观与行为规范的不良行为进行坚决的制止和处罚，在全体员工面前展示领导者对企业文化建设的决心。

2．树立英雄人物

人的行为改变主要来自模仿，因此，榜样的力量是无穷的。企业文化建设更是如此，

典型榜样和英雄人物是企业精神和企业文化的人格化身与形象缩影，能够以其特有的感染力、影响力和号召力为企业成员提供具体榜样，他们的行为具有很强的示范作用。企业可以按照企业文化的要求进行先进人物的评选，并在企业内部和相关媒体平台进行宣传，让全体员工都知道为什么他们是先进的员工，他们做的哪些事是符合企业文化的。这样的榜样为其他员工树立了一面旗帜，同时也使企业文化的推广变得具体而生动。

3. 开展丰富多彩的文体活动

常见的文化体育活动形式有：团队学习、参观交流、演讲比赛、文艺汇演、运动会、登山比赛、球类比赛、棋牌比赛等。娱乐性的活动重在参与，寓教于乐，竞赛性的活动则往往以集体为单位，突出团队精神和集体荣誉感。有组织地开展群众性文化体育活动，不仅是促进员工身心健康、丰富员工业余生活的主要手段，更重要的是集体活动有利于增强员工对集体的认同，使企业精神、企业作风在员工喜闻乐见的形式中得到传承和弘扬，增强员工对企业的认同感和归属感。因此，文化体育活动是企业文化观念层的重要载体，也是进行企业文化建设的重要途径。

由于文体活动具有比较高的显示度，以至于有些企业片面地认为企业文化建设就是开展一些文体活动，反而忽视了企业价值观、企业精神等更为重要的企业文化要素，这种认识舍本逐末，显然是不对的。因此，需要对企业文化体育活动的作用有比较全面的认识。

4. 付诸岗位实践

很多企业在进行企业文化塑造时，喜欢组织一些活动、培训和研讨。尽管这样做确实能营造一种氛围。但是，企业文化的精髓往往集中体现于企业日常运作的细节上。"百闻不如一见"，员工在行为层所感知的文化要比通过理论认知的文化来得更实在，从而更有影响力。

作为企业管理者，不管是高层还是中层，都应该从自己的工作出发，首先改变自己的观念和作风，从小事做起，从身边做起，让企业文化体现于细节中。例如，思科公司广泛流传着这样一个故事：有天总裁钱珀斯先生大老远地从街对面跑过来。原来是因为公司门口的停车位已满，钱珀斯先生只好把车停到街对面，当时正好有几位重要的客人在等着他，所以只好跑着回公司。因为思科公司的企业文化是提倡平等，所以在停车位这一事情上，企业管理者体现了哪怕是全球总裁也不享有特权的作风。

除此之外，需要在行为层要求每个员工都勇于讨论工作中的问题，包括工作的流程和方法，结合新文化提出如何进行改善和提高，最后积极地把这些付诸岗位实践。通过这样的研讨和实践，每个员工的观念都改变了，认知方式和行为方式也改变了，新文化也就渗透于员工的工作中了。

10.4.3 制度层：承载文化、严格执行

以新文化为导向，进行制度建设。让制度承载文化，即把文化"装进"制度并严格执行，能加速员工对目标文化的认同。制度是目标文化在实践中加以贯彻和实施的保证。合理、科学的制度给员工以正确的导向，使正确的观念得以确立；相反，不合理的制度，则使员工对倡导的观念表现出淡漠甚至抵触。

不少企业的文化建设只停留在理念宣传层面，却不能深入地进行制度塑造，这一方面

在于领导者缺乏系统建设企业文化的决心和勇气，另一方面是对企业文化塑造有误解，他们往往把文化与制度的关系对立起来，认为企业文化是以理念塑造为主的，如果把它变成制度，就会走向强制性的制度管理，从而削弱企业文化的凝聚作用。然而恰恰相反的是，文化建设中，制度的支撑和保障非常重要。

1. 制度的修订和制定

在企业文化建设中，制度建设的内容覆盖全面，包括企业的制度体系和员工行为规范。具体来说，企业管理制度主要包括业务流程的规范、岗位职能的规范、薪酬制度、绩效考核制度、奖惩及激励制度、财务制度等，其中，涉及人力资源管理的薪酬制度、绩效考核制度与奖惩及激励制度尤为重要。

为保证制度的科学、完善和实用，在修订和制定时必须坚持以下5个原则。

（1）承载文化，即制度要充分体现企业新理念。要以新价值观为指导，全面审视和评估企业制度。如果原有制度与新文化价值观相违背，那就需要修订具体条款；如果原有制度没有体现新文化价值观，那就需要增加条款。用制度承载文化，寓无形的价值观于有形的制度之中，把目标文化渗透到企业的每一项规章制度、政策及工作规范、标准和要求当中，把抽象的要求转化为具体的行为规范和准则，使员工从事每项工作、参与每项活动都有章可循。

某医院"快乐医疗"文化建设之制度建设

某医院是一家精神病专科医院，在"快乐医疗"文化建设中，为了使"快乐医疗"这一核心价值观深入人心，人人践行，医院进行了"快乐医疗"制度建设。以"快乐医疗"为指导全面梳理、评估和建立了医院管理制度，尤其是针对与病人和医护人员两类核心主体的密切相关管理制度。

医院对医疗服务管理制度进行全流程的梳理和建立，从病人首诊、复诊、检查、诊疗、住院、会诊到出院或转诊，确保为每个环节的"快乐医疗"提供制度支撑，使抽象的"快乐医疗"理念转化为可操作的具体行为规范，让医护人员有章可循，让病人的需求和期望得以满足。

同时，"快乐医疗"服务源于医护人员的快乐工作。为了促进和保障医护人员快乐地工作，医院广泛征取意见，建立了有关业务流程、岗位职责、培训进修、业绩考核、薪酬结构、奖惩激励的一系列人力资源管理制度。

通过上述制度的建立和实施，医院以人为本的管理使医护人员可以快乐工作，病人可以享受到快乐的医疗服务，医院经营走上良性循环。"快乐医疗"医院文化也就逐渐形成。

（2）立足企业实际需要。根据企业需要来决定制度的构成，根据本企业员工的具体情况来拟订各项制度的内容，把企业实践作为检验制度有效与否的唯一标准，注意要充分反映本业的管理特色。

（3）由主及次分类修订、制定，使企业制度系统性强、结构清晰、主次得当。

（4）相互兼顾、整体协调。充分体现一致性（所有制度应该以目标文化为核心，保持一致，不能互相矛盾）、顺向性（次要制度服从主要制度）、唯一性（每件事只能有一项制度来规范）、封闭性（所有制度要尽量闭合，力求对每项工作都能予以约束）。

（5）刚柔相济，宽严有度，条理清楚，简明实用。

2. 制度的执行

制度修订和制定后并不等于达到了管理的目的，实现管理目的的关键是制度的执行，即通过制度的执行实现有序管理，使管理有法可依，并在管理过程中不断塑造和强化所倡导的价值观。只有严格地执行制度，对违规的处理毫不手软，才可能树立制度的威严，使员工对制度的内在精神逐渐认同、理解，并且不断强化形成习惯和信念。这样，外在的制度约束就转化为内在的信念约束，自觉的管理也就出现了。由此可见，制度的执行是塑造和强化目标文化的有效途径。

惠普公司的人本管理理念和制度

惠普公司文化非常强调以人为本，并且有完善的培训制度来体现人本理念，保障对人才的培养。员工从入职开始，就一步步地接受各种有针对性的培训。此外，作为制度的一部分，惠普公司把培训列入每个经理人的职责，公司90%的培训课程是内部经理们讲授的。在惠普公司的理念中，认为这是投入产出比最高的投资。惠普之所以能成为行业内的楷模，就在于它不仅树立了一种优秀的以人为本的文化，而且制定了科学的制度，以保障这种文化的生根发芽。

（资料来源：www.china-audit.com/lhd_2ucup9iom775cln2zb51_1.html.［2022－12－13］.）

10.4.4 物质层：精心设计、彰显文化

企业文化物质层的内容非常丰富（第4章4.2节）。下面从企业文化塑造的角度，按照企业标识的设计和应用、企业环境的设计和改造、企业文化传播网络的设计和建设3个方面，做概括性的介绍。

1. 企业标识的设计和应用

广义的企业标识通常指企业名称、企业标识、企业标准字、企业标准色几个基本要素与各种辅助设计。企业标识的重要功能是传达企业信息，即通过企业标识让社会公众（包括员工、用户、供应商、合作者、传播媒介等）产生对企业的印象和认知。换句话说，当社会公众听到某企业名称、见到某企业的企业标识时，就应该能够联想到该企业及其产品、服务、规模等有关的内容。

（1）企业名称。

企业名称不仅包括用于工商注册的正式名称，还包括汉语简称、英文名称及缩写和国际互联网域名等，是一家企业区别于其他企业的根本标识。在企业识别要素中，企业名称很重要。它不仅是一个称呼、一个符号，而且是企业外观形象的重要组成部分。在现代市场经济中，企业名称是构成企业的基本元素，是企业重要的无形资产，好的名称有利于企业的宣传和推广，有利于树立企业形象，开拓市场。因此，现代企业都很注重企业名称的选择和设计。

好名称具有以下特征。

① 内涵丰富、易于联想。好的企业名称蕴含深刻、丰富的寓意，具有高度的概括力和强大的吸引力，对大众心理产生各种影响，带给人美好的联想，给人留下深刻的印象。

例如，海尔的寓意，就是要"像海一样以博大的胸怀纳百川而不嫌弃细流，容污浊且能净化为碧水……像海一样团结，迸发海一样的力量……像海一样永恒的存在"再如，一些外国汽车企业的名称奔驰、宝马等，也都翻译得非常传神。

② 贴切、易读、易记、与众不同。企业名称所体现的内容要与企业实际相吻合，不但要与企业规模、经营范围等相一致，而且必须与企业目标、企业宗旨、企业精神、企业道德、企业风气等相协调。企业名称还应简短、朗朗上口、与众不同、易读、易记。例如，索尼公司原名为一个大众化的日式企业名称："东京通信工业株式会社"，公司创始人盛田昭夫发现这个名称翻译成英文后很难发音，或将对国际市场上的传播造成阻碍。于是在1958年，盛田昭夫趁推广半导体收音机之机，便将企业更名为"Sony"。由"Sony"联想到英语中的"Sonny"（小宝宝），这一名称很贴切，与其品牌的精髓"数字世界、梦幻儿童"相吻合，亲切可爱、小巧迷人，极具亲和力，并且与众不同。

张瑞敏的《海尔是海》

这篇文章刊登在1994年2月10日的《海尔人》上，是张瑞敏针对当时海尔内部人员的观念、素质与企业多元化、国际化战略目标的差距提出的思路和要求。以下为《海尔是海》的部分内容。

海尔是海

海尔应像海。唯有海能以博大的胸怀纳百川而不嫌弃细流，容污浊且能净化为碧水。正如此，才有滚滚长江、浊浊黄河、涓涓细流，不惜百折千回，争先恐后，投奔而来。汇成碧波浩渺、万世不竭、无与伦比的壮观！

一旦汇入海的大家庭中，每一分子便紧紧地凝聚在一起。不分彼此地形成一个团结的整体，随着海的号令执着而又坚定不移地冲向同一个目标，即使粉身碎骨也在所不辞。因此，才有了大海摧枯拉朽的神奇。

而大海最被人类称道的是年复一年默默地做着无尽的奉献，袒露无私的胸怀。正因其"生而不有，为而不恃"的不求索取，其自身也得到了永恒的存在。这种存在又为海中的一切提供了赖以生存的环境和条件。

海尔应像海，因为海尔确立了海一样宏伟的目标，就应敞开海一样的胸怀。不仅要广揽五湖四海有用之才，而且应具备海那样的自净能力，使这种氛围里的每一个人的素质都得到提高和升华。海尔人都应是能者，而不应有冗者、庸者。因为海尔的发展需要各种各样的人才来支撑和保证。

要把所有的海尔人凝聚在一起，才能迸发出海一样的力量。这就是靠一种精神，一种我们一贯倡导的"敬业报国，追求卓越"的企业精神。同心干，不论你我；比贡献，不唯文凭。把许许多多的不可思议和不可能都在我们手中变为现实和可能，那么海尔巨浪就能冲过一切障碍，滚滚向前！

海尔还应像大海，为社会、为人类做出应有的奉献。只要海尔对社会和人类的爱"真诚到永远"，社会也会承认海尔到永远。海尔将像海一样得到永恒的存在，而生活于其间的每一个人都将在为企业创一流效益、为社会做卓越贡献的同时得到丰厚的回报。海尔将和整个社会融为一个整体。

海尔是海。

（资料来源：https://max.book118.com/html/2016/0911/54125245.shtm.［2022—12—13］.）

（2）企业标识。

狭义的企业标识仅仅指将企业的文字名称、图案或文字图案相结合的一种平面设计。广义的企业标识通过造型简单、意义明确、统一标准的视觉符号，将企业目标、企业哲学、企业精神、经营理念、经营内容、产品特性等要素,传递给社会公众,使之识别和认同企业的图案和文字。标识是企业整体形象的浓缩和集中表现。

一般来说,企业标识的设计基本上都遵循下列步骤。

第一步,明确设计目的,提出设计预案。在企业文化建设中,涉及企业标识,一般都是为了适应企业价值观的调整,为了建立统一而个性鲜明的企业形象和品牌形象,因而要启用一个新标识代替企业已存在的旧标识。例如,2003年,联想集团对沿用多年的标识"Legend"进行了调整,改为"Lenovo",以强调"创新"的内涵。

是推出一个全新的企业标识,还是对原标识做适当修改,甚至沿用原标识,这需要企业对原有标识进行客观的估价后慎重决定。因为任何企业标识都有其一定的价值,如果轻易放弃,有时反而会带来无形资产的流失,导致经营业绩受损。变更企业标识无疑是企业的一件大事,首先必须进行设计论证,明确其目的和意义。

第二步,拟定设计要求,落实设计任务。企业决策层或有关负责人必须具有鲜明的设计思路或是能够提出具体的设计要求,否则设计出来的标识很难体现企业形象与浓缩企业的理念。设计要求可以从内涵、构图等方面来考虑,有时还需指明应采用的标识形式或必须包含的具体文字、字母或基本图形。一般而言,越是具体的要求,设计出的标识越容易传达企业信息,但也容易束缚思维,因此,提出设计要求时应抓住关键,不必追求细枝末节。拟定出设计要求后,就应选择由谁来设计。例如,很多企业是委托广告公司或专业美术人员来做,也有些企业是在社会上公开征集设计方案,还有些是发动内部员工参与。广告公司或美术人员擅长构图和表现,思维也比较活跃,但多数对委托方企业缺乏深入了解,其设计就不易准确地表达企业理念;公开征集活动实际上就是企业形象的一次宣传活动,有时能收集到神形俱佳的好方案,但投入成本较高;发动内部员工参与,能够增强企业凝聚力,而且可以发挥员工熟悉企业的长处,但限于员工不一定擅长美术,方案创意常常需要请专业人员进行再创作。

浙江师范大学的校徽 Logo

2014年浙江师范大学发动全校师生设计校徽标识,最后从来稿中精选出一个创意深刻、特色鲜明、线条明快的图案标识,作为第三版校徽 Logo,如图10.5所示。其设计含义如下。

1. Logo 主图案如一个"人"字,坚实而有动感,象征学校充满青春活力的个性,同时体现"以人为本"的办学理念。强调学校办学以人才为本、以教师为主体;教育以育人为本、以学生为主体。

图 10.5 浙江师范大学第三版校徽标识

2. Logo 主图案又如一座山峰,挺拔而秀美,表示该校坐落在风景秀丽的芙蓉峰下,同时象征师大人勇攀高峰的进取精神。

3. 校徽轮廓由两个同心圆构成,内圆设计为绿色背景,外框为墨绿色的实线,代表的是创新精神和可持续发展的未来;外圆设计为灰色背景,无外框,体现时代性、国际性、开放性的特点。

4. "1956"为该校创办时间,说明学校办学历史、文化底蕴。中文校名"浙江师范大学"与英文校名相对应,寓意师大传统与现代一脉相承,本土与国际融合相通。

5. 整个 Logo 在审美艺术效果上有较强的视觉冲击力,易于认同和传播。

第三步，进行方案评价，确定中选标识。不论由谁来设计标识，都应该有多种候选的方案，这就需要进行方案评价。有的企业是由企业最高决策层直接决定，有的则由企业管理层、员工代表、专业美术师共同组成评审小组来集体决定，有时甚至还会征求部分用户和企业的其他相关者的意见。在一般情况下，多听取意见总是有益的，但由于企业标识带有更多的美学色彩，因此评价也更多出于主观感受。当收集到的评价差别很大时，不妨将收到认同较多的两三种方案进行综合，或者再请人拿出另外的方案。

第四步，企业标识定稿，进行辅助设计。确定企业标识的方案以后，一般还要请专业人员完成定稿设计，提交最终的标识效果图。这时一般要求选定标准色及辅助色，标定尺寸比例，以便在不同场合、以不同大小反复使用。如果是企业CI策划中的标识设计，按惯例还应该做出辅助标识，并依据此标识来完成剩余的工作。

企业标识设计应遵循简易性、艺术性、独特性、持久性和适应性等原则。除简易性与艺术性以外，独特性原则要求企业标识具有个性的图案符号，表达独特的企业目标、企业核心价值观、企业精神；持久性原则要求企业标识不应单纯地追逐时髦或流行，而应具有跨时代的品质和长久的使用价值，因为企业标识一经确定，就会相对固定，不会经常改变；由于企业标识将在各种场合被反复使用，因此适应性原则要求标识无论是形式还是内涵都应该适合于它经常出现的环境，既能协调配合，又能相对突出。

企业标识一般被运用在企业广告、产品，以及其包装、旗帜、服装及各种公共关系用品中。企业标识出现的次数和频率影响社会公众的接受程度，因此，应该尽可能多地使用企业标识。

2. 企业环境的设计和改造

这里的企业环境仅指企业的硬环境，即物质环境，主要指与企业生产相关的各种实体设施、厂房建筑、员工生活娱乐设施及其空间布局。

企业环境的优劣直接影响员工的工作效率与情绪、职业生活品质。良好的企业物质环境，不但能够给置身其中的员工以美的享受，使其心情舒畅地投入工作，还能够充分体现企业的文化品位。因此，对企业物质环境的设计和改造，是企业文化物质层设计中不可忽视的内容。物质环境的设计主要指企业所处的自然环境，建筑布局和建筑风格（厂房、车间、办公楼、商店）的装修和布置，建筑雕塑等。

3. 企业文化传播网络的设计和建设

企业文化物质层中，文化传播网络与企业文化的其他载体相比，具有更突出的传播功能。企业价值观、目标、精神、道德等精神层要素主要通过这一渠道传达给企业的全体员工，并辐射到企业范围以外的人员。

在通常情况下，企业文化传播网络存在两种形式：一种是正式网络，如企业创办的刊物、报纸、闭路电视、新媒体、有线广播、宣传栏、内部局域网、微信群等；另一种是非正式网络，如企业内部非正式团体的交流、小道消息，通过潜移默化地影响员工，对企业文化建设同样产生显著作用。全面的企业文化传播网络建设，包括对前者的建立和维护，以及对后者的调控和引导。下面主要介绍正式网络的建设要点。

（1）在移动互联网时代，企业建立了公司局域网、新媒体、自媒体平台，可充分利用其信息传播速度快、不受时空限制、信息容量和传输量大、交互式、节省纸张等优点，可开辟企业文化专栏，嵌入企业价值观介绍链接，加强企业文化的传播力度。力求在潜移默化中传递企业价值观与理念。

(2) 加强公司内刊宣传，其内容可以包括：①企业生产经营管理方面的重大事件和重要政策、方针、决定，以及企业主要领导的讲话；②企业各方面、各部门工作的报道和介绍；③企业人物专访和报道；④来自市场和用户的各种信息；⑤企业员工的工作体会、心得及作品；⑥企业的公共关系活动消息；⑦不同观点的争鸣；⑧典型案例的剖析等。

(3) 企业的车间宣传栏、广告牌，这是一种传统而有效的传播媒介，应发挥其制作容易、成本低、时效性强、员工参与度高等优点，在员工日常工作环境中营造良好的企业文化氛围。

(4) 集中企业文化的精髓，编制员工手册，分发给每位员工，作为员工日常学习和实施企业文化的依据。

(5) 利用企业文化用品向外宣传企业文化。企业文化用品主要指对外公务活动中经常使用的办公用品。例如，企业名片、信笺、信封、画册、纪念品等，都是常见的文化用品。它们是企业文化向外界辐射的渠道，是企业文化物质层中非常重要的一部分。

(6) 利用一些特殊节日或庆典，汇总出版有关企业文化的书籍和画册，举办企业文化展览，进行系统的宣传。

企业文化建设中，要充分利用企业文化传播网络，大张旗鼓地宣传新文化，对内形成良好的学习氛围和变革态势，对外释放企业进行新文化建设的信号。

在企业文化培育塑造过程中，上述路径有时先后继起，有时立体交错。只有通过这些路径，才能实现企业目标文化自上而下的认同和全面实践。许多企业在企业文化建设中，特别重视文化导入时期在理念层面的宣讲与培训，往往通过邀请上级领导来提高活动的规格及严肃性，重金聘请知名专家来提高创建活动的学术水平，通过各种大规模培训与宣传来制造轰动效应等。但令人遗憾的是，他们忽视了企业文化中制度层、行为层和物质层的立体建设与后续互动、调控和强化间的重要性，对企业倡导的目标文化、员工认知的文化、员工感知的文化与员工践行的文化之间的差异没有给予应有的重视，更没有及时地采取相应措施来消除这种差异，导致了在文化与实践之间无法对应统一。

10.5　企业文化培育的一般方法

如果把企业文化培育比作是嫁接过程，那么提炼的目标文化就是要嫁接的新枝，怎样将新枝嫁接到企业之树上，并让其开枝散叶呢？本节从案例中借鉴企业文化建设的成功经验，介绍一些可操作的企业文化培育的基本方法。通过这些方法使新价值观渗透于企业的业务运行和日常管理之中，内化于心、外化于行、固化于制，成为企业全员共识的价值观，并形成相应的行为习惯。

10.5.1　舆论导向法

在企业文化导入阶段，新价值观与原有文化的冲突和摩擦非常激烈，企业员工往往对新价值观将信将疑。这时企业应充分利用企业文化传播网络，有目的地组织系列活动，大张旗鼓地宣传目标文化。一方面让员工知道，企业要可持续发展，在新的环境下什么是好的，什么是不好的，什么行为是正确的，什么行为是错误的，从而为员工提供正确的价值导向和行为导向；另一方面，进行有效的企业文化变革动员，在企业内部营造良好的学习氛围，形成良好的变革态势。

10.5.2 领导垂范法

领导者（或领导团队）是企业文化建设的先锋和灵魂，不仅要在发起和设计时起领导作用，在实施过程中也要积极地引领和推动，起倡导示范作用。领导者要亲自参与、身体力行、积极垂范。具体地说，领导者要做好下列工作：成为目标文化的模范；选拔任用与目标企业文化相适应的员工到关键岗位上；对不符合目标文化的价值观进行深入批判和彻底粉碎；引导员工采取符合目标文化的行为；对认同目标文化的员工行为予以奖励，反之则给予惩罚；创造符合目标文化的管理体系。

10.5.3 事件启示法

利用企业发展中的重大事件和典型案例，如管理案例、突出表现、成功事例、责任事故、消费者投诉事件、公关事件等，大力渲染并让员工参与进来，通过广泛的讨论甚至辩论，深入理解事件背后的价值观与因果逻辑。借故事生动地传播企业的目标文化价值观，让员工受事件启发，更好地理解、认同目标文化的价值观和行为方式。

10.5.4 行为激励法

人的心理和行为是可以通过激励来塑造和强化的。当企业员工的行为表现得不到应有的关注和正向反馈时，其意识和行为就会出现惰性。因此，在企业文化培育中，对于符合企业目标文化的行为，就应采用各种激励方法进行正强化，如物质激励、目标激励、反馈激励、成就激励、参与激励、情感激励等。通过激励满足员工物质上或精神上的实际需要，激发员工的积极性，并且使员工看到并体验到企业倡导的价值观并不是空洞无物、脱离实际的，促使员工调整自己的心理和行为。

10.5.5 礼仪规范法

企业文化礼仪是指企业人员在长期的职业活动中所形成的交往行为模式、交往规范性礼节和固定的仪式，包括工作惯例礼仪、生活惯例礼仪、纪念性礼仪、服务性礼仪、交往性礼仪等。它规定了在特定场合企业人员所必须遵守的行为规范、语言规范、着装规范。礼仪是企业价值观的具体外显形式，也是企业文化传播最现实的形式。在企业文化培育中，要以目标文化为指导，建立具有自身特色的企业文化礼仪体系，并认真组织、精心设计文化礼仪的场景、营造良好的氛围，使员工通过礼仪受到目标文化的感染和教育。需要注意的是：文化礼仪要有自己的特点，否则易流于形式，浮于表面，不但起不到对企业文化的促进作用，还可能抑制企业的活力。

10.5.6 活动感染法

活动感染法即通过举办各种形式的文娱活动，如经验分享会、读书会、运动会、文艺晚会、智力竞赛、技术比武，以及各种主题营销和服务活动等，来突出体现企业的价值观、创造良好的活动氛围，使员工潜移默化地受到企业目标文化的感染，使价值取向、追求、行为准则等得到调整，并向企业目标文化的方向发展。

10.5.7 氛围渲染法

氛围一般是指特定环境中的气氛和情调。企业文化培育中需要营造氛围，使浸润在其中的员工受到感染，体验到企业的整体精神追求，并产生思想升华和自觉意愿。企业文化氛围由物质氛围、制度氛围、感情氛围三部分构成。物质氛围是基础，制度氛围是保证，感情氛围是核心。感情氛围主要是企业成员在相互交往及工作中所表现出来的气氛和态度。良好的感情氛围表现为企业成员之间的相互尊重与信任，凝聚共识，增强归属感，相互支持配合工作，共同追求成就与创新，人人不甘落后。在企业文化培育中，企业要积极营造感情氛围，建立企业管理者与员工之间相互信任、相互支持的新型关系，关心员工的工作和生活；要利用各种文化活动促进人员之间的沟通理解，增进情谊；要创造良好的学习环境，鼓励企业成员求知上进，形成浓厚的学习氛围。

10.5.8 榜样示范法

榜样的力量是无穷的。榜样是企业目标文化的化身，他们把抽象的价值观转化为具体生动的案例和常人难以企及的业绩。所谓榜样示范法，即企业通过树立榜样并号召全体员工向榜样学习来贯彻目标价值观。在企业文化培育过程中，企业文化专职人员要善于观察与发现，树立榜样。用榜样英雄人物的事迹来激励员工，激发员工内在的崇高精神，引导员工向榜样学习，向榜样看齐。

10.5.9 民主驱动法

企业民主既是企业文化的目的，也是建设好企业文化的手段。企业文化建设需要全体员工的主动参与和支持。所谓民主驱动法，就是指企业依据其企业文化模式，把每个员工都看成企业共同体中不可缺少的一员，真正确立员工的主人翁地位，从制度上保障员工的合法权益，密切管理者与员工之间的关系，让员工参与管理。畅通民主渠道，健全民主机制，注意发挥职代会、工会等员工组织的作用，将员工的积极性充分调动起来，有力地促进企业文化建设。

10.5.10 形象重塑法

企业形象和企业文化密切相关，两者是表里关系。企业形象是企业文化的外化，是企业文化在传播媒介上的映射；企业文化则是企业形象的核心和灵魂。企业文化建设过程实际上就是由内而外地从理念到行为再到视觉识别的企业形象重塑过程。因此，在企业文化建设过程中，要通过各种文化辐射渠道，如理念辐射、产品辐射、人员辐射、媒体辐射、组织辐射（详见7.2"企业文化的功能"），积极向外传播企业的文化价值追求和理想信念，获得社会公众的理解及认同，提升企业形象，增强企业品牌影响力。

上述10种方法在使用中不是孤立的，需要根据企业文化建设的实际情况，可以以一种方法为主、其他方法为辅，也可以把几种方法结合在一起使用，使之相互渗透、相互配合，综合发挥作用。

本 章 小 结

在前一章企业文化测量诊断的基础上,企业文化培育需要挖掘提炼企业文化的核心要素,构建企业的目标文化,并使之得到自上而下的认同和全面实践,这是企业文化建设的核心环节。

在挖掘提炼时要深入思考"我们是谁?我们企业为什么存在?""我们要到哪里去?""我们成功道路上的关键因素何在?我们秉承什么?反对什么?""我们存在哪些问题?我们实现理想的道路上还缺什么?""我们的成功标准是什么?"等有关企业存在的根本性问题,一起探讨,反复提炼,达成共识,并用简明扼要的、独具特色的文字,明确表达企业核心价值观,包括企业使命、企业愿景、企业信念、企业精神等,构成企业文化的核心要素。

企业文化培育简单地说,就是"令民与上同意",其实施流程包括文化导入、文化变革、制度化、评估反思等关键环节。其中,文化变革是最为重要与艰难的一个环节。企业文化培育应遵循系统有序、团队领导、全员参与和持之以恒 4 项基本原则。企业文化培育有 4 条基本路径:在理念层通过宣传培训、讨论沟通来实现对目标文化的基本认知;在行为层通过领导垂范、榜样示范、活动参与和岗位实践来实现对目标文化的真切感悟和深入理解,并在此基础上改变认知方式和行为方式;在制度层通过修订完善制度,确立新的行为标准,对员工行为加以规范、引导、调控、强化,使新的认知方式和行为方式固定下来,成为一种习惯和风俗;在物质层进行精心的设计和应用,处处彰显目标文化,烘托良好的企业文化建设氛围。这 4 条路径有时先后继起,有时立体交错。只有通过这些路径,才能实现企业目标文化自上而下的全面认同和践行。企业文化培育的基本方法有舆论导向法、领导垂范法、事件启示法、行为激励法、礼仪规范法、活动感染法、氛围渲染法、榜样示范法、民主驱动法和形象重塑法等。在企业文化实施中,企业应根据具体情况来综合运用。

习 题

(1) 在企业文化挖掘与提炼过程中,需要深入思考哪些有关企业生存的根本性问题?
(2) 企业文化挖掘与提炼的主要内容是什么?应遵循哪些基本原则?
(3) 企业文化培育应遵循哪些原则?企业文化培育塑造的基本路径有哪些?
(4) 如何从理念层、制度层、行为层和物质层立体地推进企业文化培育?
(5) 企业文化培育有哪些有效方法?
(6) 企业目标文化怎样才能"内化于心、固化于制、外化于行"?
(7) 以某一熟悉的企业为例,分析其企业文化建设中存在的问题及可借鉴的经验。

联想集团的螺旋式企业文化发展模型

联想集团（后文简称"联想"）在企业文化建设过程中，对竞争性文化价值模型进行了修改和完善，总结形成了适合联想企业文化建设的方法论——企业文化螺旋式发展模型。

联想认为企业管理的本质就是协调各种矛盾，管理的过程就是将企业的恶性问题变为良性问题，将主要矛盾变为次要矛盾。这首先是要承认矛盾的存在，看清问题的两面性；其次要想办法解决和改善。企业文化实质上是一套解决企业问题的原则，所以更需要分析企业的矛盾所在。"控制—自主""外在—内在"是对立统一、相辅相成的两对矛盾，只要加以灵活利用，就可以成为促进核心竞争力的企业文化。

美国学者罗伯特·奎因在1988年提出竞争性文化价值模型，把"外在—内在"和"控制—自主"作为两个维度，将组织文化分为目标、规则、支持、创新4种导向，用于实证分析各种导向的文化对企业竞争力的影响。美国著名咨询专家伊查克·爱迪思认为企业在不同的发展阶段要选择恰当的管理风格，进一步发展了竞争性文化价值模型。

联想以竞争性文化价值模型为基础，设计了自己的螺旋发展模型（图10.6）。以"内部运营—外部发展"和"过程控制—灵活自主"为两个维度，这两个维度划分出4个象限，每一个象限代表一种文化导向，因而有了目标导向、规则导向、支持导向和创新导向4种文化导向，每种文化导向对应该时期为主的竞争力。导向虽然不同，但目的都是为了形成具有竞争力的企业文化。每个象限都对应着所倡导的文化，在企业发展的不同阶段和不同的历史条件下，这4种文化导向的强弱有所不同，因而表现为各时期企业竞争力的发展有主次之分。

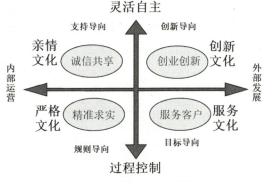

图10.6　联想的螺旋发展模型

企业文化的发展一般都是螺旋式上升的趋势：创新导向、目标导向、规则导向、支持导向……这是一个看似反复实则上升的过程，可以实现企业文化的不断发展。创新导向、目标导向都偏重向外部发展，规则导向和支持导向偏向内部运营。向外部的文化导向直接体现出企业的竞争力，而内部的文化导向是间接地反映企业的竞争力，无论是外部还是内部的文化导向，判断是否有效的标准是：能否促进企业的核心竞争力。

联想的企业文化有历史发展性，它的形成过程是符合企业文化螺旋发展模式的，即在每个发展阶段形成某种导向文化，该文化又引导企业发展竞争力。而这些导向文化有自己的发展模式，与企业的发展紧密相扣，有着4种明显导向轨迹的螺旋上升趋势。联想的核心价值观是在联想的不同发展时期中积累形成的，"服务客户、精准求实、诚信共享、创业创新"，分别与目标导向、规则导向、支持导向和创新导向4种文化导向相对应。

国际上成熟且优秀企业的文化导向结构大多呈现为一种倒梯形,即支持导向和创新导向较强,规则导向和目标导向较弱。而联想则是目标导向较强,规则导向和创新导向较弱,即以亲情文化和服务文化见长。21世纪之初,联想正处于一个由支持导向文化向创新导向文化转变的阶段。

1. 目标导向——服务文化

创业早期,企业还处在求生存的阶段,但是联想就已经以"服务客户"为目标导向。把客户放在至高的位置,围绕"为客户提供更高的价值"经营,获得了成功,同时让企业的服务文化也得到了发展。

早期的联想还提出了"求实进取"——这是最早进入联想文化的理念,在当时少有企业文化概念的情况下,这是不同寻常的事。同时,联想还提出"做公司就是做人""让5%的希望变成100%的现实"等积极的观念,对促进企业的发展起到了很大的作用。

2. 规则导向——严格文化

1996至1998年,联想的目标转变为"求发展、求规模、求效益",由于要加强打造核心竞争力的力度,因而急需要对内部进行规范化管理。

为了适应发展的需要,董事长杨元庆在1997年提出了"认真、严格、主动、高效"的严格文化,这是对联想管理的进一步规范。

3. 支持导向——亲情文化

1999至2000年,联想企业的规模又扩大了,需要引入与时代同步的新员工,新员工自然会需要具有时代气息的企业文化。联想高级副总裁王晓岩在推进企业资源计划系统(Enterprise Resource Planning,ERP)建设的过程中,发现人与人之间、部门与部门之间存在沟通的障碍,缺乏理解和信任导致工作配合困难,杨元庆也看到了问题的严重性。因此在2000年5月,联想提出以"平等、信任、欣赏、亲情"为主题的亲情文化。在企业之中营造亲情的氛围,从意识上倡导员工,从实际中改变员工。

4. 创新导向——创新文化

服务文化、严格文化、亲情文化代表了联想过去和现在的文化主流,而创新文化是面向未来的文化。推出创新文化有3个理由:一是老业务的危机,过去是靠创新获得了竞争优势,今天更需要创新来保住领先的位置;二是新业务的危机,联想战略转变,在过去产品业务的基础上又发展了服务业务,没有做过的业务自然需要创新;三是人的需要,不断进入的新员工在思想上有所不同,企业文化要成为他们的共识就需要创新。

(资料来源:杨艳英,李柏松,2005. 企业文化修炼案例[M]. 北京:蓝天出版社。)

讨论题

1. 结合案例谈谈你对联想螺旋发展文化模式的理解。
2. 结合案例分析联想主流文化在不同发展阶段呈现的不同风格。

第 11 章

企业文化"落地"的艺术

学习目标

1. 企业文化建设中制度、机制的建立;
2. 企业文化建设中制度、工作和人员的落实;
3. 企业文化的内化、外化、群体化、习俗化、社会化;
4. 领导者的示范艺术;
5. 企业文化培育的情境强化艺术。

导入案例

企业文化建设的关键在于"落地生根",无法落地的理念就只是口号。只有倡导者的激情,没有响应者的行动,无法落地的理念就是空中楼阁。前面几章讨论了企业文化建设的基本流程、原则、步骤、方法等,为企业文化建设实践提供了一些借鉴。但是,不同的企业面临不同的内外环境,企业文化"落地生根"的方法和过程却各不相同。例如,某个目标在甲企业让员工激动振奋,可在乙企业员工却无动于衷,甚至嗤之以鼻;某种方法在甲企业立竿见影,可在乙企业却屡试不灵。因此,从某种意义上说,令企业文化"落地生根"是一种培育和塑造共享价值观的艺术,一种教育和影响人的艺术。本章将详细探讨令企业目标文化"落地生根"的艺术。

【导入案例—沃尔玛文化在中国的落地】

11.1 软管理的"硬化"艺术

在企业管理中,所谓硬管理主要是指建立规章制度,进行直接的外部监督及行政命令等硬性管理。所谓软管理是指开展思想工作,培育共同价值观,建立良好的企业风气,形成和谐的人际关系等柔性管理。硬管理需要软管理来牵引和辅助,软管理需要硬管理来保障和支撑,只有软硬兼施,才能相得益彰。那么,在企业文化培育中,如何使软管理"硬"起来呢?以下3个方面是最值得注意的。

11.1.1 制度要"硬"

从企业的角度看,企业制度就是指规定或调节企业内部不同参与者之间权力关系和利益关系的基本原则或标准的总和。制度是大家必须共同遵守的硬性规定,是确保企业正常运转的有效手段,正所谓"没有规矩不成方圆"。

所谓制度要"硬",就是指在培育企业文化时,必须制定一系列"硬"的制度和纪律作为辅助手段,帮助确立和巩固企业目标文化。但凡失去制度规范,仅靠觉悟的力量维系并任其发展的事物,大多都不能收获理想的效果。企业文化的培育需要"硬"制度予以规范,使其按照预定的轨道运转,这是不可逾越的阶段。

"五个一"制度落实"快乐医疗"

在某医院的"快乐医疗"医院文化培育中,为了使"快乐医疗"这一核心价值观深入人心,人人践行,医院出台完善了一系列制度,其中,包含病人出院时的"五个一"制度,即:

① 一张医护质量评价表——由病人给责任医生和护士背靠背打分;
② 一枝温馨祝贺花——由责任护士送给出院病人表示祝贺;
③ 一段温暖道别路——由责任护士送一程路,从医院病房到医院大门,说些鼓励病人的话;
④ 一张温馨提示卡——由责任护士填写病人出院后注意事项;
⑤ 一个回访电话——在病人出院一段时间后,由责任护士打一个回访电话。

"五个一"制度使抽象的"快乐医疗"理念转化为具体的行为规范,员工一看就懂,容易操作。在制度的长期执行中,员工逐渐认同和实践了"快乐医疗"理念,并养成行为习惯。

制定相应的制度并有效执行是培育新价值观最基本的途径之一。这里有两点非常重要：其一，制定制度必须以目标文化为核心，制度必须体现和承载文化；其二，执行制度必须严格，用制度影响、调节、塑造员工的认知、态度和行为。起初，制度可能只是以一种硬性的要求存在于员工面前，让员工在服从和遵守制度的过程中被动地接触和适应新理念，但经过反复的实践，制度的内在精神逐渐被员工理解并认同。一旦某种理念得到了员工普遍的认同和响应，相应的企业风气便形成了。反过来，这种企业风气又构成一种群体压力和心理环境，会对员工行为产生一种不可抗拒的推动力。在这种环境的强化下，人们形成了相应的行为习惯和信念。至此，外在的制度约束就转化为内在的信念约束，自觉的管理也就出现了，企业所倡导的理念也已深入人心，"落地生根"。可见，在员工"服从—认同—坚信"的过程中，制度的作用非常关键。合理、科学的制度使员工向既定的目标发展，使正确的观念得以确立。相反，没有硬制度的支撑，员工对倡导的观念则可能比较淡漠甚至抵触。

当然，在培育企业文化时，要特别注意做到刚柔并济、软硬结合。企业出台的一系列硬制度并不是一种惩罚工具，而是起到一种提示作用，是用明确的、可操作的行为规范来倡导或约束某种行为。

11.1.2 机制要"硬"

所谓机制要"硬"，是指在培育企业文化时，必须及时完善与价值观建设相配套的、相适应的工作机制和管理机制，实现常态化管理，并实施相应的考核细则，严格奖惩制度，强化执行力，将企业所倡导的价值观转化为实际行动，而不至于使其仅为一句口号。

华为公司的价值观考核

在《华为基本法》发布之前，任正非认为：随着企业规模的不断扩大，新员工大量涌入，企业文化有可能不断稀释和异化，从而难以形成在全体员工中尤其是新老员工之间文化上的共识。为了防止这种文化的稀释和异化，强化新老员工对企业文化的共识，华为推行了核心价值观考核。

价值观考核就是将企业文化明确化、具体化和制度化，使全体员工在考核过程中共同提高认识，强化对文化的理解和认同。价值观考核是推行价值观的有力方式。考核价值观的过程是促使全体员工对价值观的理解达成共识、激发员工对价值观的真正认可和尊重，并最终付诸实际工作当中的过程。

华为公司的价值观考核内容主要就是工作态度考核，将核心价值观中的责任心、团队精神、敬业精神和奉献精神等纳入考核内容。华为公司的核心价值观考核采取两级考核的方式，被考核人的直接上级是主要责任人，间接上级对直接上级的考核工作进行监督，对其作出的考核结果进行审核和调整，人力资源负责人负责组织和协调。华为公司在考核员工态度时提出"宜粗不宜细"的标准。在考核标准的设计上，采用了主观等级评定的方式来评定员工所达到的等级。虽然是主观评定，但也要求考核者观察和记录员工的工作表现，这种操作方法相对比较简单。

在考核结果应用上，华为公司的价值观考核结果主要被用于奖金制度（安全退休金）、晋升制度（职务调动）和能力提升（培训）制度中。员工晋升时将价值观考核作为一个门槛，符合要求的员工才能得到提拔。而员工在价值观考核中发现的不足，则是员工培训和提升的重要方向。

（资料来源：https://www.jiemian.com/article/2402802.html．［2022－12－13］．）

如果只是把"团队合作"挂在嘴上或墙上，那只是一句动听的口号，毫无实际意义。只有把它落实在管理机制中，渗透于日常的行为处事中，才会"落地生根"。因此在企业文化建设中，仅有漂亮的理念表述是不够的，需要用具体的运作机制来落实，使理念真正渗透到企业经营管理的各个层面与环节。

11.1.3 推动要"硬"

企业文化变革是企业文化培育中必不可少的一环，在其过程中会遇到很大的阻力，因此需要有力的"硬"推动。企业文化"硬"推动具体要做好以下 4 个方面的工作。

首先，要有高度文化自觉的领导团队，推动企业文化变革。领导团队应非常重视企业文化，把企业文化建设置于重要的战略地位上。领导团队应掌握企业文化形成变迁的基本规律，清楚企业需要什么样的企业文化，明确企业文化建设目标，坚定决心，而且整个领导团队要达成共识，形成统一意志。这是企业文化建设成功的最有力的保证，只有强有力的领导和推动，才能更好地配置资源，使企业文化建设过程中出现的问题得到及时解决，从而推动企业文化建设全面、深入、持续地进行。有的企业领导团队没有达成一致，"有影响力的少数"难以形成，结果往往使企业文化变革受到很大的阻力。

其次，组建长期实施企业文化管理的职能部门。要明确成立这样一个职能部门，承担企业文化建设的具体实施职能，按计划组织落实企业文化建设各阶段的具体工作。例如，建立企业文化的传播网络、组织企业文化培训、策划组织各种活动、组织企业文化建设绩效评估等。有了这样一个职能部门或专职人员，企业文化推动工作才能真正"硬"起来。

再次，各级管理者言传身教，形成全面推动。各级管理者要带头学习企业价值观，结合日常经营管理活动，旗帜鲜明地宣传企业价值观，做实践企业价值观的领头人，使企业价值观淋漓尽致地体现在管理者言行上，让广大员工切身感受到企业价值观在统一思想、鼓舞士气和兴企育人方面的显著作用。

最后，鼓励和调动全体员工的参与和响应。企业文化建设的核心是认同，认同的关键在于全体员工的参与，认同的效果在于行动。员工对企业文化建设在认识上不到位是在所难免的，需要领导者有耐心、有恒心、不放松、常抓不懈，本着滴水穿石的态度，才能收到最佳效果。企业应将价值观考核纳入员工绩效考核与奖惩制度之中，充分发挥考核的指挥棒作用。

11.2 "虚功实做"的艺术

企业文化作为意识形态的东西，是无形的，看不见、摸不着。很多人因此觉得企业文化虚无缥缈，可有可无，对企业文化建设持无所谓甚至抵触的态度。因此，在企业文化培育中，必须"虚功实做"，掷地有声，让企业管理由内而外发生实质性的改变。

1. 制度落实

存在决定意识，不同的制度强化不同的价值观。例如，平均主义的分配制度强化"平庸"和"懒汉"的价值观，按劳取酬的分配制度强化"进取"和"劳动"的价值观，可谓泾渭分明。在企业文化培育中，要建立和完善企业的机制和体制，将经实践检验的正确价值观用规章制度固定下来，执行下去，使员工既有价值观的导向，又有制度的约束，并落实于企业实践过程。

小米公司的"合伙人制度"和"新十年创业者计划"

小米公司十周年演讲后，CEO雷军在提出未来十年"重新创业"口号的同时，还在公司的组织制度、人才和价值观上予以巩固，并宣布：小米公司将实行"合伙人制度"和"新十年创业者计划"。

1. 确立合伙人制度，构建集体决策机制

在小米公司创业初期，一共拥有8位联合创始人，这个联合创始人团队对小米公司早期的发展功不可没。而在小米公司成立的第十年，已有3位联合创始人功成身退。小米下一个十年的重新创业，更需要强大的团队和源源不断的杰出人才，怀着主人翁意识，将小米的工程师文化，价值观，"专注、极致、口碑、迅速"的互联网方法论薪火相传、发扬光大。

在小米5位创始合伙人的见证下，王翔、周受资、张峰和卢伟冰4位新合伙人宣誓就职。誓词中包括"践行小米使命、捍卫小米价值观"。

雷军指出，小米的合伙人制度是集团核心事项的集体决策机制，更是小米公司文化价值观和互联网方法论的传承机制。新合伙人的加入，将增强小米公司下一个十年的战略牵引力和行动耐久力，为小米公司新征程提供核心管理保障。

2. 实行创业者计划，给予1~2亿元激励

小米要重新创业，不仅需要依靠高层管理者，基层管理者和中层管理者更是不可缺少。

创业者计划中，小米将选拔百位认同小米使命、愿景、价值观，有能力、有潜力、并且在核心岗位有突出战功的年轻干部，给予类似早期创业者的回报（在未来十年可能会给予价值1~2亿元的回报），激励他们以创业者心态和投入度来奋斗。

如果说合伙人制度是决策层的创业激励和文化传承，那么创业者计划就是基层和中层管理者的创业激励和文化传承。雷军说：一个人可能走得快，一群人才能走得远。持续不断地发掘、引进和培养人才，组建有能力、有抱负、有冲劲、有担当的人才梯队，是我们事业能够永续发展的根本。小米将持续为各个层级优秀人才提供充足的空间和丰厚的回报，让每一位同事都能大展身手。

（资料来源：https://laoyaoba.com/n/757093. [2022-12-13].）

可见，一切制度建设都是围绕企业核心价值观进行的，只有制度上的充分落实，才能保证企业价值观"落地生根"，使其具有较强的生命力。

2. 工作落实

企业文化培育是由许多具体工作组成的，而每一项具体工作也构成了企业文化。正如《道德经》所言："天下之难事必作于易，天下之大事必作于细。"企业文化培育尤其如此，想"毕其功于一役"是不可能的。

海尔集团的质量管理

海尔集团在创业初期发生过一个"一根头发丝"的故事：一次，海尔集团副总裁杨绵绵在分厂检查质量工作中于一台冰箱的抽屉里发现了一根头发丝，她立即要求停产，并召集全体员工开现场会。有的

员工说："一根头发丝不会影响冰箱的质量，拿掉就是了，没什么可大惊小怪的。"但杨绵绵斩钉截铁地告诉在场的员工："抓质量就是要连一根头发丝也不放过。"

（资料来源：https://www.docin.com/p-1998268811.html.［2022-12-13］.编者根据网络资料整理。）

"一根头发丝"的故事成为海尔集团抓质量、创名牌的缩影。一根头发丝本身似乎可以忽略，但如果忽略了，就不会成就今天的海尔品牌。质量容不得半点马虎，质量管理工作没有大小事之分。

"慎易以避难，敬细以远大。"企业文化的落实往往是从细小处着手，积少成多。例如，Intel公司是世界上第一家突破万亿美元大关的企业，在企业内部有一项"清洁大使制度"。公司请一些资深管理者担任"清洁大使"，在办公楼内检查卫生，如果发现哪里不合格，就要给予公示，直到合格。看似琐碎的工作却得到如此重视，Intel行事严谨的工作作风可见一斑。

IBM计算机帝国的"沃森哲学"

IBM（国际商用机器公司）是有明确原则和坚定信念的公司。这些原则和信念看似简单，但正是这些简单、平常的原则和信念构成了IBM特有的企业文化。老托马斯·沃森在1914年创办IBM公司时设立过的行为准则，在其儿子时代更加发扬光大，"沃森哲学"由总裁办至收发室，没有一个人不知晓，如：

（1）必须尊重个人；

（2）必须尽可能给予顾客最好的服务；

（3）必须追求优异的工作表现。

这些准则一直牢记在公司每位人员的心中，任何一个行动及政策都直接受到这三条准则的影响。"沃森哲学"对公司的成功所贡献的力量，比技术革新、市场销售技巧，或庞大的财力所贡献的更大。在企业运营中，任何处于主管职位的人必须彻底明白"沃森哲学"。他们必须向下属说明，而且要一再重复，使员工知道，"沃森哲学"是多么重要。IBM公司在会议中、内部刊物中、备忘录中、集会中所规定的事项，或在私人谈话中都可以发现有"沃森哲学"贯彻其中。全体员工都知道，不仅是公司的成功，还有个人的成功，都是取决于员工对"沃森哲学"的遵循。

（资料来源：https://jpkc.lcu.edu.cn/chengjiao/zzxwx/content/243.html.［2022-12-13］.）

3. 人员落实

企业文化建设是一项长期而艰巨的任务，需要自上而下的人员配合。如果人员不能到位，推行企业文化建设就会"有心无力"。所谓人员落实主要包括3个层面：一是领导者要扛大旗；二是领导团队要努力推；三是专职人员要长期抓。

（1）领导者要扛大旗。发挥企业领导者的主导作用，用企业家精神带动企业文化建设。企业家精神是企业领导者面对市场竞争的精神风貌、价值体系，是企业家素质的核心和灵魂，是带动企业文化建设的主要动力。企业领导者是企业文化的倡导者、策划者和推动者，理应率先示范、身体力行，为员工做出榜样。"身教胜于言传"，企业领导者亲自抓，并以身作则，形成风气，才能建设起优秀的企业文化，并树立良好的企业形象。

(2) 领导团队要努力推。要理顺领导体制，实现企业文化建设的领导职能。建立一个企业文化领导团队十分重要，但需要注意的是，这个团队必须先取得共识，没有文化自觉的人最好不要加入，以免理念不同，意见不统一，给工作带来阻力。

(3) 专职人员要长期抓。设立职能部门，常抓不懈。有些企业由人力资源部作为企业文化建设的职能部门，也有的企业专门成立企业文化部，形成人力资源部、企业文化部或总经理办公室齐抓共管的格局。总之，要有常设机构来管理企业文化，无论是在企业文化导入期，还是变革期、深化期，都有大量的具体工作需要做，没有一个专门的职能部门，工作会比较困难。如果一些职能部门工作负荷量小，又有相应工作能力，也可以采取"两块牌子，一套人马"的办法。这样就可以形成从上到下的领导组织，将企业文化层层落实，保证实施效果。

11.3 价值观转化的艺术

促进企业发展是企业文化建设的根本目的。只有当企业提出的价值观被企业员工正确理解并加以转化——内化、外化、群体化、习俗化、社会化，企业文化才能真正"落地生根"，真正成为企业的灵魂，真正构成企业的核心竞争力，推动企业持续发展。

一个企业提炼了自己的价值观，明确了自己的企业理念之后，不能只挂在嘴上、写在墙上，也不能是"上热下冷"，更不能表里不一。

1. 内化

内化即员工对企业倡导的价值观从感知到认知、认同、坚信，然后将其铭刻在心灵深处，最终转变为自觉的个人价值追求和内在品质。

内化在企业文化培育中非常重要，是整个过程的先导。只有员工从内心接受的东西，才能成为自我意识，才能创造性地发挥。内化是员工在特定的环境中经过反复实践，从中理解、体悟、内省、自律的结果。

2. 外化

外化是与内化相对应的，有内化就应有外化。凡内部主体的东西转化为外部客体的东西，就称其为外化。这里的外化即指转化为员工的可见行为、企业的可见产品或物质环境、在企业的一切有形物，如厂房、内部环境、户外广告等，以及把崇高的企业理想、企业精神、价值观念体现出来。

提炼企业价值理念的终极目的是让价值理念指导员工行动，并转变为企业和员工的具体行为，从而推动企业持续发展。

外化表现为两个方面：一是"外化于行"；二是"外化于形"。"外化于行"就是在文化自觉的基础上，将企业价值理念具体为企业和员工的行动；"外化于形"是指不仅通过物质环境和物质成果展示出来，而且凭借企业特有的文化符号和传播网络，有计划、分步骤地进行形象塑造、宣传、推介和展示。

3. 群体化

群体化指企业倡导的价值观念转化为员工共识，进而变共识为心理认同，形成群体心理定势，最终形成企业共享价值观的过程。

企业价值观一旦形成群体心理定势和集体意志，既可通过明确的意识支配行为，也可通过潜意识产生行为，其信念化的结果会大大增强员工主动承担责任和修正个人行为的自觉性，从而主动地关注企业的前途，维护企业的声誉，为企业贡献自己的力量。

企业员工来自五湖四海，不同的生长环境和教育程度形成千差万别的个体价值观，与企业价值观存在或多或少的差别。价值观的群体化是企业文化培育的关键所在，它往往是通过强有力的宣传培训、领导的言传身教、制度的调节规范及全体员工的积极参与而逐渐实现的。

4. 习俗化

习俗化即把企业的价值观最终转化成全体员工自发地加以遵守的风俗、习惯、舆论、仪式等。这是一个极其漫长的"习惯成自然"的过程。企业活动一旦习俗化，执行起来极为方便自然，既不需要从外部施加压力，也不需要从内部准备动力。

5. 社会化

社会化即指企业文化在企业与外界的交流过程中得以体现、传播和扩散，从而所产生的社会效应。优秀的企业文化不仅吸引现有和潜在的顾客，并将尽可能得到更多的利益相关者的了解、认同和信赖，从而树立企业良好的社会形象。社会化其实也是企业文化辐射功能发挥的过程。社会化的途径有很多。例如，通过向社会提供体现本企业特有精神的优质服务和优良产品，通过向社会介绍本企业的英雄人物与向社会展示并扩散本企业的风俗习惯而实现。

11.4 领导者的示范艺术

一个公司的企业文化，从某种意义上讲是经营管理理念的集中体现，为了使企业更具竞争力，必须引导员工的行为和思维模式。领导的示范作用是企业文化建设的关键。领导者的示范是一门艺术，也是一门必修课。

1. 巧妙引导

所谓引导就是领导者在企业文化建设过程中，依靠领导权威和个人魅力将其倡导的价值理念传达给企业员工，通过自己的言行对整个企业员工产生作用，使他们在工作中慢慢接受和实践这种理念。案例11—6介绍了GE集团CEO杰克·韦尔奇是如何在公司里巧妙引导员工的。

GE集团杰克·韦尔奇的巧妙引导

杰克·韦尔奇不仅善于通过著名的"数一数二论"来将企业合并改组，而且还在"软件"上成功地改变了员工的思维模式。他指出：如果想让一辆车时速增加10千米，只需加大马力；而若想使车速增加一倍，就必须要换铁轨了。资产重组可以一时提高公司的生产力，但若没有文化的改变，就无法维持高生产力的发展。

在 GE 的三大理念中,"自信"是比较特别的一个,杰克·韦尔奇对其给予了极大的重视。他认为,迅捷源于精简,精简的基础是自信。如何让员工执行这个看似简单的理念呢?杰克·韦尔奇通过对员工的放权和尊重来实现,用他的话讲就是"掐着他们的脖子,你是无法将自信注入他们心中的。你必须要松手放开他们,给他们赢得胜利的机会,让他们从自己所扮演的角色中获得自信"。

一个好的表达,会使领导者的理念更好地被员工所接受。杰克·韦尔奇在表达三大理念之一的"速度"时,用了两个形象的比喻:"光速"和"子弹列车"。他坚信,只有"速度足够快"的企业才能生存。当这两个词被员工广泛传播的时候,杰克·韦尔奇的一种观点便被大家所接受了,那就是"世界正变得越来越不可预测,而唯一可以肯定的就是,我们必须加快速度来适应环境。"于是大家行动起来,使信息流传达得更快,产品设计得更易打入市场,组织的调整更便于快速决策——这一切成果与杰克·韦尔奇对"速度"这一理念的巧妙解释不无关系。

(资料来源:https://wiki.mbalib.com/wiki/杰克·韦尔奇.[2022-12-13].)

2. 以身作则

文化的变革需要领导者用示范来加以引导,尤其在新文化确立之初,更需要领导者以身作则。领导层对事业投入、对员工关心、对自己严格、对利益淡化、对公司认同等特点,使得管理团队威信高、力量大,更易构建公司成功的基础。而责任、诚信、平易近人、远见、大度、思想开放、乐观精神等内在素质,体现在领导者身上,最终构成了企业文化氛围的决定性因素。

联想集团的罚站制度

联想集团有个规矩,凡开会迟到者都要罚站。在媒体的多次采访中,柳传志表示,自己也被罚过3次,但是这3次,柳传志确实都难以请假。例如,有一次迟到是由于他被关在了电梯里。罚站是既严肃又尴尬的一件事,因为这并不是随便站着就可以敷衍了事的:在20人开会的时候,迟到的人进来以后,会议要停一下,静默地看这个人罚站1分钟。如果是在大会场,还会采用通报的方式。

据说,刚开始时,被罚站的人不计其数,其中包括高层的领导。柳传志说,这样以后,"迟到就要受罚"的观念就深入人心了,不仅能有效改变拖拉散漫的会风和陋习,还体现了"不管谁犯了错都会受罚"的公平理念,使得整个团队精神百倍。

(资料来源:金灵,2008.柳传志罚站[J].人才资源开发(1):1-6.[2022-12-13].)

3. 言行一致

企业文化建设的本质不在于认知,而在于行动;不在说,而在于做。作为领导者不能只做语言上的巨人,还要做行动上的巨人,将对员工的要求通过自己的行动做出表率,做到言行合一,行胜于言。

玫琳·凯的身教

美国玫琳凯公司创始人玫琳·凯对管理人员的教育、培养十分强调"身教重于言传"。有一段时间,公司的销售额上不去。在公司举行的大会上,玫琳·凯宣布:接下来每个美容师每周要在10个不同地点举办化妆品展销。话音刚落,下面马上议论纷纷,有人说:"请您先试试!如果您能一周在10个不同地点举办化妆品展销,销售主任和美容师就会相信她们也能做到。"这可将了玫琳·凯的"军"。上一次她自己亲自办展销,还是创业之初的事。10年过去了,很多新东西需要从头学起,但是玫琳·凯还是勇敢地接受了这个挑战。玫琳·凯放下领导者架子,拜能者为师,花了很多时间进行试训演练。不久之后,她真的在一周之内举办了10次化妆品展销。那一周零售额的排名中,玫琳·凯名列全公司第三。消息传开,员工们大吃一惊。大家认为既然玫琳·凯做到了,自己同样也能办到。在之后的时间里,全公司10多万销售人员争先恐后,公司营业额一路攀升。

(资料来源:崔丽华,2004. 玫琳凯美丽并快乐着[J]. 中国外资(3):32—33. [2022—12—13].)

在领导管理下属的实践中,领导者本人的所作所为,就是影响最大的榜样。正所谓"其身正,不令则行;其身不正,虽令不从"。

可见,没有行为要求的企业理念,只不过是一句空话。对于企业来讲,务实是生存之本,空洞而高深的理念只会给员工带来困惑。真正的理念只有通过实际行动才能得以体现。因此,领导者需要对一些行动做出示范,率先表现出言行合一,才能使员工心服口服、上行下效。

11.5 情境强化的艺术

企业文化建设还要利用情境强化来实现,即通过营造一定的情境,让员工自觉体会其中隐含的理念,从而达到自觉自悟的效果。

1. 巧用情境感染力

企业的理念是抽象的,不易把握。怎么克服这一企业文化建设不易入脑入心的瓶颈呢?情境强化是一把金钥匙。如果情境设计得巧妙,就可以发挥其视觉冲击力大、印象深刻等特点。把企业理念渗透到员工内心的情境强化艺术的实施,关键在于情境的设计。企业应该针对不同的理念、不同的参与对象,选择不同的环境、展现不同的场景、营造不同的氛围,充分发挥这一特定场景的视觉冲击力和心灵震撼力,以达到绝佳的效果。

海尔铁锤砸冰箱

今天,海尔"铁锤砸冰箱"的小故事已成了管理界著名案例。当年,海尔还叫作"利博海尔",处于卖方市场,产品质量问题较多,因此,创始人张瑞敏决心狠抓质量。一次,厂方检查出76台不合格冰箱,怎么办?领导班子中,有人主张修一修卖出去,张瑞敏却主张全部砸成废铁。于是,一场别开生面的现场会开始了:76台冰箱被分成几组,每组前站着质量责任单位的车间主任,他们的任务是把眼前的几排冰箱砸成废铁。工人们被自己的车间主任砸冰箱的情景深深地震撼了,有的工人甚至激动得哭起来。此情此景,刻骨铭心。从此以后,工人们生产时眼前总会浮现车间主任砸冰箱的情景,所以十分重视质量问题。众所周知,质量最重要,但质量意识却最难形成。"质量第一""质量就是生命"成为许多老总的口头禅,但随后很快就变成工人的耳旁风。张瑞敏"砸冰箱"之举,就是利用情境的视觉冲击力,达到了触及灵魂的目的。

(资料来源:https://baijiahao.baidu.com/s?id=1715600324592020177&wfr=spider&for=pc.[2022—12—13].编者根据网络资料整理。)

2. 理念故事化、理念人格化

(1) 理念故事化。企业文化的理念大都比较抽象,因此,需要充分利用各种素材把理念变成生动活泼的寓言或故事,需要充分挖掘体现价值理念的真人真事,以叙事方式在公司内部和相关媒体进行广泛的宣传,让价值理念通俗易懂、可亲可信。

蒙牛集团"狮子与羚羊"的故事

蒙牛集团的企业文化强调竞争,并通过非洲大草原上"狮子与羚羊"的故事生动活泼地说明了这个理念。在辽阔的草原上,羚羊和狮子都在拼命地向前奔跑。被狮子追逐的羚羊说:"今天我不拼命跑就会成为别人的美餐。"追逐羚羊的狮子说:"我不拼命跑也会像羚羊一样成为被别人追逐的猎物。"物竞天择,适者生存,大自然的法则,对于企业的生存和发展同样适用。

(资料来源:www.kejimi1.com/wenanjingxuan/73143.html.[2022—12—13].)

(2) 理念人格化。一个典型就是一面旗帜。运用典型教育群众、引导舆论、推动工作,是企业文化建设中经常采用、行之有效的工作方法。它比空洞的说教更加形象,更容易令人接受。

同仁堂的"人参王"贾贵琛

北京同仁堂公司,风雨兼程300多年,是中国的常青树企业。这与其能够长期保持优良的传统文化和核心价值观是分不开的。同仁堂有一整套价值理念,包括:"同修仁德,济世养生"的发展观;"炮制虽繁必不敢省人工、品味虽贵必不敢减物力"的质量观;"修合无人见,存心有天知"的自律观;"做人以德为先,待人亲和友善"的行为观。

同仁堂十分重视先进员工典型事迹的宣传,将代表企业文化的人和事编写成书,在员工中广泛流传。"人参王"贾贵琛就是一个代表。他14岁当学徒,在中药行业干了66年。贾贵琛掌握一手鉴别贵重药材的绝活,恪尽职守、只求奉献,被称为同仁堂的"参天大树",他的行为和精神,鼓舞着所有同仁堂人。

在同仁堂内流传着许多关于贾贵琛的故事,员工耳熟能详。他经常为病人义诊,上到中央领导,下到布衣百姓,分文不取。贾贵琛每年要看的病人在千人以上,许多病人为感谢他,送来礼金、礼品,都被他拒绝了。有一些经营药材的供应商,给同仁堂推销的贵重药材中混杂了伪劣产品,想给贾贵琛塞红包。每当遇到这种情况,贾贵琛都严词拒绝,讲明利害,被供应商称为同仁堂的"门神"。他以实际行动践行着同仁堂"修合无人见,存心有天知"的道德观。

(资料来源:https://max.book118.com/html/2022/0703/6002221002004205.shtm.[2022—12—13].)

同仁堂正是通过这种典型人物的宣传,使员工更加严格自律、注重内省,自觉履行企业提倡的价值理念。企业文化正是这样通过生动的人和事,起到"润物细无声"的作用。

3. 鼓励全员参与

在同化中,参与是统一认识最好的办法,这种方式最能让员工感到顺乎情、合乎理。但是,对任何新事物的接受总有一个过程,在一个企业中,对于企业文化理念的接受也是一个少数带动多数的过程。要让员工参与企业文化建设,在实践中去感知、体悟、反省、理解企业所倡导的价值理念。

GE公司的"大家出主意"会

在GE公司,每年有2~2.5万名员工参加"大家出主意"会,时间不定,每次50~150人,要求主持者善于引导与会者坦率地陈述自己的意见,及时找到企业运行中存在的问题,改进管理,提高效率。当基层召开"大家出主意"会时,各级经理都要尽可能出席参加。CEO杰克·韦尔奇带头示范,他常常只是专心地听,并不发言。"大家出主意"活动给公司带来了生气,取得了很大的成果。例如,在某次会上,有一个员工提出:在建设电冰箱新厂时,可以借用公司哥伦比亚厂的机器设备。哥伦比亚厂是GE集团生产压缩机的工厂,与电冰箱生产正好配套,如此节省了一大笔开支。这样生产出来的电冰箱将是成本最低、质量最高的。

群策群力的思想打破了"蓝领"和"白领"的界限,不同岗位的员工集中在一起,针对某些问题提出建议和要求,当场确定实施意见。这种企业文化渐渐在GE形成了,不仅给公司带来了良好的工作氛围,还减少了大量的中间环节,显著提高了工作效率。

(资料来源:https://www.jiangshi99.com/article/content/66129.html.[2022-12-13].)

可见,员工的参与越广泛、越深入,宣传鼓舞的效果就越明显。同时,由于员工的行为可以相互模仿和影响,改变也就会更加迅速。

4. 寓教于乐

企业文化培育很重要的一条就是贴近员工,符合企业实际,寓教于乐。尤其是员工行为规范和员工训条,一定要结合员工的实际工作,看得见、摸得着,使员工在日常情境中可以随时想起企业提倡的理念,在一种轻松的氛围中真正实现对员工行为的指导。

美国西南航空公司的"快乐工作"

美国西南航空公司独特的企业文化表现在日常活动的每一个方面,因为他们发现了一个简单的真理:快乐的员工很少抱怨工作艰苦和加班加点。所以总裁赫伯·凯勒尔总是努力创造充满乐趣的工作环境。例如在圣诞夜的航行中,赫伯·凯勒尔让机上服务人员扮成妖精的模样,同时让飞行员一边通过扩音器唱歌,一边轻轻晃动着飞机向前飞去。西南航空的飞机乘务员会在复活节的晚会上穿着小兔服装，在感恩节穿着火鸡服装，赫伯·凯勒尔自己还经常穿着小丑服装或小精灵服装扮演各种角色。

赫伯·凯勒尔的方法很有效，员工们工作得很辛苦却毫无怨言，他们为受到尊重而自豪，并且喜欢他们的工作。西南航空公司的员工流动率为7%，是这个行业中最低的。在一个充满乐趣、笑意融融、充满人情味的家庭式企业中工作，每一名员工都会身心愉快，创意无限，企业的生命之树自然长青。

"学不如好，好不如乐"。企业文化的终极目标，就是要让员工沉浸在企业大家庭的温暖之中，沉醉于创造性工作的快乐之中。企业领导者可以运用企业文化，营造一种融洽快乐的工作氛围，感染和陶冶员工的心灵，使企业理念在不知不觉中深入人心。

如果企业可以为员工创造出一种和谐、愉快的工作环境，自然会得到员工内心的认同，使员工产生一种归属感，从心底热爱企业，愿意为企业分忧且不愿离开。

11.6　运用心理机制

企业文化作为微观的文化氛围，构成了企业内部员工的心理环境，有力地影响和制约着企业领导者和员工的理想、追求、道德、感情和行为，发挥着凝聚、规范、激励和导向的作用。因此，在企业文化培育中要善于遵循和运用心理机制。下面6种心理机制是培育企业文化时必须要注意的。

1. 运用心理定势

人的心理活动具有定势规律：一种比较强烈的心理活动，对于随后进行的心理活动的反应内容及反应趋势有着重要影响。

企业文化培育运用心理机制的重要手段之一是培训。在对各层级员工的培训上，尤其是对新人的培训中，心理定势的作用十分突出。作为一名新员工或新提拔的管理者应该具备什么样的思想、感情和作风，在他们的头脑中还是一片空白。通过培训，不仅可以提高他们的业务能力，还可以把企业的经营哲学、战略目标、价值观念、行为准则、道德规范，以及企业的优良传统，系统而详细地介绍给他们，并通过讨论、总结、实习加深理解，入脑入心。这样，从他们上岗的第一天起，就形成了与企业文化相协调的心理定势，对其今后的行为起到指导和制约作用。

在企业文化变革中，打破传统的心理定势，建立新的心理定势是十分关键的。企业领导者应率先转变观念，然后通过参观标杆企业、向先进企业学习、宣传培训等多种方式，把新的企业文化展现给员工，让员工认知并形成新的心理定势。实践表明：在企业文化实施导入阶段，这种学习和培训是完全必要且富有成效的。

2. 重视心理强化

所谓心理强化是指通过对一种行为的肯定或否定（奖励或惩罚），从而使行为得到重复或停止的过程。使人的行为重复发生的称为正强化，制止人的行为重复发生的称为负强化。这种心理机制运用到企业文化培育上，就是及时表扬或奖励与企业文化相一致的思想和行为，及时批评或惩罚与企业文化相悖的思想和行为，使奖励或惩罚成为企业文化的载体，使企业文化变成可见的、可感的现实因素。许多企业制定的规章制度以及开展的评比等活动，都发挥了良好的心理强化作用。

3. 利用从众心理

从众心理是在群体影响下放弃个人意见而与大家保持行为一致的心理行为。从众的前提是实际存在或想象存在的群体压力，它不同于行政压力，不具有直接的强制性或威胁性。一般来讲，从众心理较强的人主要有 5 类：重视社会评价、社会舆论的人；情绪敏感、顾虑重重的人；文化水平较低的人；性格随和的人；独立性差的人。

阿希卡片实验

美国心理学家阿希把 7~9 个被试者编成一组，让他们坐在教室里观察两张卡片（图 11.1），一张卡片上画着一条直线，另一张上面画着 3 条直线。阿希让被试者比较 3 条直线的卡片上哪条直线与另一张卡片上的直线长短相等。在正常情况下，被试者都能判断出 X＝B，判断错误的概率小于 1%。但阿希对实验预先做了布置，在 9 人的实验组中要求前面 8 个人故意大声喊出一致的错误判断，如 X＝C。然后，让事先并不知情的第 9 个被试者做出最后判断。

在经过许多组实验之后，阿希得到了这样一个统计结果：大约有 25% 的被试者选择了与群体中其他成员一致的回答。也就是说，他们知道自己的答案是错误的，但这个错误的答案与群体其他成员的回答是一致的。

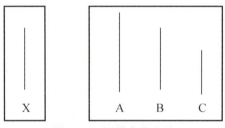

图 11.1　阿希卡片实验

阿希实验的结果表明：群体规范能够给群体成员形成压力，迫使他们的反应趋向一致，人们都渴望成为群体的一员，而不愿意与众不同。将这个结论进一步推演开：如果个体对某件事情的看法与群体中其他人的看法很不一致，他就会感到有很大的压力，这种压力会驱使他与其他人保持一致。

（资料来源：https：//baike.baidu.com/item/三垂线实验/9134091？fr＝aladdin.［2022－12－13］.）

在企业文化培育中，企业领导者应该使用一切舆论工具，大力宣传本企业的企业文化，主动利用员工的从众心理，促成全体员工行动上的一致。一旦这种行动一致局面初步形成，对个别后进员工就会构成一种群体压力，促使他们改变，从而与大多数员工保持一致，最终实现企业文化建设所需要的舆论与行动的良性循环。

许多企业通过企业内部报纸、杂志、广播、电视等宣传手段，表扬好人好事、讲解企业规章制度、宣传企业精神等，形成有利于企业文化建设的积极舆论和群体压力，促成员工从众行为，均收到了较好的效果。而对于企业中局部存在的不良风气、不正确的舆论，则应该采取措施坚决制止，防止消极从众行为的发生。

4. 培养认同心理

认同心理是指个体将自己和另一个对象视为等同，从而产生彼此密不可分的整体性的感觉。初步的认同处于认知层面上，较深入的认同则进入情绪认同的层次，完全的认同则含有行动的成分。个体对他人、群体、组织的认同，使个体与这些对象融为一体，休戚与共。

在企业文化培育过程中，取得全体员工的认同是首要任务。这就要求企业领导者起到模范表率作用：办事公正、以身作则、关心员工、真诚沟通和具有民主精神等。只有这样做了，员工才会把领导者视为靠得住、信得过的"自家人"。员工对企业领导者的认同感一旦产生，就会心甘情愿地把领导者所倡导的价值观念、行为规范当作自己的价值观念、行为规范，从而形成企业领导者所期望的企业文化。

除此之外，还应注重培养员工对企业的认同感。为此，企业领导者应充分尊重员工的主人翁地位，真诚地倾听员工的心声，让员工参与企业决策和其他管理活动。同时，应尽量使企业目标与个人目标协调一致，使企业利益与员工的个人利益密切挂钩，并使员工正确、深刻地认识到这种利益的一致性。久而久之，全体员工就会建立对企业文化的认同基础。当然，更重要的措施是把企业的品牌产品、企业在社会上的良好形象、社会各界对企业产品和服务质量的良好评价等及时地反馈给全体员工，激发他们的集体荣誉感和自豪感。对企业充满荣誉感和自豪感的员工，必定对企业满怀热爱之情，便会站在企业发展的角度思考和行事，自觉地维护企业的好传统、好作风，使优秀的企业文化不断发展和完善。

5. 激发模仿心理

模仿是指个人受到社会现象刺激后而引起的一种按照与别人行为的相似方式行动的倾向，它是社会生活中的一种常见的人际互动现象。

不言而喻，模仿是形成良好企业文化的重要心理机制，榜样是模仿的前提和依据。企业中的模范英雄人物是企业文化的人格化代表，全体员工对他们由钦佩、爱戴到模仿的过程，也就是对企业文化的认同和实现过程。

企业领导者自己首先应该成为企业的模范英雄人物，以便对其他员工言传身教。作为企业文化的倡导者，企业领导者的一言一行都起着暗示和榜样作用，极易被企业中其他人所模仿。

例如，美国三角洲航空公司的高层领导者在圣诞节期间会帮助行李搬运员干活，这已经成为公司的传统，并且这些高管们每年会至少与全体员工聚会一次，直接交换意见，以实践增进公司的"大家庭感情"经营哲学。又如，日本三菱电机公司的总经理为了倡导"技术和销售两个车轮奔驰"的企业精神，改变过去重技术轻销售的状况，亲自到公司零售店站柜台，宣传本企业的产品，听取顾客意见。这些企业领导者，不仅提出了整套的经营哲学，而且他们自己就是实践这些哲学的楷模。

企业领导者通过大力表彰劳动模范、先进工作者、技术革新能手等，使先进事迹与其中体现的企业精神深入人心，就可以在全体员工中激发起模仿心理，这也是企业文化建设的有效途径之一。当然，在企业树标兵过程中应实事求是，切忌拔高作假，否则将适得其反。

6. 化解挫折心理

在企业的生产经营活动中，上级与下级同事之间难免会发生一些矛盾和冲突，无论管理者还是普通员工总会在工作和生活中遇到各种困难和挫折。这时，他们就会产生挫折心理。这种消极的心理状态，不利于个人积极性的提高，不利于员工的团结，不利于工作中的协同努力，不利于优良企业文化的形成。

企业文化通过长期的积淀而力量强大，它将阻碍一切不符合自己特性的变化发生，而企业文化建设的本质就是破旧立新，在否定旧价值观、打破原有管理体制的同时，必然会改变原有的利益格局，使少部分人的利益受损。因此，在企业文化建设中必然会遭遇种种阻力，在强大的阻力下出现挫折心理也是不可避免的，关键是如何及时化解。

例如，日本松下电器下属的各个企业，都有被称为"出气室"的心理健康室。当一个满腹牢骚的员工走进"出气室"后，首先看到的是一排哈哈镜，逗人哈哈大笑一番后，如果来者怨气仍然未消，接着出现的是几个象征经理、老板的塑像端坐在那里，旁边放着数根木棍，员工可以拿起木棍把"老板"痛打一顿。最后是恳谈室，工作人员会以极其热情的态度询问来者有何不满或问题并留下来访者的意见、建议。

虽然企业不必照搬松下公司的做法，但应该借鉴他们重视员工心理健康的管理思想。企业领导者可以通过家访、谈心、职工代表大会等方式，了解员工的思想动向和心理状态，并鼓励员工向各级领导提出批评和建议，也可以在员工之间展开批评和自我批评，解决矛盾，化解挫折心理，为企业文化培育创造和谐舒畅的心理环境。

本 章 小 结

企业文化培育是一种艺术——一种塑造共享价值观的方法，一种教育和影响人的艺术。本章详细探讨了让企业提炼的价值观深入人心、"落地生根"的方法。第一，建立和完善企业的制度和机制，让"软"管理"硬"起来，并以人为本，采取切实可行的措施，层层推进；第二，"虚功实做"，通过制度落实、工作落实、人员落实，使价值观与理念化虚为实，渗透到企业日常运作之中；第三，通过企业价值观的内化、外化、群体化、习俗化、社会化，使企业文化"落地生根"，真正成为企业的灵魂；第四，通过企业领导者的示范艺术巧妙引导、以身作则、言行一致，充分发挥"领头羊"的示范作用；第五，通过营造生动的情境、挖掘典型的故事、塑造英雄等情境强化艺术，寓教于乐，让员工广泛参与进来，自觉体悟企业文化；第六，善于遵循和运用心理定势、心理强化、从众心理、认同心理、模仿心理、挫折心理等心理机制，优化企业内部的心理环境。

习 题

（1）如何将"软"管理变成"硬"约束？如何落实企业文化建设？

（2）如何进行企业文化培育的人员落实？

（3）如何理解企业文化的内化、外化、群体化、习俗化、社会化？

（4）领导者在企业文化培育中如何扮演好其角色，有何技巧？

(5) 情境强化指的是什么？如何运用？
(6) 在企业文化培育中如何才能做到寓教于乐？
(7) 在企业文化培育中可以运用哪些心理机制？
(8) 结合自己的体会，谈谈如何理解领导艺术在企业文化建设中的应用。
(9) 谈谈你对企业文化培育中的"故事化"是如何理解的。
(10) 结合自己的体会，谈谈企业文化难以"落地生根"的原因。

海底捞的扩张与收缩

2021年11月5日晚，海底捞发布公告，决定在2021年12月31日前逐步关停300家左右客流量相对较低及经营业绩不如预期的海底捞门店。其中部分门店将关停休整，择机重开，休整期最长不超过两年。公司不会裁员，并会于集团内妥善安顿关停门店的员工。

同时，海底捞微博也发布了一则公告。公告显示，关停门店是公司2019年制定的快速扩张策略失误所导致的，具体表现如下：

(1) 部分门店选址出现失误；
(2) 让各级管理人员无法理解且疲于奔命的组织结构变革；
(3) 优秀门店经理数量不足；
(4) 过度相信关联利益的KPI指标，以及企业文化建设的不足。

为改善公司的经营状况，董事会决定开展"啄木鸟计划"，由海底捞执行董事兼副首席执行官杨利娟全权负责，并将采取以下措施：

(1) 持续关注经营业绩不佳的门店，包括海外门店，并将采取果断措施；
(2) 重建并强化部分职能部门，恢复大区管理体系；
(3) 在科学考核各部门的前提下，将继续大力推进"双手改变命运"的核心价值观，继续大力倡导"爱与信任为前提"的奉献精神；
(4) 适时收缩业务扩张计划。若本公司海底捞餐厅的平均翻台率低于4次/天，原则上不再会规模化开设新的海底捞餐厅。

海底捞微博最后告示称：目前的苦果只能自己一口一口咽下去，海底捞1000多家门店服务员的笑脸将依旧灿烂。

海底捞怎么了？

2018年9月26日，餐饮"航母"海底捞在港交所挂牌，发行价为17.8港元/股，盘中一度飙升至19.64港元/股，市值摸高1000亿港元。至2021年2月，海底捞股价达到历史新高的80多港元/股，总市值曾一度接近4700亿港元。但随后，因卷入疫情、翻台率下滑、被指缺斤少两等问题令海底捞股价一路走跌。截止2021年11月5日收盘，海底捞股价为21.05港元/股，总市值1149亿港元，市值蒸发3500多亿港元。

自2019年，海底捞公司制定了快速扩张策略，在2020年曾大规模"抄底"扩店。据2020年财报显示，2020年，海底捞门店数净增长530～1298家，其中新开门店544家，关闭门店14家，平均翻台率从2019年的4.8次/天，下滑至3.5次/天。2020年，海底捞公司实现收入约为286.14亿元，同比增长7.8%，但净利润仅约3.1亿元，同比下降86.8%。

2021年6月15日，海底捞创始人张勇在一次交流会上坦诚："我对趋势的判断错了，去年6月我进一步做出扩店的计划，现在看确实是盲目自信。当我意识到问题的时候已经是今年1月份，等做出反应的时候已经是3月份了。"海底捞的业绩表现不尽人意，用海底捞管理层的话说："经营结果未达预期"。

影响海底捞2021年上半年业绩的原因主要有：新开门店数量较多，截至2021年6月30日，全球门店数达到1597家，相关支出显著增加；新开业门店达到首次盈亏平衡并实现现金投资回报的时间长于往期；门店运营仍受到新型冠状病毒疫情的持续影响。

（资料来源：https://mp.weixin.qq.com/s?__biz=MjM5MDAwNjkwMA==&mid=265106037&idx=2&sn=944a48e405940074ee83dddade84c042&chksm=bdbc33ce8acbbad8921cf5a961b41b2b24dba26ff4eb5effe7df30c4257abebaa57a566e47dd&scene=27.［2022－12－13］.）

讨论题

1. 上市后，海底捞发生了哪些变化？
2. 海底捞公司的"啄木鸟计划"为什么强调企业文化建设？
3. 海底捞在企业规模收缩，员工上升空间被挤压的环境下，如何有效开展企业文化建设？

参考文献

沙因,2004. 企业文化生存指南 [M]. 郝继涛,译. 北京:机械工业出版社.
罗杰斯,1987. IBM 道路:国际商用机器公司成功秘诀 [M]. 刘文德,张翠,译. 北京:中国展望出版社.
德鲁克,2012. 管理:任务、责任和实践(第三部) [M]. 北京:华夏出版社.
德鲁克,2009. 创新与企业家精神 [M]. 蔡文燕,译. 北京:机械工业出版社.
德鲁克,2009. 管理的前沿 [M]. 闾佳,译. 北京:机械工业出版社.
圣吉,2002. 第五项修炼:学习型组织的艺术与实务 [M]. 郭进隆,译. 上海:上海三联书店.
陈春花,乐国林,李洁芳,等,2018. 企业文化 [M]. 3 版. 北京:机械工业出版社.
崔章国,赵冬云,谢嘉,2005. 试析经济全球化进程下文化冲突的原因及特点 [J]. 宁夏社会科学(2):
　128－131.
科特勒,2001. 营销管理 [M]. 梅汝和,等译. 上海:上海人民出版社.
西蒙,2007. 管理行为 [M]. 4 版. 詹正茂,译. 北京:机械工业出版社.
侯贵松,2005. 企业文化怎样落地 [M]. 北京:中国纺织出版社.
华锐,2000. 新世纪中国企业文化 [M]. 北京:企业管理出版社.
黄静,2003. 以人为本的企业文化 [M]. 武汉:武汉大学出版社.
黄铁鹰,2012. 海底捞你学不会 [M]. 北京:中信出版社.
柯林斯,波勒斯,2002. 基业长青 [M]. 真如,译. 北京:中信出版社.
德斯勒,1999. 人力资源管理 [M]. 6 版. 刘昕,吴雯芳,等译. 北京:中国人民大学出版社.
克雷默,2001. 杰克·韦尔奇领导艺术词典 [M]. 罗晓军,于春海,译. 北京:中国财政经济出版社.
昆得,2002. 公司精神 [M]. 王珏,译. 昆明:云南大学出版社.
黎群,2008. 企业文化 [M]. 北京:清华大学出版社.
李桂荣,2002. 创新型企业文化 [M]. 北京:经济管理出版社.
梁漱溟,1999. 东西文化及其哲学 [M]. 北京:商务印书馆.
刘光明,2006. 企业文化 [M]. 北京:经济管理出版社.
罗长海,2006. 企业文化学 [M]. 3 版. 北京:中国人民大学出版社.
波特,1997. 竞争优势 [M]. 陈小悦,译. 北京:华夏出版社.
曲庆,2007. 中美优秀企业文化陈述的对比研究 [J]. 中国工业经济(5):80－87.
帅萍,赵晓敏,2007. 企业文化管理实施分析 [J]. 华东经济管理(1):77－79.
罗宾斯,2003. 管理学 [M]. 4 版. 北京:中国人民大学出版社.
罗宾斯,2005. 组织行为学 [M]. 10 版. 孙建敏,李原,译. 北京:中国人民大学出版社.
克雷纳,2000. 管理大师 50 人 [M]. 海口:海南出版社.
松下幸之助,1998. 实践经营哲学 [M]. 滕颖,译. 北京:中国社会科学出版社.
迪尔,肯尼迪,1989. 企业文化:现代企业的精神支柱 [M]. 唐铁军,等译. 上海:上海科学技术文献
　出版社.
王超逸,李庆善,2009. 企业文化学原理 [M]. 北京:高等教育出版社.
王吉鹏,2004. 价值观的起飞与落地:企业文化建设实证分享 [M]. 北京:电子工业出版社.
王吉鹏,2008. 企业文化建设 [M]. 2 版. 北京:中国发展出版社.
王锦,张艳盛,2008. 基于行为微观视角的企业文化建设探析 [J]. 经济研究导刊(1):45－47.
王磊,刘洪涛,刘益,2000. 柔性文化:企业柔性战略的核心 [J]. 中国软科学(8):110－113.

魏杰，2002. 企业文化塑造：企业生命常青藤［M］. 北京：中国发展出版社.

吴照云，王宇露，2003. 企业文化与企业竞争力：一个基于价值创造和价值实现的分析视角［J］. 中国工业经济（12）：79—84.

许雄奇，赖景生，2001. 企业文化生命周期的理论探析［J］. 重庆理工大学学报（自然科学版）（1）：48—51.

杨雨诚，2007. 企业文化认知对企业凝聚力影响的实证研究：基于湖北省荆州市的实证调查［D］. 武汉：华中农业大学.

应焕红，2002. 公司文化管理：永续经营的动力源泉［M］. 北京：中国经济出版社.

余松涛，1997. 企业文化的哲学思维［M］. 西安：陕西师范大学出版社.

科特，1997. 现代企业的领导艺术［M］. 史向东，颜艳，译. 北京：华夏出版社.

科特，赫斯克特，1997. 企业文化与经营业绩［M］. 曾中，李晓涛，译. 北京：华夏出版社.

张德、潘文君，2018. 企业文化［M］. 3版. 北京：清华大学出版社.

张勉，李海，闫举刚，2007. 组织文化度量模型的构建与实证研究［J］. 科学学与科学技术管理，28（12）：193—200.

张勉，张德，2004. 组织文化测量研究述评［J］. 外国经济与管理（8）：2—7.

张旭，2007. 企业文化对竞争优势的影响机理研究［D］. 大连：大连理工大学.

张旭，韩笑，2008. 企业文化评估模型开发及应用［J］. 科学学与科学技术管理，29（1）：149—153.

张志学，张建君，梁钧平，2006. 企业制度和企业文化的功效：组织控制的观点［J］. 经济科学（1）：117—128.

赵曙明，裴宇晶，2011. 企业文化研究脉络梳理与趋势展望［J］. 外国经济与管理，33（10）：1—8.

周施恩，2006. 企业文化：理论与实务［M］. 北京：首都经济贸易大学出版社.

周有斌，齐卫国，2008. 论中西企业文化的冲突与融合［J］. 企业家天地（7）：191—192.

邹樵，丁冬，2007. 企业文化制度建设的依据与原则［J］. 管理世界（4）：164—165.